卓越法官文库

A Comparative Study of Laws and Mechanisms of Condominium Ownership

建筑物区分所有权法律制度的比较研究

林 达 著

法律出版社
LAW PRESS · CHINA
北京

图书在版编目（CIP）数据

建筑物区分所有权法律制度的比较研究 / 林达著.
北京 : 法律出版社, 2025. -- ISBN 978-7-5197-9777-5

Ⅰ. D923.24; D933.932.4

中国国家版本馆CIP数据核字第2025193UB7号

建筑物区分所有权法律制度的比较研究
JIANZHUWU QUFEN SUOYOUQUAN FALÜ ZHIDU DE BIJIAO YANJIU

林 达 著

策划编辑 朱 峰
责任编辑 金 姗
装帧设计 贾丹丹

出版发行 法律出版社
编辑统筹 辞书·融出版编辑部
责任校对 王语童
责任印制 吕亚莉
经 销 新华书店

开本 710毫米×1000毫米 1/16
印张 18.5 **字数** 229千
版本 2025年3月第1版
印次 2025年3月第1次印刷
印刷 北京建宏印刷有限公司

地址：北京市丰台区莲花池西里7号（100073）
网址：www.lawpress.com.cn
投稿邮箱：info@lawpress.com.cn
举报盗版邮箱：jbwq@lawpress.com.cn

销售电话：010-83938349
客服电话：010-83938350
咨询电话：010-63939796

书号：ISBN 978-7-5197-9777-5
定价：68.00元

凡购买本社图书，如有印装错误，我社负责退换。电话：010-83938349

序　言

近代民法上的建筑物区分所有权法律制度源自1804年的《法国民法典》第664条规定，[1]其起先用于调整单一建筑物的业主物权关系，[2]但随着城市化的进展和建筑（特别是住宅）形态的改变，其适用范围扩大到具有一定关联的建筑群，成为一项与不动产相关的重要法律制度。

建筑物区分所有权在各国的名称不同，德国表述为“住宅所有权”，[3]法国表述为“建筑不动产共同所有权”，[4]澳大利亚、新加坡等国表述为分层所有权（strata title），美国、加拿大等国家表述为“区分所有权”（condominium ownership），英国表述为“共同持有地产权”（commonhold title），但其功能均为调整区分所有建筑物[5]的法律关系。中国2007年制定《中华人民共和国物权法》（以下简称《物权法》）时，引入该制度并表述为“业主的建筑物区分所有权”。十多年过去了，建筑物区分所有权在中国仍然是一个“熟悉而又陌生”的法律制度。

---

〔1〕 陈华彬：《建筑物区分所有权》，中国政法大学出版社2011年版，第4页。

〔2〕 1804年的《法国民法典》第664条规定：“一建筑物的各楼层属于不同的所有人而其所有证书未订立修缮及改建方法时，依下列方法为之……”可见该法律制度最开始调整的是同一栋楼内部业主的法律关系。

〔3〕 《德国住宅所有权法》，杜景林、卢谌译，载沈四宝、王军主编：《国际商法论丛》第9卷，法律出版社2008年版；《德国住宅所有权与长期居住权法（德国住宅所有权法）》，胡晓静译，载张双根、田士永、王洪亮主编：《中德私法研究》第5卷，北京大学出版社2009年版。

〔4〕 ［法］朗索瓦·泰雷、菲利普·森勒尔：《法国财产法》（上、下册），罗结珍译，中国法制出版社2008年版。

〔5〕 本书中的区分所有建筑物系指建筑物区分所有权法律关系中所对应的建筑物，即在结构上能够区分为两个以上的独立部分且能为不同的所有人所专用的建筑物；在中国香港和新加坡包括同一业主管理团体项下的多个建筑物，在中国内地还包括同一物业管理区域内的建筑群。

我们有足够“熟悉”的理由：一是自20世纪90年代初，建筑物区分所有权的基本理论已经被学者引入中国，2007年《物权法》亦正式确立其在民法中的法律地位，[1]且被2021年实施的《民法典》所吸纳。二是一系列与其他法域基本等同或通用的法律概念体系在中国已经建立起来，如法律主体包括业主、业主大会、业主委员会及物业服务企业等，客体包括专有部分与共有部分，权利包括专有权、共有权和成员权，以及自治文件（管理规约）等。三是建筑物区分所有权所包含的制度内容，在民商法体系中亦能找到相应的影子，如专有权可对应所有权制度，共有权则对应共有制度，成员权在公司法中亦有诸多类似的规定，作为一个权利的集合体，其与农村集体经济组织又有很高的类似度。[2]

但同时，中国的建筑物区分所有权法律制度与域外制度相比较，无论在制度价值追求，还是具体制度设计及运行上，均有着很大的区别，显得极为“陌生”：一是域外建筑物区分所有权法律制度蕴含众多的团体法的条文，公司法的组织、表决、责任限制等理论被引入，类似公司法的组织运行条款甚至远多于相关的物权条款。[3]二是域外建筑物区分所有权已经从物权确权制度演变为注重建筑物的管理以及业主自治权利的实现，[4]建筑物区分所有权糅合了住宅的基本功能和理念，除了关注财产权，人权、隐私、居住安全、环境控制等价值理念亦逐渐被纳入建筑物区分所有权整体法律体系。三是业主的权利定位差异甚大，学者主张专有权和共有权系整

---

〔1〕 陈华彬认为：“在《物权法》所有权一编中，用专章对建筑物区分所有权制度作了专门规定，也说明了中国民法学界及立法者已经充分认识到了建筑物区分所有权制度的重要价值和现实意义，同时也体现了建筑物区分所有权制度基本理论在中国理论研究中的基本成熟。”参见陈华彬：《业主的建筑物区分所有权》，载《中外法学》2006年第1期。

〔2〕 与建筑物区分所有权非常类似，在集体经济组织内部，成员拥有自己的住宅用房，与其他成员共同拥有土地及公用设施，以成员身份对共有事务进行管理和表决。

〔3〕 如中国香港和新加坡的建筑物区分所有权法律制度中，专有部分及共有部分的物权规定仅占整体条文的极少部分。

〔4〕 例如，中国香港关于建筑物区分所有权规定的条例名称为《建筑物管理条例》、新加坡的条例名称为《建筑物维护和分层管理条例》，从名称可以看出法律制度的侧重价值。

个制度的“两个灵魂”，“专有权处主导地位”，“牵一发而动全身”，[1]而在域外的制度中，专有权的核心条款却是体现为对专有权的限制，所有权的绝对性被“模糊化”，共有权除使用权外，其他权能在很大程度上被成员权吸收，难见踪影；[2]从专有权和共有权而衍生的成员权，却成为整体制度运行的核心，对团体行为的鼓励和规范成为制度的主要内容。四是与域外（如中国香港和新加坡）完善的法律体系相比，中国内地建筑物区分所有权法律体系在制度完整性、规则细致性及可操作性等方面差异甚大，法律所规定的概念体系并没有得到真正的落地生根，业主大会成立难、运行难等基本问题没有得到根本的解决。五是中国内地在《民法典》“物权编”中规定了“业主的建筑物区分所有权”，将其定性为物权；域外却认为建筑物区分所有权是人法与物法的结合，[3]将其从物权法律体系中解放，并为其制定单行法，充分挖掘团体行为在制度中的价值及意义。

和域外法律制度相比，中国内地仍需要完善建筑物区分所有权法律制度的移植和构建，以实现制度应有的价值和功能。

中国内地城市发展较晚，且因缺少城市规划，很多建筑物在使用一段时间后，便被推倒重建。随着城镇化的成熟，建筑物及居住环境的稳定性将逐渐加强，中国将不得不直面建筑物的管理和自治等问题，建筑物区分所有权法律制度的价值和作用将越来越重要。

中国内地的建筑物区分所有权制度在2007年被《物权法》确立后，并没有得到充分的发展，至今尚未形成完善的法律制度。梅因曾言：“在法典时代开始后，静止法律与进步社会之间的区别已开始显露出来。"[4]此法律现象在中国建筑物区分所有权立法领域尤为明显，区分建筑物的快速发展与

---

〔1〕 陈华彬：《建筑物区分所有权》，中国政法大学出版社2011年版，第87、112-113页。

〔2〕 主要体现为业主个人不能行使共有部分的管理权，其只能以业主团体成员的身份参与建筑物及共有财产的管理。

〔3〕 陈华彬：《建筑物区分所有权》，中国政法大学出版社2011年版，第269-291页。

〔4〕 [英]亨利·萨姆奈·梅因：《古代法》，高敏、瞿慧虹译，九州出版社2007年版，第31页。

立法的滞后形成了鲜明的对比。陈磊以经济、政治发展与法律体系之间的关系、法律和发展运动（law and development movement）[1]为理论基础，在多篇文章中呼吁完善中国内地产权保护制度，制定建筑物区分所有权单行法律。[2]

在世界经济一体化背景下的国家法制的发展，不可能走“井底观天”的封闭式立法道路，须借鉴域外有益立法经验。歌德曾言“不知别国语言者，对自己的语言便也一无所知”，这句名言同样适用于法律制度。诺瓦里斯亦曾言“一切认识和知识均可溯源于比较”。在单一法律制度的研究中，比较研究法提供了更为广阔的视角，可以揭示不同法域对同一法律问题的认识，在立法过程中所进行的取舍，更易还原法律制度的设计初衷及核心内涵。正如爱德华·朗贝尔（Edocuard Lambert）和雷蒙·萨利伊（Raymond Saleilles）所言，比较法的精神在于不满足解释和进一步发展国内法，而是寻找法学家心目中的“人类共同法”或“世界法”。[3]与中国内地毗邻的中国香港，以及新加坡的建筑物区分所有权法律制度运转良好，为当地经济发展、社会稳定及优化营商环境等做出了贡献。且中国内地、中国香港和新加坡均属华人聚居地，历史传统、文化发展或民族特性上具有共通性，法律制度具有可借鉴性。本书希望通过比较中国内地、中国香港和新加坡的建筑物区分所有权法律制度，辅以其他国家或地区的法律规定，尝试揭示一个良好运转的区分建筑物法律制度所应具备的要素，探索制度发展的趋势，同时分析中国内地存在的制度缺陷，提出建议，以期对中国内地今后制定建筑物区分所有权特别法有所裨益。

---

〔1〕 法律和发展运动的主要观点是，包括私有产权在内的现代法律制度能够促进市场和经济的发展。See D.M. Trubek, *Toward a Social Theory of Law: An Essay on the Study of Law and Development*, Yale Law Journal, Vol. 82. p.1 (1972); Douglass C. North, *Institutions, Institutional Change and Economic Performance*, Cambridge University Press, 1990, p.35.

〔2〕 See Chen Lei, *Private Property with Chinese Characteristics: A Critical Analysis of the Chinese Law on Property of 2007*, European Review Of Private Law, Vol. 18. p.983 (2010); Chen lei, *The making of Chinese condominium law: A Comparative Perspective with American and South African Condominium Laws*, Intersentia: Metro, 2010; Chen Lei, *Land Registration, Property Rights and Institutional Performance in China: Progress Achieved and Challenges Ahead*, Hong Kong Law Journal, Vol. 44. p.841 (2014).

〔3〕 〔德〕K.茨威格特、H.克茨：《比较法总论》，潘汉典等译，法律出版社2003年版，第3页。

目　　录

第一章　建筑物区分所有权的历史发展和理论沿革

建筑物区分所有权作为一项古老的法律制度，已有4000多年的历史，其几经沉浮，终被1804年的《法国民法典》所接纳，奠定了其在近代民法中的地位。建筑物区分所有权最初只是作为区分专有部分和共有部分的产权区分制度。随着区分建筑物的普及和纠纷的增多，其受到越来越多的关注，制度内涵也进一步扩大，共有部分的管理成为制度的重要内容。为使管理制度运行更为良好，建筑物区分所有权引入了团体法的观念，产生了成员权。成员权的进一步发展亦使其逐渐摆脱了对共有权的依附，具备了独立的制度价值。专有权、共有权、成员权三位一体的“三元论”理论被广为接纳，形成了现代的建筑物区分所有权法律制度。受各法域的整体法律体系、社会文化、现实矛盾等因素影响，各法域的建筑物区分所有权在立法上各具特色。

新加坡、中国香港和中国内地的区分建筑物法律制度都是在独特的历史背景下产生的，三地法律制度的具体内容虽不一致，但均采取了“三元论”的立法模式。新加坡和中国香港的建筑物区分所有权立法均有较长的历史，在不同的阶段，立法的侧重点有所不同。几番调整之后，两地均已建立了较为完善的法律制度。新加坡因为采取公房供应的政策，政府是公房的主要提供者，其与小业主之间并无明显的利益冲突，其更多关注区分建筑物的日常管理和维护。中国香港区分建筑物法律制度前期为了协调开发商和业主之间的利益冲突，通过立法削弱开发商对区分建筑物的管控，保障小业主的权益；后期立法更注重鼓励和引导小业主取得区分建筑物的管理权并进行自主管理。

相比较而言，中国内地的建筑物区分所有权法律制度产生的时间较晚，立法还处于不完善的阶段。中国香港和新加坡的立法至少在以下方面对中国内地具有启示：(1) 在中国内地区分建筑物业主自主管理能力欠缺的情形下，政府公权力的介入不失为一种考虑；(2) 中国香港和新加坡的立法对业主团体和日常管理机构设立、运行的详细规定，是整体法律制度得以良好运行的根本保证，中国内地建筑物区分所有权的相关规定很多仍停留在"纸面上"的重要原因是条款过于原则，无法对业主作出有效引导，应进一步细化立法使其更具有可操作性；(3) 中国香港和新加坡的立法都体现了对建筑物管理和维护的重视，将其视为建筑物区分所有权法律制度的核心，这也应成为中国内地今后修法的主要方向。

一、区分建筑物及法律的发展历史

大约在公元前2000年，古巴比伦有关"建筑物的第2层供作饮食店使用，第1层的所有权作为买卖的标的物"的契约记载，被认为是楼层区分所有权出现的开端。[1]建筑物的区分使用和区分所有的现象虽然具有很悠久的历史，但其被立法所承认仍然经历了漫长的过程。罗马法被称为古代社会"私有制为基础的法律最完备的方式"，[2]但其坚持僵硬的一物一权规则，不承认在一物上存在多个独立的所有权，[3]同时严格遵循"一切附合

〔1〕［日］小沼进一：《建筑物区分所有之法理》，中国法律文化出版社1992年版，第10页。

〔2〕中共中央马克思恩格斯列宁斯大林著作编译局编译：《马克思恩格斯选集》第3卷，人民出版社1995年版，第143页。

〔3〕Warren Freedman & Jonathan B. Alter, *The Law of Condominium and Property Owners' Associations*, Quorum Books, 1992, p.109-124.转引自王利明：《物权法研究》(上卷)，中国人民大学出版社2007年版，第567页。

和进入土地的物都必然地作为添附物归土地所有权所有，建筑物的所有权非地皮所有主莫属”〔1〕的地上物附属土地的原则，否认建筑物区分所有权的独立法律地位。〔2〕

在西罗马帝国灭亡后兴起的日耳曼法，注重物的使用价值，认为建筑物系独立的所有权客体，建筑物在法律上摆脱了土地的附庸关系。日耳曼法甚至认为建筑物内各房间、地下室均可成为独立的所有权客体。〔3〕建筑物区分所有权作为所有权的一种特殊方式，在12世纪初期被日耳曼法认可。〔4〕但在中世纪罗马法复兴后，“地上物从属于土地”的罗马法理念重新被欧洲大陆普遍接受，建筑物区分所有权再次失去了法律承认。作为日耳曼法发源地的德国，在1900年1月1日实施的《德国民法典》中仍然禁止设立楼层所有权。〔5〕其原因既有理论上的考虑，也基于当时的经验事实，即采取楼层所有权方式的楼房，常是“是非之地”。〔6〕建筑物区分所有权并未得到德国法学家的青睐，德国也未能成为建筑物区分所有权近代立法的发源地。〔7〕

进入19世纪以后，随着工业革命的兴起，大批农业人口涌进城市。为解决城市居民住房和土地稀缺问题，很多城市兴建了大量的高层建筑，高层建筑区分所有的产权问题引发了欧洲各国的立法重视。1804年《法国

〔1〕［意］彼德罗·彭梵得：《罗马法教科书》，黄风译，中国政法大学出版社1992年版，第266页。

〔2〕刘得宽：《民法诸问题与新展望》，台北，三民书局1992年版，第26页。

〔3〕谭峻：《建筑物区分所有权与不动产登记制度研究》，知识产权出版社2012年版，第20页。

〔4〕陈华彬：《建筑物区分所有权》，中国政法大学出版社2011年版，第3页。亦有文件表明，在12世纪的德国，在一整栋建筑物中的部分建筑物已可以以单个所有权形式让与，从而被开发为公共用房。See C. G. Van Der Merwe, *A Comparative Study of the Distribution of Ownership Rights in an Apartment or Condominium Scheme in Common Law, Civil Law and Mixed Law*, Georgia Journal of International and Comparative Law, 2002.

〔5〕1990年《德国民法典》第93条，《〈德国民法典〉施行法》第182条。

〔6〕［德］鲍尔·施蒂尔纳：《德国物权法》（上册），张双根译，法律出版社2004年版，第635页。

〔7〕德国直到1951年制定《住宅所有权暨永久居住权法》时，才通过第1条第1款、第2款规定，允许在住宅之上成立住宅所有权，突破了《德国民法典》第93、94条的束缚，形成了现代意义上的建筑物区分所有权。

民法典》第664条关于楼层所有权的规定开创了建筑物区分所有权的立法先河。[1]随后，意大利、西班牙、日本、比利时、罗马尼亚、巴西、希腊等国相继在民法典的立法中确认了建筑物区分所有权，使其成为各国民法体系中的一项重要制度。[2]

19世纪的建筑物区分所有权基本采取民法典的立法方式，即在民法典中用几个简单的条文对建筑物区分所有权的权属划分作出原则性的规定。随着城市化的进程以及城市人口的增多，区分所有建筑物数量及相关纠纷不断增多，原有法律不足以规范越来越复杂的法律关系。20世纪以后，建筑物区分所有权得到了更多的关注，相关立法也得到了进一步的发展，体现为：一是各国民法典中原有的建筑物区分所有权法律得到了进一步的丰富，条文增多，内容愈加详细；二是建筑物区分所有权特别法在比利时[3]、澳大利亚[4]、奥地利[5]和德国[6]等地相继开始出现。单行法的出现丰富了建筑物区分所有权的立法体例，也标志着建筑物区分所有权法律进入了成熟的阶段。建筑物区分所有权立法的完善还体现为立法的趋同性，一方面，比较成熟的建筑物区分所有权的立法经验被立法较晚的国家所借鉴，国家间立法的趋同性进一步加强；另一方面，在联邦制（或地方政府拥有较大立法权）的国家，地方性建筑物区分所有权立法的统一性也在增强，如在美国，1962年联邦住宅局制定《公寓所有权标准示范法》后，很多州便参照该法律标准，修订和完善了各自的建筑物区分所有权立法。1961年，澳大利亚新南威尔士州制定了《分层所有权转易法》[Conveyancing (Strata Title) Act (New) 1961]，该法是建筑物区分所有权“三元论”立法

〔1〕 陈华彬：《建筑物区分所有权》，中国政法大学出版社2011年版，第4页。

〔2〕 陈华彬：《建筑物区分所有权》，中国政法大学出版社2011年版，第5页。

〔3〕 比利时于1924年率先制定了《建筑物区分所有权特别法》。

〔4〕 澳大利亚于1925年制定了《单元住宅所有权条例》。

〔5〕 奥地利于1948年制定了《住宅所有权法》。

〔6〕 德国于1951年制定了《住宅所有权暨永久居住权法》。

的典范，强调专有权、共有权及成员权产生的同时性及不可分割性，进一步丰富和发展了建筑物区分所有权立法体例，对新加坡等国家的立法产生了深远的影响。

二、建筑物区分所有权的理论发展

建筑物区分所有权受各国政治、经济、文化、民法理念等的影响，先后形成了诸多不同的学说，主要分为“一元论说”“二元论说”“新一元说”“三元论说”。追根溯源，近代建筑物区分所有权的立法源于1804年《法国民法典》第664条“一建筑物的各楼层属于不同所有人而其所有证书未订立修缮及改建之方法时，依下列方法为之：外壁与屋顶由全体所有人按其楼层的价额负担其费用，各楼层所偶有人建造各自步行的地板，二楼所有人建造登上二楼的楼梯，三楼所有人建造登上三楼的楼梯，以下从之”的规定，建筑物区分所有权理论的发展亦始于对该条款的解释。[1]

（一）理论发展

1.一元论说

该学说又分为专有权说和共有权说。

专有权说。此说最早为法国学者丁解释《法国民法典》第664条关于楼层所有权时所提出。[2]该学说认为，建筑物区分所有权指区分所有权人在区分建筑物上所享有的专有权利，是若干单独的“个人所有权的堆积”。[3]史尚宽亦认为：“数人区分一建筑物而各得其一部者，谓之区分所有。其区分之各部分，为独立的权利客体，于此部分成立单独的所

---

〔1〕［日］小沼进一：《建筑物区分所有之法理》，中国法律文化出版社1992年版，第261页。

〔2〕［日］小沼进一：《建筑物区分所有之法理》，中国法律文化出版社1992年版，第261页。

〔3〕［日］小沼进一：《建筑物区分所有之法理》，中国法律文化出版社1992年版，第262页。

有权。”[1]日本我妻荣、玉田弘毅、中国台湾地区刘得宽等学者均持这一学说。

共有权说。此说最早为法国学者普鲁东（Proudhon）和拉贝（Labbe）于解释《法国民法典》第664条关于楼层所有权时，针对专有权说所提出的对立学说。[2]该学说以集团性、共有性为基础，将区分建筑物整体视为全体区分所有人所共有。[3]该学说后被瑞士所采纳，其在1963年修改民法典时规定：“区分所有权建筑物上的共有财产的范围扩及于土地、住宅与附属空间，区分所有建筑物关系中仅有共有关系，因此民法上的区分所有权是指分层建筑物所有权。”[4]

2.二元论说

此说最早为法国学者批判一元论的理论和实践时所提出，认为建筑物区分所有权由区分建筑物专有权及共有持份权所构成。[5]中国台湾地区郑玉波、黄越钦等学者持该学说。该说对中国大陆的学者也有较大影响，陈甦将之表述为：“所谓建筑物区分所有权是指根据使用功能，将一栋建筑物于构造上区分为由各个所有人独自使用的专有部分和由多个所有人共同使用的共有部分时，每一所有人享有的对其专有部分的专有权与对共有部分的共有权的结合。”[6]

3.新一元说（享益部分说）

此说最早为法国学者舍瓦利耶（Chevallier）批评法国1938年立法采取

---

〔1〕 史尚宽：《物权法论》，1979年自版发行，第109页。

〔2〕 陈华彬：《建筑物区分所有权》，中国政法大学出版社2011年版，第61页。

〔3〕 陈华彬：《建筑物区分所有权》，中国政法大学出版社2011年版，第62页；梁慧星亦认为：建筑物区分所有权为一种复合性权利，主要包括专有部分所有权、共有部分所有权两个方面。参见梁慧星主编：《中国物权法草案建议稿条文、说明、理由与参考立法例》，社会科学文献出版社2001年版，第274页。

〔4〕 黄越钦：《住宅分层所有权之比较法研究》，载郑玉波主编：《民法物权论文选辑》（上册），台北，五南图书出版股份有限公司1984年版，第439页。

〔5〕 陈华彬：《建筑物区分所有权》，中国政法大学出版社2011年版，第63-64页。

〔6〕 陈甦：《论建筑物区分所有权》，载《法学研究》1990年第5期。

二元论说时而提出的主张。[1]该说否定二元论说将专有部分和共有部分区分之做法，而把二者合并成为“享益部分”，认为以“享益部分”为标的而成立的不动产所有权，不仅是一种财产权，而且是一种全新的物权。[2]

4.三元论说

此说为德国学者贝尔曼（Barmann）所倡导，认为建筑物区分所有权包含三个因素，即建筑物专有部分所有权、土地及建筑物共有部分的共有权以及共有关系所产生的成员权。[3]专有权、共有权和成员权系“三位一体”的权利，不能单独转让，区分所有权人在取得区分建筑物专有部分的同时取得共有部分的份额，并自动成为业主团体的成员。[4]温丰文认为，在“三元论”的理论框架下，除了个人所有权，区分建筑物还存在三种法律关系，即相邻关系、共有关系和团体关系。[5]

建筑物区分所有权理论可以说是围绕着《法国民法典》第664条的讨论而产生和发展的。[6]一元论中的“专有权说”掩盖了区分建筑物的共有性，不能在理论上赋予区分所有权人对共有部分的使用和管理的权利，不利于区分建筑物的养护及维修。“共有权说”则掩盖了区分建筑物的专有性，个人权利在该学说中容易受到限制，区分所有权人也因此缺乏财产的归属感。二元论系是对一元论的有效发展，但其仅有物法性的因素，缺少人法性因素，虽然可以明确区分所有人在区分建筑物中的财产关系，但无法解释区分建筑物中的非财产关系，且未能将区分建筑物法律关系与一般共有法律关系相区分。“新一元论”说仅是将“专有权”和“共有权”进行

---

〔1〕 陈华彬：《物权法》，法律出版社2004年版，第264页。

〔2〕 陈华彬：《物权法》，法律出版社2004年版，第264页。

〔3〕 C. G. Van Der Merwe, *International Encyclopedia of Comparative Law*, *Volume* Ⅵ, *Property and Trust*, *Chapter 5*, *Apartment Ownership*, 1994, p.239.

〔4〕 C. G. Van Der Merwe, *International Encyclopedia of Comparative Law*, *Volume* Ⅵ, *Property and Trust*, *Chapter 5*, *Apartment Ownership*, 1994, p.23, 27.

〔5〕 温丰文：《区分建筑物法律关系之构造》，载《法令月刊》第9期（1992）。

〔6〕 陈华彬：《建筑物区分所有权》，中国政法大学出版社2011年版，第60-67页。

合并，仍然未能超出“二元论说”的框架。[1]“三元论说”弥补了其他学说的不足，客观反映了建筑物区分所有权的固有属性，合理解释了区分建筑物的专有及共有部分，且可以涵盖区分建筑物所产生的一切法律关系以及有助于协调区分所有人和团体之间的关系。[2]因此，该学说成为主流学说，得到了陈华彬、王利明等学者的拥护。[3]中国台湾地区学者戴东雄亦认为：“欲有效处理区分所有权人间的复杂关系，只有将建筑物区分所有权的意义界定为专有所有权、共有所有权及成员权之结合，始能竟其功。”[4]

本书赞成“三元论说”，并以“三元论说”为理论框架，对中国香港、新加坡及中国内地建筑物区分所有权法律制度的结构要件逐一进行比较研究。

（二）背后的民法因素

建筑物区分所有权理论发展不是孤立的，而是与民法理论，特别是所有权理论的发展有着紧密的联系。“所有权神圣”到“所有权负有义务”的理论发展，为建筑物区分所有权“三元论”奠定了法理基础。

1.“所有权神圣”理念禁锢了建筑物区分所有权的发展

“所有权神圣不可侵犯”是近代民法理论的基本原则之一，其精神源于法国1789年《人权宣言》第17条“财产是神圣不可侵犯的权利，非经合理证明确为公共需要并履行正当补偿，任何人的财产不得受到剥夺”的内容。美国在1791年美国联邦宪法第五修正案中规定，“未经正当程序不得剥夺任何人的生命、自由或财产”，将“所有权神圣”提升到了宪法的高

---

〔1〕 陈华彬：《物权法》，法律出版社2004年版，第267页。

〔2〕 陈华彬：《物权法》，法律出版社2004年版，第268页。

〔3〕 对于“三元论说”，现有中文资料表述为：建筑物区分所有权系由区分所有建筑物专有部分所有权、共有部分持份权以及共生关系所生的成员权所构成，此三者形成不可分离而具有物权性和人法性的特别权利。参见陈华彬：《物权法》，法律出版社2004年版，第268页；[德]Barmann：《德国住宅所有权法》，戴东雄译，载《法学丛论》第13期。

〔4〕 戴东雄：《论建筑物区分所有权之理论基础》，载《法学丛刊》第42期。

度。法国1804年《法国民法典》将所有权的定义为“所有权是对于物的无限制使用、收益及处分的权利”,[1]确立了“所有权神圣”的民法地位。美国学者詹姆斯·高德利评论说:“法国民法典与它的自由主义和个人主义意识相适应,致力于树立一个原则:所有人对其所有权的行使不受来自任何方面的限制,不受其他所有人的限制,甚至也不受国家的限制。”[2]“所有权神圣”理念被广为接纳,成为近代物权法的根本基础,[3]该理念具有维护个人尊严和自由的伦理价值,亦具有促进对有限资源作有效使用的经济功能。[4]《法国民法典》语境下的财产所有权是一种独有和专断的支配权,不受任何限制,用霍姆斯的话来说:“一个人拥有在自己的土地上建造栅栏的权利,愿意造多高就造多高,不管它是否挡住邻居的光线和空气。”[5]丹宁(Denning)则形容为:“每个人都有权利推倒自己的马,有权砍伐他的树,只要他喜欢,即便使你风雨无遮,暴晒日头。”[6]

“所有权神圣”的确立,增强了民法的法律地位,推动了民法的发展,但“所有权神圣”同时也是禁锢建筑物区分所有权理论发展的毒药。在“所有权神圣”民法观念的主导下,所有权人势必排斥他人与其共享权利,不利于团体观念的形成。日本学者小沼进一认为:“1804年《法国民法典》对团体的所有权采取敌视态度,认为被推翻的封建势力会借这种形式卷土而来,故对建筑物团体性的利用、管理加以限制,从而亦无共有的通则规定……其立法本意是对建筑物区分所有权的独自存在和发展采取反对态度,即不承认建筑物区分所有权的独立存在,反对其自主发展。”[7]

---

〔1〕 1804年《法国民法典》第544条。

〔2〕 [美]詹姆斯·高德利:《法国民法典的奥秘》,张晓军译,载梁慧星主编:《民商法论丛》第5卷,法律出版社1996年版。

〔3〕 谢在全:《民法物权论》,中国政法大学出版社1999年版,第7页。

〔4〕 王泽鉴:《民法物权(一)》,中国政法大学出版社2001年版,第15-16页。

〔5〕 [美]伯纳德·施瓦茨:《美国法律史》,王军等译,法律出版社2007年版,第134-139页。

〔6〕 Phipps v. Pears,[1965]1 QB 76.

〔7〕 [日]小沼进一:《建筑物区分所有之法理》,法律文化出版社1992年版,第309-314页。转引自陈华彬、杨文杰:《法国的建筑物区分所有权制度——历史和立法》,载《法治论丛》2007年第3期。

2."所有权神圣"理念的弱化给予建筑物区分所有权发展空间

对私有财产权的过分强调导致了贫富两极分化、劳资对立等大量的社会问题。"财产权神圣"的民法理念在19世纪中末期开始受到质疑，卡尔·马克思的《资本论》更是对私有制度进行了激烈的抨击，并提出了财产公有制的理论。狄骥(Duguit)提出了所有权社会责任理论，即财产并非所有人的绝对权力，其同时负有社会责任。[1]德国民法学家耶林在其《法律的目的》一书中指出，所有权行使的目的，不应当只服务于个人的利益，同时也应当服务于社会的利益，因此，现今应以"社会的所有权制度"取代"个人的所有权制度"。[2]基尔克在《德意志私法论》(第2卷)中指出，所有权绝不是一种与外界对立的丝毫不受限制的绝对性权利，相反，所有人应依法律程序，并顾及各个财产的性质与目的行使其权利。[3]为维护社会的公共利益、保护雇工和消费者权益等，各国政府开始干预经济和市场，对契约自由和财产权在一定程度上予以限制。1919年德国《魏玛宪法》第153条规定"所有权负有义务，其行使应有益于公共福利"，[4]首先突破了"所有权神圣"的制度，被视为现代宪法的开端，对世界民法发展产生了深远的影响。从"所有权神圣不可侵犯"到"负有义务"，是近代宪法向现代宪法的转变，也是近代民法向现代民法的提升。

美国20世纪中期，财产所有权的内涵也发生了变化。所有权人可以随心所欲地使用其财产的权利思想，已渐渐让位于合理使用原则。[5]在

---

〔1〕 Chen Lei, Andrew Michalek & Jia Wang, *The Norm of Property's Social Function: A Chinese Perspective*, in Léon Duguit and the Social Obligation Norm of Property: A Translation and Global Exploration, Springer Nature Singapore Pte Ltd Ed, 2019, p.2.

〔2〕 参见马骏驹、江海波:《论私人所有权自由与所有权社会化》，载《法学》2004年第5期。

〔3〕 参见梁慧星:《中国物权法研究》，法律出版社1998年版，第256页。

〔4〕《魏玛宪法》的所有权限制原则也被现行德国宪法，即1949年通过的《基本法》所延续，《基本法》在第14条第1款中规定了所有权的保护，第2款规定了所有权负有义务，把对所有权的限制和保护作为整体直接规定。

〔5〕［美］伯纳德·施瓦茨:《美国法律史》，王军等译，法律出版社2007年版，第200-202页。

Marsh v. Alabama〔1〕案中，亚拉巴马州的奇科索镇为海湾造船公司所有，该公司禁止宗教组织在该镇散发宗教印刷品，传教士Marsh在城镇人行道上布道受到驱逐而成诉。一审法院和上诉审法院均认为Marsh侵入了私人土地，但美国最高法院认为，本案涉及Marsh的言论自由、海湾造船公司的财产权利和其他民众的信息获得权，为保护民众的信息获得权，不应认为Marsh在人行道上布道构成对土地的侵入。现代民法上，法律天平已从倾向绝对地保护私有产权一端，渐渐开始强调社会利益和私有产权之间的平衡，并逐渐将保护私有产权和社会利益放在并重的地位，正如伯纳德·施瓦茨所言："社会利益最终是存在于个人生活之中的利益；同时，没有对私人财产的保护，要实现公共利益也是不可能的。"〔2〕

"所有权神圣"的弱化意味着所有权人的意志不能随心所欲覆盖财产，这产生了三个影响：一是个人所有权绝对化理念有所降低，共同财产权理念较之前更易于为人所接受；二是所有权负有义务，为建筑物区分所有权协调业主之间的法律关系提供了理论依据；三是在财产管理上出现了权利真空，对于个人不便行使所有权的范围，需要新的权利主体的介入，这加速了团体主义的发展。正是个人所有权的弱化，给予了建筑物区分所有权的发展空间，德国建筑区分所有权"三元论"的产生与其宪法及民法所有权理论的发展息息相关，其能够被广泛接受正是因为与所有权理论的发展相契合。

（三）发展趋势

通过上述分析可知，正是个人所有权绝对理念的退让，才给建筑物区分所有权理论提供了生存和发展的空间。建筑物区分所有权的目的是填补个人所有权在区分建筑物中遗留的权利真空，其本质上并不强调专有

---

〔1〕 326 U.S.501（1946）.

〔2〕［美］伯纳德·施瓦茨：《美国法律史》，王军等译，法律出版社2007年版，第291页。

权，专有权即便受到限制，[1]其仍然属于传统个人所有权的范围；建筑物区分所有权更强调的是共有权及成员权。成员权虽系因共有关系而衍生，但在制度发展中，其已慢慢摆脱了对共有关系的依附关系，成为制度中更为重要的组成部分：首先，业主依据成员权组成的业主团体，选出共有财产的管理团体，业主不再以共有人的身份行使共有财产的管理权，而是以团体成员的身份参与共有财产及建筑物的管理，业主的身份及权利行使的方式发生了根本变化；其次，为保证区分建筑物内的生活秩序，营造更为良好的生存环境，其可以制定共有财产以外的管理规则，比如社区安全规则、宠物饲养规则、儿童安全规则等；最后，成员权甚至渗透到了专有权的范畴，构成专有权行使的限制，比如合理使用专有部分、不得改变用途等。建筑物区分所有权包含专有权和共有权，使其与一般的所有权制度相区分，成员权的弹性使建筑物区分所有权在一定程度上超越了财产权的属性，融合了社员法的特征，构成了一种独立而不可或缺的法律制度。

纵观各国的立法史，建筑物区分所有权的立法重点可以分为三个阶段：第一阶段为“专有权与共有权的区分”，立法重点在于强调专有部分产权清晰，便于交易；第二阶段为“共有财产的管理”，其强调共有部分及建筑物应处于良好管理的状态，避免共有部分的使用陷入“公地悲剧”，避免建筑物缺乏管理而贬值以及产生安全隐患；第三阶段为“成员权的发展及完善”，其强调协调和平衡个人与团体之间的利益冲突，既要避免个人专有权利的膨胀导致建筑物管理处于无序状态，也要避免团体过于强大而侵害专有权人的合法利益，同时，其探求依据和发挥团体的共同力量，创建和谐、安定的居住及工作环境。在一个成熟的立法体例中，建筑物区分所有权作为一个完整的法律制度，其应有效包含和体现“产权清晰、管理有

---

〔1〕“专有部分作为建筑物的一部分实际上不可能由某一人完全支配，其他所有住户的权利及于（建筑物每一个）专有部分……建筑物住户的权利及于建筑物的每一部分。”参见梅夏英：《民法上“所有权”概念的两个隐喻及其解读》，载《中国人民大学学报》2002年第1期。

效、和谐安定”三个方面的制度精神。随着区分建筑物的扩大以及业主人数的增多，区分建筑物的管理及各主体之间的利益协调更加复杂，成员权因素在整个法律制度中的重要性更加突出。

三、建筑物区分所有权制度在中国香港的发展

（一）法律渊源

中国香港的立法以普通法为基础，但并未完全照搬和移植英国法律，而是在英国法制的基础上，根据香港居民的民族传统、社会经济发展状况，制订符合香港实际的法例，发展香港的法制。[1]因此，香港法律是由英国的普通法、衡平法、适用于香港的英国法例、香港自身的法例及中国清朝政府的法律和习惯法所组成的混合物。1997年以前，有300多条英国国会法例适用于中国香港，大部分是通过英皇会同枢密院颁令引入的。中国政府对香港恢复行使主权后，《中华人民共和国政府和大不列颠及北爱尔兰联合王国政府联合声明》和《中华人民共和国香港特别行政区基本法》均未保留英国国会法例及英皇特权立法在香港的法律效力，香港特别行政区政府（以下简称香港特区政府）对自1985年开始适用于香港的英国国会立法进行全面检视，最终保留了约150条的英国国会法例的内容，并以香港本地立法的形式重新订立，这项工作称为“法律本地化”。[2]

（二）法律制度的发展

“二战”以前，中国香港地区的土地租期较短，住宅大多为低层房屋。随着大量内地移民的到来，香港地区人口剧增。房地产开发商察觉到人口

---

〔1〕 李启欣主编：《香港法教程》，中山大学出版社1995年版，第2页。

〔2〕 陈弘毅、陈文敏等合编：《香港法概论》，三联书店（香港）有限公司1993年版，第9–10页。

对房屋需求的增加，向政府申请移除了很多原有低矮建筑，修建了大量的高楼。开发商将楼房分割成不同的单位（或单元）出售，一栋楼房出现多个业主，产生了多层建筑共有的法律关系，[1]等同于建筑物区分所有权法律关系。对于香港建筑物区分所有权的起源，英国学者Malcolm Merry考证认为，油麻地的众访街首次将建筑物分为不同单元出售，形成了建筑物区分所有的事实。[2]陈华彬考证认为，九龙塘石硖尾1953年发生火灾，大批木屋被焚毁，当地政府为安置灾民推出了"公共房屋计划"，兴建了由多栋6层大厦构成的屋屯，其中浴室和厕所为公用，[3]此为香港建筑物区分所有的开端。[4]香港区分建筑物的法律问题最开始从如何对建筑物内的单位转让作出法律安排，后来发展到如何处理建筑物管理过程中的有害行为的系统复杂问题。[5]香港多层建筑物发展经历了四个阶段，法律规定也产生了相应的变化。[6]

第一阶段：19世纪50年代中期到1960年。这一阶段是香港房地产高度发展的时期，大量高楼得以兴建。政府任由市场自由发展，未就多层楼宇问题制定相关的法律和政策，由此产生了隐患。部分开发商无能力完成建筑物的建设，但其已经和业主签订了售房协议，造成了业主权益的损害。1960年，Peony House West Block公司在地产开发过程中将土地和建筑物抵押给了银行，同时又将房屋预售，后来没有资金完成项目建设，房产面临被银行拍卖和受偿。两百多名购房者为了避免损失，决定每人多支付30%的购房款给开发商，让开发商完成工程建设和偿还银行贷款。[7]政府

---

〔1〕 中国香港并未直接适用建筑物区分所有权的法律概念，但其多层建筑共有法律关系与建筑物区分所有权法律制度具有相同的功能和类似的内涵。

〔2〕 Malcolm Merry, *Building Management in Hong Kong*, LexisNexis, 2016, p.16.

〔3〕 蔡育天、李百灏编著：《香港房地产管理实务》，上海人民出版社1992年版，第3页。

〔4〕 陈华彬：《建筑物区分所有权》，中国政法大学出版社2011年版，第48页。

〔5〕 Malcolm Merry, *Building Management in Hong Kong*, LexisNexis, 2016, p.11.

〔6〕 Malcolm Merry, *Building Management in Hong Kong*, LexisNexis, 2016, p.15–23.

〔7〕 Registrar–General in the Annual Report , 1960–1961.

这才意识到多层楼宇需要特别的法律和制度予以规范，才能确保市场的健康发展。

第二阶段：1961年至1970年。为了保护购房者的利益，香港当地政府于1961年开始对开发商的房屋预售行为采取审批制度，通常考虑以下因素：(1)开发商的财务状况，确保开发商有足够的资金完成建筑物建设；(2)开发商的投资情况；(3)项目建设的进度，一般应达到一定进度才会获准销售；(4)售楼处的面积及位置；(5)律师签署"公契符合LACO的指引"[1]的声明；(6)买卖合同；(7)其他政府要求的证明文件。[2]开发商如果不符合政府要求的审批条件，其地产就无法进入销售市场，这种审批制度至今还在适用，审批条款也更为完善。

第三阶段：1971年至1986年。审批制度虽然在一定程度上增强了开发商的信用，缓解了楼宇预售的法律风险，但当购房者搬入楼宇后，又产生了楼宇管理的新问题。多层建筑由业主共同对建筑物负责，但业主之间难以形成有效的组织，建筑物的维护和管理问题越发突出，管理人也难以履行职责。为解决共有部分管理困难的问题，香港当地政府于1970年通过了《多层建筑(业主法团)条例》[The Multi-Storey Building (Owner's Incorporation) Ordinance]，鼓励业主组成法团，以法团的形式加强建筑物共有部分的管理。法团的成立并非强制性的，至2011年7月6日，香港地区尚有约22,000个区分建筑物尚未成立业主法团。[3]

第四阶段：1987年至今。多层建筑最主要的文件为开发商(通常还包括其指定的管理人)与第一个购房者签订的公契，之后的购房者以及继受者均受公契的约束。香港奉行"契约自由"的合同原则，其中的条款由当

---

〔1〕 LACO指Legal Advisory and Conveyancing Office，即香港地政总署下辖的法律咨询及田土转易处。

〔2〕 Malcolm Merry, *Building Management in Hong Kong*, LexisNexis, 2016, p.15-16.

〔3〕 2011年立法会十二题，香港地政总署在2011年7月6日立法会中回答李慧议员的提问。

事人自行约定，开发商依据其合同缔结的优势地位，往往在公契中加入对其有利的条款，导致购房者的利益受损，比如约定建筑物的外墙为共有部分，但由开发商保留使用权等。公契的不平等性引起了政府的关注，政府于1986年要求开发商将公契提交政府审核。[1]香港地政总署下辖的法律咨询及田土转易处（LACO）于1987年向开发商发出《草拟公契的准则》，[2]指令不得将损害业主利益的不公平条款写入公契，同时要求开发商要在公契中明确共有部分。[3]1987年以后的公契也称为新公契，1987年之前的公契称为旧公契，旧公契中的条款仍然有效。[4]

1993年，香港政府对《多层建筑（业主法团）条例》进行了大幅的修改，更名为《建筑物管理条例》(Building Management Ordinance，BMO)。1993年的条例有三大变化：一是制定了法定公契条款，[5]并强制适用于1987年之前签订的公契，修正了旧公契不平等的问题；二是将原先适用于单栋建筑物的管理规定扩大到多栋建筑物组成的建筑群；[6]三是改变了业主法人团体的组织形式及运行方式。[7]BMO历经多次改动，增加了终止公契管理人的程序、要求法团购买公众责任保险、为取得供应品及服务的有关工作制定准则和指引规范、为管理委员会委员履行职务提供保障等内容。

BMO有两个主要特征：一是通过法定公契条款，减少开发商与业主之间缔约能力的差异，避免业主权益受到损害；二是鼓励和引导业主成立管理委员会和业主法团，行使建筑物的管理权力。条例详细规定了公契的法定条款，以及管理委员会和业主法团的产生、运行、具体权利义务、解散等

---

〔1〕 Malcolm Merry, *Building Management in Hong Kong*, LexisNexis, 2016, p.22.

〔2〕 最新的准则是2011年版本，该版本对之前的条款作了很大的删除和变动。

〔3〕 Malcolm Merry, *Building Management in Hong Kong*, LexisNexis, 2016, p.35.

〔4〕 方镇光：《建筑物管理法律精解》，香港大学出版社2007年版，第15–16页。

〔5〕 该条例的第34条及附表7包含的条款作为法定条款在所有的公契中生效。

〔6〕 Malcolm Merry, *Building Management in Hong Kong*, LexisNexis, 2016, p.4.

〔7〕 Malcolm Merry, *Building Management in Hong Kong*, LexisNexis, 2016, p.4.

内容，为业主参与建筑物管理提供了翔实的指导，具有鲜明的立法特色。2011年1月，香港特区政府成立“建筑物管理条例检讨委员会”，定期对条例执行情况进行检查。

香港为普通法区域，但随着政府制定成文法的增多，其也逐渐演变为兼具普通法和成文法的混合法域。建筑物区分所有权的相关规定由判例法和成文法共同组成。在普通法规则和成文法相冲突时，何种法律优先适用取决于成文法的制定目的是不是取代某个普通法的基本规则，此问题经常涉及法律的具体解释。如果没有明确的条文表述，法官在解释成文法时一般推定法律的制定并非为了取缔普通法的规则，[1]从而保障普通法原则的继续适用。BMO在香港已适用多年，普通法和成文法冲突的问题已逐渐减少。

（三）法律制度的理论选择

香港区分建筑物包括居住、商业、工业用途等建筑，建筑物区分所有权在香港被称为多层建筑共有（co-ownership of multi-storey buildings）制度，制度核心是土地分权共有（tenancy-in-common）[2]。分权共有系指两个或两个以上不可分割份额的共有人，无论其份额是否均等，对整个共有物均具有平等的占有权，但彼此之间不享有继承权。[3]在土地分权共有理论下，业主对土地份额的划分是概念性的，并非实质上对土地进行分割，

---

〔1〕 Malcolm Merry, *Building Management in Hong Kong*, LexisNexis, 2016, p.3.

〔2〕 Tenancy-in-common，在字面意义上可翻译为“共同租赁”，但香港的土地租赁制度与内地不同，其源于英国普通法的租赁制度。在英国，国王为土地名义的所有权人，个人对土地只能享有租权，而非所有权，为保护租赁人的利益，普通法赋予承租人在租期内享有排除他人（包括排除所有权人）不当干涉的权利，在一定意义上，租权等同于一段时期的所有权。因此，基于租赁权的强大效力，tenancy-in-common通常翻译成分权共有，隐去了租赁的字面含义。李宗锷在《香港房地产法》（商务印刷局香港有限公司2001年版）一书中亦将之翻译为“联权共有”。分权共有的对应概念是联权共有（joint tenancy），指共有人不区分份额，共同享有共有物，在一共有人死亡时，其权利由其他共有人继承。

〔3〕 参见布莱克英语字典对“tenancy-in-common”的词条解释：A tenancy by two or more persons, in equal or unequal undivided share, each person having an equal right to possess the whole property but no right of survivorship。

业主依据土地份额独立占有区分建筑物对应的单位，但单位不具有独立产权，产权依然是土地份额。多层建筑共有制度并没有完全脱离传统的普通法体系下的土地共有制度，其特殊之处在于适用的法律及法理不同，公契的约束优先于普通法上的共有原则。[1]由于BMO对区分所有人的专有权和共有权作出了明确的区分，且鼓励业主团体以法人化的形式运行，应属于“三元论”的范畴。

建筑物单位缺乏独立的物权属性，不利于房产的交易及保护，相应的修法呼声也已经出现，其侧重点就是希望赋予区分建筑物中的住宅单元独立的物权属性。修法的困难在于不改变普通法土地含义的情况下，如何让建筑物专有部分成为所有权的客体。这也许可以从德国1951年《德国住宅所有权与长期居住权法》的立法中找到启示：该法第1条第1、2款规定，业主可以在住宅之上成立住宅所有权，该所有权系住宅所有权和土地共有份额的结合。此规定突破了《德国民法典》第93、94条的束缚，住宅本身成为独立所有权的客体，而土地共有状态没有发生改变。[2]如果香港能够承认建筑物单位与土地份额相结合所产生的特别所有权（或公寓所有权），对业主房屋交易及权利保护均能产生积极的作用。

四、建筑物区分所有权制度在新加坡的发展

（一）法律渊源

1824年8月2日，英国通过签订不平等条约将新加坡作为其殖民地；1826年，英国把新加坡、马六甲、槟榔屿合并为海峡殖民地。[3]1826年11月27日，英国发布了《第二次司法宪章》（The Second Charter Of Justice），宪

〔1〕 Malcolm Merry, *Building Management in Hong Kong*, LexisNexis, 2016, p.3.

〔2〕 张双根、田士永、王洪亮主编：《中德私法研究》（第5卷），北京大学出版社2009年版，第190页。

〔3〕 何勤华、李秀清主编：《东南亚七国法律发达史》，法律出版社2002年版，第457页。

章并未明示适用英国法，但殖民地当局将宪章中有关“新加坡法院在审理案件时要依照正义和权利进行判决”的条款解释为“法院应当依据英国法判决”[1]，因此，1826年11月27日以前的英国普通法自动适用于新加坡，此后的法律是否适用要视法律本身的规定。1867年，英国通过敕令颁布了《海峡殖民地宪章》，成立了立法会议，新加坡可以自己制定法律。1963年，新加坡通过全民公决，与马来西亚合并成立马来亚联合邦。1965年，新加坡总理李光耀发表《独立宣言》，成立新加坡共和国，但英国枢密院仍为新加坡司法的终审机构。1994年1月8日，新加坡杨邦孝大法官在新司法年开庭仪式上声明：新加坡上诉庭在处理案件时将不再受任何枢密院裁判的约束，也不再受其过去所作的任何裁判的约束；同年4月8日，新加坡颁布《司法委员会废除法令》，正式断绝了与英国枢密院司法委员会的历史性联系，[2]自此实现了司法独立。

（二）法律制度的发展

1967年以前，新加坡区分建筑物有两种权属制度，一种是租赁关系（leasehold scheme），另一种是共有关系（tenancy-in-common）。[3]在租赁制度下，开发商拥有土地和建筑物，其将建筑物的单元租赁给业主，业主根据协议，拥有99年或999年的租权。开发商负责建筑物的维护，包括电梯、水箱、停车场等公用设施，业主向开发商支付维修费用作为对价。由业主不关心建筑物的共有部分，对共有部分的维护维修缺乏兴趣，且业主之间缺少联系，很难就居住中产生的问题达成解决方案，因此容易滋生纠纷。[4]

新加坡的土地共有制度受英国普通法的影响。在Austerberry v.

〔1〕 秦瑞亭：《论新加坡法对英国法的继受》，载《外国法院研究》1995年第1期。

〔2〕 朱良编：《东盟国家宪政制度研究》，云南大学出版社2006年版，第224页。

〔3〕 Teo Keang Sood, *Strata Title in Singapore and Malaysia*, LexisNexis, 2015, p.4.

〔4〕 Singapore Parliamentary Debates (1966) Vol. 25 No. 14 at Col. 1114.

Oldham Corporation案[1]中，公路场所的所有权人签订了一项约据，约定所有人及权利承继人将修建公路并且使其保持良好状态。该公路后来被卖给了被告，因被告不履行合同义务而成诉。英国上诉法院认为，法院不能强制被告执行修理公路的约据。其理由为：当存在一项限制性的约据时，该约据项下的负担和收益在普通法上不能随地产权一起让与；即便是衡平法院，也只是要求财产取得人不得违反财产上所存在的约据规定而使用财产，但不会强制执行在普通法上不能随地产权一起让与的约据。英国上议院在1994年的Rhonc v. Stephens案[2]中拒绝推翻Austerberry v. Oldham Corporation案所确定的原则，其强调，消极约据可以存在于财产权，但积极约据只能由合同确定，[3]即非合同相对人不受积极约据的制约。建筑物区分所有权的运行依赖于积极约据能够得到强制执行，而上述普通法原则构成了障碍。在共有制度下，区分建筑物内的业主通过约定份额，共同拥有土地及建筑物，业主对其单元享有独立和排他的占有权，业主之间拟定协议共同管理共有财产。但是后续购房者因为没有参与协议的制定，协议所包含的义务很难得到施行。而且，银行、保险公司等信贷机构也不倾向于给购买此类房屋的客户提供贷款，因此共有制度在当时缺乏吸引力。[4]

为完善建筑物区分所有权法律制度，新加坡于1967年制定了《土地分层所有权法》[The Land Title (Strata) Act, LTSA]，于1968年5月开始施行，该法经多次修改并适用至今。该法以澳大利亚的新南威尔士《1961年转易分层所有权法》[Conveyancing (Strata Title) Act 1961]为蓝本制定，[5]新加坡在纠纷解决过程中也常常参考澳大利亚、新南威尔士等地的判例。该法将区分建筑物分为"分层单元"(strata units)和共有部分，允许

---

〔1〕［1885］29 Ch D 750.

〔2〕［1994］2 AC 310.

〔3〕消极约据指不得为某种行为的约定；积极约据则要求必须为某种行为。

〔4〕Singapore Parliamentary Debates (1966) Vol. 25 No. 14 at Col.1115.

〔5〕Teo Keang Sood, *Strata Title in Singapore and Malaysia*, LexisNexis, 2015, p.3.

业主将在区分建筑物中购买的单元注册登记为自己的财产，同时要求每个区分建筑物的业主成立管理团体（management corporation）对共有部分进行管理。该法还制定了规约（by-laws）[1]调整业主之间，以及业主和管理组织之间的关系，以便制度更好地运行。该法为新加坡现行的建筑物区分所有权法律制度奠定了基础。新加坡近80%的住宅由房屋及城市发展公司（Housing and Urban Development Corporation，HUDC）提供，此类房屋属于政府提供的公共住房（HUDC flats），[2]之前适用专门的法律。[3]LTSA于1995年进行修改，将公共住房之前的租赁制度转换成分层所有权制度（strata title），即允许公共住房的拥有者成为业主，享有与其他私人财产拥有者相同的权利。[4]HUDC对未出售的房屋保留权利，HUDC与其他业主就社区及公共设施形成共有关系。[5]自此，分层所有权制度成为新加坡调整区分建筑物的主要法律制度。

LTSA存在两个缺点：一是该法只对实施以后登记的区分建筑物有效，之前兴建但未登记的区分建筑物不适用该法；二是该法有关区分建筑物日常维护的条款不多，对制度运行缺少具体的指引，这导致很多区分建筑物的业主未能很好地履行维护和维修的义务，建筑物坍塌的情况时有发生。[6]为保证建筑物及公共设施得到良好维修和避免情况恶化，新加坡政府于1973年通过了《建筑物及共有财产维修管理法》[Buildings and Common Property（Maintenance and Management）Act 1973]，该法适用于所有的区分建筑物（包括1967年之前兴建的建筑物），同时就区分建筑物的日常管理进行了详细的规定，而且授权政府部门对区分建筑物管理予以

---

〔1〕 规约在新加坡的法律中有两种，一种是称为法定规约（statutory by-laws），另一种称规约，即业主自己制定的规约（by-laws），但业主制定的规约不能违反法定规约。

〔2〕 何勤华、李秀清主编：《东南亚七国法律发达史》，法律出版社2002年版，第481页。

〔3〕 The HUDC Housing Estates Act（Cap 131，1985 Rev Ed）.

〔4〕 Teo Keang Sood, *Strata Title in Singapore and Malaysia*, LexisNexis, 2015, p.7-8.

〔5〕 在分层所有权制度下，HUDC的地位相当于开发商。

〔6〕 Singapore Parliamentary Debates（1973）Vol. 32 at Col. 1095.

适当干涉。该法授权建筑专员[1](commissioner of buildings)检查法律的实施情况，如评定建筑物和共有财产是否得到很好的维护和清洁，并可视情况要求业主（或管理人）采取恰当的措施。如未能完成建筑专员的要求，则构成犯罪。在1973年以后，新加坡区分建筑物主要由LSTA和《建筑物及共有财产维修管理法》共同规范。前者侧重于土地的分层及注册、解散等问题，后者侧重于日常管理及运行。

《建筑物及共有财产维修管理法》经多次修改，于2004年被《建筑物维护和分层管理法》(Building Maintenance and Strata Management Act, BMSMA)所取代。2004年的BMSMA是《建筑物及共有财产维修管理法》和LTSA的混合体，该法于2008年修订了以下重要内容：(1)要求开发商依未售出单元的份额与其他业主一同负担共有财产的维修费用；(2)允许业主在成立管理团体之外另行组建附属管理团体(subsidiary management corporation)，鼓励业主对共有财产进行更好的管理；(3)更好地确定了开发商、业主和管理人等主体的权利义务。[2]

目前，LTSA和BMSMA是新加坡建筑物区分所有权制度的两个主要法律，该制度还涉及《规划法》(The Planning Law)等法律。BMSMA有着鲜明的特色：(1)该法指定建筑专员行使建筑物管理的公共权利，对建筑物进行巡视，对管理不当的管理人及业主发布行政命令，体现了政府对建筑物管理的介入，具有浓郁的行政风格；[3](2)该法与香港的BMO一样，尤其注重建筑物的日常管理以及管理机构的具体运行；(3)允许业主将区分建筑物的共有部分分为全体共有财产和有限共有财产，并可设立双层管理体制。

---

〔1〕 建筑专员隶属于建筑工程局，系由国家发展部长(The Minister of National Development)指定检查BMSMA实施情况的官员。

〔2〕 Teo Keang Sood, *Strata Title in Singapore and Malaysia*, LexisNexis, 2015, p.9.

〔3〕 BMSMA第二章、第三章。

（三）法律制度的理论选择

1967年之后，新加坡采取了典型的“三元论说”的立法模式，立法具有以下特点：一是允许业主对其土地份额所对应的单元进行产权登记[1]并确认为业主的专有部分，明确区分了区分建筑物的专有部分和共有部分；二是业主管理团体在分层所有权计划登记时自动成立，全体业主自动成为业主团体的成员；三是在业主管理团体成立后，由其负责建筑物共有部分的管理和维护，业主就共有部分享有的所有权和管理权实质上进行分离。新加坡和中国香港的建筑物区分所有权法律制度的最大的区别是，新加坡承认建筑物单元可登记为独立产权。

五、建筑物区分所有权在中国内地的发展

（一）发展历程

一家一户，一户一栋是中国传统的主要建筑形式，不利于区分建筑物的诞生。随着资本主义的兴起和城市的发展，区分建筑物在部分城市开始出现。中国近代建筑物区分所有权的立法最初见于清末《大清民律草案》第1034条“一建筑物，得区分之而各得其一部”的规定，该条款被《民国民律草案》第805条所沿袭，并增加“前项情形，建筑物及其附属建筑物之共有部分，推定为各所有人之共有。凡修缮及其他负担，由各所有人按其所有部分，以价格分担之”作为第2款，《民国民律草案》第806条加入了中国建筑四合院的区分所有权内容，如关于正中宅门的使用规则。上述均为立法草案，中国近代第一部有关建筑物区分所有权的正式立法是1929

〔1〕 虽然新加坡并未改变土地的概念，建筑物仍是土地的一部分，但区分建筑物单元经登记可以称为独立的业权客体，这是中国在制度上的最大区别。

年～1931年起草并施行的《中华民国民法典》，该法典承接了《民国民律草案》有关建筑物区分所有权的法律规定，第799条规定了区分建筑物维护和修缮的基本原则，第800条规定区分建筑物的户主对入户大门（或入口）没有独占的权利。[1]

1949年后，中国的城市土地及房屋采取公有制，产权归国家所有。在社会主义公有制的体制下，政府承担城市居民的住房责任，这种责任经层层转移，由政府部门或国有企业予以落实，向政府雇员及国有企业职工分配住房。对于公共住房，居住者虽有一定期限的使用权，但无所有权。房屋的所有权属于国家，房屋的管理自然由国家承担，具体通过房管所的管理模式来实现。公共住房管理模式存在弊端，政府的行政管理行为排斥房屋使用人的参与，而且政府更多考虑的是房屋的财产价值，而非考虑居民的居住要求。政府作为房屋所有权人，仅限于建筑物的维修和使用管理，极少去关心房屋以外的周边环境、清洁、绿化、公共秩序等人性化的管理和服务。对居民而言，住房是社会提供的福利品，无须按商品和财产来看待，既无参与管理之必要，更无支付房屋管理费用之义务。[2]因此，在此期间，并无共同管理房屋的理念赖以生存的土壤。

随着城镇化的进程及城市人口数量的激增，政府的房屋供应面临越来越大的挑战。为了缓解提供公共住房带来的财政压力，1979年开始，中国开始土地管理制度的改革，允许土地使用权有偿转让，并据此推行住房市场化。大量的区分建筑物开始在中国城市土地上兴建。与此同时，原来由政府及国有企业提供的住房仍被视为国家财产，二者依旧负担住房的管理及维修费用。1994年，国务院推行城市住房改革，[3]公共住房经政府雇员

---

〔1〕 Chen lei, *The Changing Landscape of Condominium Laws and Urban Government in China*, in Private Communities and Urban Governance, Springer International Publishing, 2016, p.3.

〔2〕 刘长森编著：《物业管理纠纷典型案例评析》，中国建筑工业出版社2002年版，第17页。

〔3〕 1994年《国务院关于深化城镇住房制度改革的决定》。

或国有企业职工支付一定的费用（一般远低于市场价格）后，公共住房转归个人所有，政府及企业不再承担房屋的管理及维修费用。[1]此后，政府的福利分房政策逐渐势微，住房市场化在解决城市居民住房过程中慢慢取得主导地位。中国内地城市现今的区分建筑物主要由两部分组成：一是在市场主导下开发兴建的住宅楼或住宅小区；二是转归个人所有的原有公共住房。

（二）相关法律规定

长期以来，中国内地对区分建筑物缺乏相应的法律规定，1989年的《城市异产毗连房屋管理规定》对调整毗连房屋的产权关系起到了一定的调整作用。随着城市住宅小区的增多，业主与物业之间的纠纷日益突出，国务院于2003年颁布了《物业管理条例》，但该条例主要调整物业服务企业与业主之间的关系，行政管理风格浓厚。与此同时，各省、市陆续出台了地区性的物业管理方面的法规。直到2007年，中国内地才出台了《物权法》，其中第六章中“业主的建筑物区分所有权”第一次在中国法律上明确了建筑物区分所有权，[2]以第70～83条共14个条文对建筑物区分所有权作了原则性的规定。最高人民法院于2009年相继出台了《最高人民法院关于审理物业服务纠纷案件具体应用法律若干问题的解释》和《最高人民法院关于审理建筑物区分所有权纠纷案件具体应用法律若干问题的解释》两个司法解释，细化了建筑物区分所有权的法律规则。2021年，《民法典》对现有民法法律制度进行整合，将《物权法》吸纳为《民法典》“物权编”，同时废止《物权法》，[3]并在“物权编”中以17个条文扩充规定了“业主的建

〔1〕 Chen lei, *The Changing Landscape of Condominium Laws and Urban Government in China*, in Private Communities and Urban Governance, Springer International Publishing, 2016, p.5.

〔2〕 “业主的建筑物区分所有权”的法律概念基本等同于“建筑物区分所有权”；业主的概念基本等同于房主（home-owner和house-owner）的概念。

〔3〕 《民法典》第1260条。

筑物区分所有权”。现阶段，建筑物区分所有权法律由《民法典》、司法解释和大量行政法规及地方性法规所构成。因法律规定不完善且体例紊乱，学界亦有制定统一的建筑物区分所有权法的呼吁。〔1〕物业管理法规的大量存在是中国内地建筑物区分所有权法律制度上的一个显著特征，对业主和物业服务企业之间关系的过分关注，在一定程度上也导致了对建筑物区分所有权其他法律关系研究的忽视。

（三）法律制度的理论选择

原《物权法》第70条（现《民法典》第271条）“业主对建筑物内的住宅、经营性用房等专有部分享有所有权，对专有部分以外的共有部分享有共有和共同管理的权利”，确定了中国内地建筑物区分所有权的基本制度。该条款没有明确使用“成员权”的概念，而采用了“共同管理的权利”的表述。王利明认为共同管理权不等同于成员权，成员权和共同管理权的概念存在区别，共同管理权的概念强调权利的内容在于对共同事务的管理，并没有突出成员权的资格。〔2〕杨立新认为，将成员权和建筑物的管理放到一起，叫共同管理权，这样的变化，弱化以致否定了业主大会的团体性。〔3〕吴兴国认为，成员权主要表现为以求得经济利益为主的、对共有部分经营利益的分配权以及以非经济利益为取向的对共有部分行使的表决权、知情权及监督权等。〔4〕王珉认为，共有部分管理本质上属于社员权，不等同于共同管理的权利。〔5〕

学界对原《物权法》第70条所包含的立法理论在理解上也存在分歧。

---

〔1〕 陈华彬在《建筑物区分所有权》一书以及陈磊在*The Making of Chinese Condominium Law: A Comparative Perspective with American and South African Condominium Laws*一书中均提出了制定建筑物区分所有权特别法的草案。

〔2〕 王利明：《物权法研究》（上卷），中国人民大学出版社2012年版，第615页。

〔3〕 杨立新：《共有权理论与适用》，法律出版社2007年版，第165页。

〔4〕 吴兴国：《集体组织成员资格及成员权研究》，载《法学杂志》2006年第2期。

〔5〕 王珉：《建筑物区分所有权中的成员权行使研究》，复旦大学2014年博士学位论文，第2页。

高富平认为，该条采纳的是“二元论说”，其理由为：建筑物区分所有权包括对专有部分的所有权和共用部分的共有权两部分，成员权只是取得这两种权利的一个自然结果，成员权的基础是各区分所有权人对共用部分的共有权，没有共有权就没有成员权，正如共有人要管理共有物一样，区分所有权人也要管理共有物。因此共同管理权在共有关系上并没有显著特征，《物权法》第70条肯定了业主对共有部分的共同管理权，也符合在不承认业主团体的情形下中国的实际状况。〔1〕陈华彬认为，中国内地采取的是“三元论说”，其主要理由为原《物权法》第76条〔2〕、第81条〔3〕、第82条〔4〕规定在专有所有权、共有所有权之外，进一步确立了业主的成员权（管理权），从而建立起了以业主为中心的法律关系。〔5〕最高人民法院也认为，中国立法实际承认了成员权。〔6〕

本书同意共有管理权不等同于成员权的观点，二者存在本质的区别。第一，一般共有物和区分建筑物都存在共同管理之问题，共同管理权属于共有权之应有之义，未超出共有权的范畴，本质上属于财产权；而成员权既包含业主结社的权利，是宪法集会、结社权的延伸，也包含其共同管理财产管理及共同事务决策等权利，是财产权与人身权的结合，〔7〕本质是带有财产内容的身份权，〔8〕其权利内涵比共同管理权更为宽泛，二者不能混

---

〔1〕 高富平：《物权法专论》，北京大学出版社2007年版，第371页。

〔2〕 第76条规定：“下列事项由业主共同决定……（四）选聘和解聘物业服务企业或者其他管理人……”

〔3〕 第81条规定：“业主可以自行管理建筑物及其附属设施，也可以委托物业服务企业或者其他管理人管理。对建设单位聘请的物业服务企业或者其他管理人，业主有权依法更换。”

〔4〕 第82条规定：“物业服务企业或者其他管理人根据业主的委托管理建筑区划内的建筑物及其附属设施，并接受业主的监督。”

〔5〕 陈华彬：《论建筑物区分所有权的构成——兼议物权法第70条的规定》，载《清华法学》2008年第2期。

〔6〕 最高人民法院物权法研究小组编著：《〈中华人民共和国物权法〉条文理解与适用》，人民法院出版社2007年版，第224-225页。

〔7〕 参见齐恩平：《业主权的释义与构建》，黑龙江大学2011年博士学位论文，第131页。

〔8〕 参见［德］贝尔曼：《德国住宅所有权法》，戴东雄译，载《法学论丛》第13卷第1期；李明发、朱庆：《建筑物区分所有人之成员权性质探究》，载《安徽农业大学学报》（社会科学版）2004年第1期。

同。第二，共同管理权与成员权的概念区别，正是“二元论”与“三元论”立法的本质区别，在“二元论”中，共有部分由全体业主共同管理，称为“共同管理权”；而在“三元论”中，共有部分的管理权由业主管理团体享有，业主通过其成员权的身份参与建筑物的管理，可见业主的“共同管理权”实质上已经转变为“成员权”。[1]

本书同意陈华彬有关中国内地立法采用“三元论”的观点，即对中国的立法体系的审视不应仅局限于原《物权法》第70条，还应结合其他条款综合判断。单从该条的文义解释，其仅涉及共有财产权的内容，并未涉及成员权内容。但《物权法》第75、76、78条等条款明确了业主可以通过业主大会及业主委员会的形式参与建筑物管理，规定了成员权的实质内容。故从整体框架上，中国内地建筑物区分所有权虽未直接使用成员权的概念，但其包含了成员权的内容，仍符合“三元论”的理论特征。值得注意的是，依据“三元论”，专有权、共有权和成员权是“三位一体”之权利，同时诞生，同时消亡。根据《物权法》的规定，业主大会须经历筹备和成立的过程，[2]滞后于专有权和共有权的取得，业主成员权的实际取得仍存在很大的困难。因此，中国内地立法虽可认为采取了“三元论”学说，但其并不具有典型性，也没有为业主权利的最终落实提供足够的条文支持。[3]因中国采取的是“三元论”立法体系，共有部分管理权本质上属于成员权的范围，故在立法上应以“成员权”取代“共同管理权”。

---

〔1〕 详见第四章“五、业主的成员权”。

〔2〕《物业管理条例》第10条。

〔3〕 主要是业主大会成立门槛过高，业主大会会议形成决议难，制约了业主成员权的行使。此部分内容在第六章详述。

第二章 建筑物区分所有权的设立及前期管理

建筑物区分所有权法律制度具有系统性，包含区分建筑物的设立、前期管理、日常管理以及业主管理团体终止等方面的法律制度，各制度之间联系紧密。“开发商”（在中国香港称为developer，新加坡称为owner developer，中国内地称为建设单位[1]）在区分建筑物设立以及前期管理上扮演着非常重要的角色，其含义是指区分建筑物创建前的最后一位土地权属登记者，包括权利继受者。[2]开发商是区分建筑物的设立人，在设立过程有权划分专有部分及共有部分，指定某共有部分为业主专有，以及确定专有部分的份额分配方案等；在建筑物使用的初始阶段，开发商可以指定管理人，依据份额的优势，对建筑物的管理和其他共有事项的享有控制权。[3]如果对开发商缺乏约束，则会严重影响到业主今后的自治。可见，在日常管理中出现的法律争端及问题，可以追溯到区分建筑物的设立以及前期管理方面的法律缺陷。

区分建筑物的设立及前期管理主要讨论的是开发商的权利义务，各法域在此阶段的立法差异，亦主要体现为开发商权利义务的差异。本章主要通过中国香港、新加坡及中国内地三个法域的比较研究，阐明区分建筑物

---

〔1〕 此处采用《物业管理条例》对开发商的法律用语。

〔2〕 BMSMA, s2(1).

〔3〕 Chen lei, *The Developer's Role in the Surging Chinese Condominium Housing: Through the Comparative Lens of the US System*, Asia Pacific Law Review, Vol. 18(2), p.231-239(2010).

设立及前期管理的制度价值和基本理念。

区分建筑物的设立是指将一个建筑物(或建筑物)区分为专有部分和共有部分。[1]大部分国家都要求区分建筑物的设立要满足一定的文件要求和办理相关的登记手续。[2]各法域土地制度不同,区分建筑物的设立上亦有所区别。中国香港和新加坡均采取登记设立的模式,[3]中国内地缺乏此方面的规定。区分建筑物设立制度至少有两方面的重要意义:一是明确建筑物法律关系是否属于建筑物区分所有权法律所调整的范围;[4]二是通过登记文件明确专有部分及共有部分,以免滋生纠纷。中国内地在区分建筑物设立阶段缺乏文件登记制度,这是导致中国内地区分建筑物专有部分与共有部分界限不清的重要原因。

区分建筑物设立后,业主入住、人数增加以及实质管理区分建筑物需要一个过程。在区分建筑物设立的初期,开发商因其份额和共有事项决策上的优势,实质对区分建筑物具有控制权。开发商是否尽职移交管理权以及退出区分建筑物的管理,严重影响业主管理团体今后自治功能的发挥。防止开发商滥用权利,缩短开发商实质控制区分建筑物的时间,确保开发商尽职移交管理权以及退出区分建筑物的管理,是前期管理制度的重要内容。中国香港主要通过对公契的行政监管实现对开发商的权力制约,同时降低业主立案法团成立难度,为业主立案法团成立以及接管建筑物提供支持。新加坡的规定更为完善,其将成立业主管理团体作为开发商的法定义务,规定了前期管理期间的时限,要求开发商限期完成管理权的移交,在认可开发商具有理事会的大部分职权的同时,要求开发商在此期间承担管

---

〔1〕 C. G. Van Der Merwe, International Encyclopedia of Comparative Law, Volume Ⅵ: Property and Trust, Chapter 5, Apartment Ownership, 1994, p.28.

〔2〕 C. G. Van Der Merwe, International Encyclopedia of Comparative Law, Volume Ⅵ: Property and Trust, Chapter 5, Apartment Ownership, 1994, p.28.

〔3〕 在本章“二、建筑物区分所有权的设立”中详述。

〔4〕 可区分为专有部分和共有部分的建筑物并非一定适用建筑物区分所有权的相关法律,如中国香港、新加坡之前便适用共有关系、租赁关系的相关规定。

理上的法律责任，建筑专员对开发商的履职行为进行监督。中国内地承认开发商具有制定《前期物业服务合同》的权利，但政府部门缺少对《前期物业服务合同》的监督和制约，为开发商利用缔约权利侵害业主权益埋下了隐患。前期管理制度不完善是中国内地建筑物区分所有权法律制度的重大缺陷，也是纠纷产生的重要根源，应引起学界的重视，在今后的立法中应予完善。

一、土地和建筑物

土地和建筑物是建筑物区分所有权的载体，在研究一个法域的建筑物区分所有权之前，应对其土地和建筑物相关制度有所了解。

土地和建筑物能否各自成为独立的物，有两种立法体例：一是结合主义，即不承认建筑物为独立的不动产，建筑物依附于土地；二是分离主义，即承认建筑物为独立的不动产。〔1〕结合主义有利于保障地上建筑物权源，便于物的登记；分离主义注重实现土地和建筑物的独立价值，便于物的流转。〔2〕中国香港和新加坡采取房地结合主义，建筑物依附于土地，而中国内地采取分离主义，但强调"房地一体"的流转政策，在房、地主体产生争议时，一般推定建筑物所有人取得地上权。〔3〕不同的法域，土地和建筑物的内涵不同。

（一）土地

（1）中国香港

中国香港沿用英国的土地概念，土地泛指有价的土地以及与土地相关

---

〔1〕 江平主编：《中国土地立法研究》，中国政法大学出版社1999年版，第250页；梁慧星：《民法总论》，法律出版社2007年版，第151页。

〔2〕 段则美、孙毅：《论土地与地上物中的一体主义和分离主义》，载《苏州大学学报》（哲学社会科学版）2007年第6期。

〔3〕 曾大鹏：《论民法上土地与建筑物的关系》，载《南京大学法律评论》2008年春秋合卷。

的利益，包括水覆盖的土地，地上的财产、权利、利益，整体或部分不可分割的土地份额和与份额相关的财产、利益和权利，以及永久依附在土地上的物体。[1]传统的土地权益包括土地上空和地底。在Grigsby v. Melville案[2]中，法官用夸张的语言表述土地拥有者的权利上达天堂，下至地狱（up to heaven and down to hell）。

土地租赁是香港的核心土地制度。在其受英国殖民统治时期，英国国王（女王）是土地名义上的所有权人，总督代理英国国王（女王）管理土地；1997年香港回归以后，香港境内的土地和自然资源属于国家所有，由香港特区政府负责管理、使用、开发、出租或批给个人、法人或团体开发或使用，其收入全归香港特区政府支配。[3]为有效利用土地，香港特区政府依市政规划将土地批给使用人，双方形成土地租赁关系，租赁人对土地的权利称为“租权”，属于财产权（legal estate）的范畴。[4]香港的土地租期期限不等，常见的有50年、70年和99年等，分可续租和不可续租。承租人对土地享有排他性占有权，包括可以在租期内排除出租人的不当干扰，Street v. Mountfold案[5]中阐明了这样一个原则：承租人可以像所有人一样行使土地的权利，即使这样的权利是有期限的和附限制的。在普通法的语境下，土地租权几乎等同于一定时期的土地所有权。

如前所述，中国香港的建筑物区分所有权制度（也称多层建筑共有制度）本质上是土地分权共有（tenancy-in-common）制度。土地包括地上建筑物，业主通过对土地的区分而完成对建筑物的区分所有。购房者与开发商签订房产转让合同，主要受让的是区分建筑物所在土地的份额，同时通

〔1〕《财产转易条例》（Conveyancing and Property Ordinance）第2条中有关“legal estate”的词条定义。

〔2〕［1994］1 WLR 80.

〔3〕《中华人民共和国香港特别行政区基本法》第7条。

〔4〕《财产转易条例》，s2。

〔5〕［1985］AC 809.

过契诺将对应的建筑物单元交由购房者排他使用，但建筑物单元不构成独立的财产权，财产形式仍体现为土地份额。如果房产转让合同仅包含建筑物单元而不包含土地份额，那么受让人仅能获得一定期间专有部分的占有权，而无法获得其他因土地所带来的权利。

（2）新加坡

在新加坡，土地的定义为：土地权利人可以合理利用的地球特定表面，包含上空以及地下空间，包括土地上的任何财产或利益，以及土地上的固定建筑以及生长的动植物等；或经过首席（土地）测量员和土地管理部门的批准后，土地使用计划所包含的与土地表层分离的上空或地下部分，包括该部分的任何财产及利益以及上面的构造物；土地所有权还包括对空气、光线、水等自然权利，以及对土地毗连的任何公路的通行权等。〔1〕新加坡的土地制度亦根源于普通法的土地制度，但有所发展，第一，其将普通法"上至天穹、下至地心"的土地范围限定为权利人合理使用的范围；第二，与土地上下方所对应的空间仍被视为土地，"空间"归属于土地的范畴。

新加坡的土地分公地和私地，公地指政府原先所有以及后来购买的土地，私地指土地权属归个人所有的土地。新加坡经过几十年的土地公有政策，绝大部分的土地已经成为政府所有。新加坡的住房政策目标是"居者有其屋"，住房制度是政府主导型，政府以强大的财力建设公共住房后出售给个人，80%以上的人口居住在公共住房里。〔2〕在1995年之后，公共住房亦适用建筑物区分所有权法律关系。〔3〕目前，新加坡已形成了以组屋为主的公共住宅和中高档公寓、别墅等私人住宅相结合的独特住房体系。

---

〔1〕 The Land Title Act, s4.

〔2〕 何勤华、李秀清主编：《东南亚七国法律发达史》，法律出版社2002年版，第481页。

〔3〕 1995年LTSA的修改所增加的内容，参见Teo Keang Sood, *Strata Title In Singapore and Malaysia*, LexisNexis, 2015, p.7。

（3）中国内地

在中国内地，《土地管理法》并没有给出土地的法律定义，一般可以理解为地表的一部分；土地的上空以及地下的使用范围，亦须经土地管理部门和规划部门一案一确定。中国内地并不承认独立的空间权，这与中国香港及新加坡是一致的。在中国内地，土地分国家所有和集体所有两种。[1]国家编制土地利用总体规划，规定土地用途，将土地分为农用地、建设用地和未利用地。严格限制农用地转为建设用地，控制建设用地总量，对耕地实行特殊保护。[2]

区分建筑物所涉土地一般为国有建设用地，国家可以经过征收的手段将农用地或集体所有土地转变为国有建设用地，用以房地产的开发建设。政府通过有偿出让的方式将土地使用权转让予开发商用于房地产开发，[3]二者成立的法律关系是土地使用权[4]的买卖关系，并非土地租赁关系，但二者区别并不明显。[5]中国内地实行“房地分离”的立法原则，土地本身含义不包括地上物及地上构造物，[6]土地与建筑物呈相互独立存在的形式，均可单独进行产权登记。为避免土地及建筑物的独立属性在权利处分时造成冲突，采用“房随地走、地随房走”的一体处分原则。在区分建筑物中，该原则又称建筑物区分所有权与基地利用权的一体性原则，[7]是指专

---

〔1〕《中华人民共和国宪法》第10条。

〔2〕《中华人民共和国土地管理法》第4条。

〔3〕《中华人民共和国土地管理法》第54条。

〔4〕 在土地公有制的情况下，土地的静态关系必须经过土地利用的动态关系而进入市场经济。参见吴西源：《大陆“房随地走、地随房走”立法制度研究》，东吴大学法律学院2007年硕士学位论文，第106页。在所有权与使用权分离的政策指引下，出现了“土地使用权”的名词。参见高圣平：《土地与建筑物之间的物权利用关系辨析》，载《法学》2012年第9期。

〔5〕 中国的土地租赁与美国的土地长租制度非常类似。参见Patrick Randolph & Jianbo Lou, *Chinese Real Estate Law*, Kluwer Law International, 2000, p.125-126. 中国内地的土地使用权买卖和香港政府的土地租赁均强调土地使用人在一定期间内对土地享有独有的、排他性权利，相当于一定时期内的所有权。形式区别的主要原因在于对“租权”的理解不同而导致，在香港，租权本身就是一种物权，等同于一定时期的所有权；而在内地，租权的保护力度较弱，故以买卖形式，增强对土地使用权人的保护。

〔6〕 如在土地征收规定中，土地费用与青苗费等地上物费用分开规定。

〔7〕 王泽鉴：《民法物权1通则 · 所有权》，中国政法大学出版社2001年版，第246页。

有部分不得与其所属建筑物共用部分及基地所有权或地上权之应有部分分离而为转移或设定负担。[1]原《物权法》及之后的《民法典》并未明确将区分建筑物基地作为共有部分，最高人民法院在司法解释中将此明确为业主的共有部分。[2]有观点认为基地利用权实际上是土地使用权，这一权利不为某业主所专有，为全体业主所共同享有，没有必要成为建筑物区分所有权的单独的构成内容。[3]本书认为，如果不将土地作为建筑物区分所有权的独立性内容，不仅构成制度性的缺失，而且将影响业主对整体建筑物的重建以及转让等制度的形成。因共有标的系使用权而非所有权，通说认为建筑物基地的共有为“准共有”。[4]

（二）建筑物

本书所称建筑物为区分所有建筑物，即为多个业主区分所有且适用建筑物区分所有权法律关系的建筑物，包括独栋建筑物和由多栋建筑物组成的建筑群。[5]

（1）中国香港

BMO中建筑物指包括地库或地下停车场在内共有2层或多于2层的建筑物（单位数目不限）和该建筑物所在的土地，还包括与该建筑物或土地属同一拥有者的其他土地，以及共同委出管理委员会时业主及占用人因共

---

〔1〕 陈碧照：《区分所有建物权利一体化原则的适用》，载《现代地政》第19卷第7期；黄志伟：《论建物基地权利一体化之理论与实务（一）》，载《现代地政》第19卷第3期。

〔2〕《最高人民法院关于审理建筑物区分所有权纠纷案件具体应用法律若干问题的解释》第3条第3款：“建筑区划内的土地，依法由业主共同享有建设用地使用权，但属于业主专有的整栋建筑物的规划占地或者城镇公共道路、绿地占地除外。”

〔3〕 杨立新：《共有权理论与适用》法律出版社2007年版，第165页。

〔4〕 王利明等：《中国物权法教程》，人民法院出版社2007年版，第221页；中国台湾学者谢在全亦认为，准共有指数人按份共有或共同共有所有权以外的财产权共有。换言之，指所有权以外的财产权之共有。参见谢在全：《民法物权论》（上册），中国政法大学出版社2001年版，第342页。

〔5〕 在中国香港和新加坡，建筑物区分所有权适用于同一土地项下的建筑物，在中国内地，适用于包括在同一物业管理区域内的建筑物，均未排除法律关系适用于多栋建筑的可能。

同使用、享有利益而持有的其他土地。[1]对此概念的理解为：其一，一个业主法团范围内[2]土地以及建筑物；其二，建筑物既可以是一栋，也可以是多栋的集合体；其三，BMO所界定的区分建筑物较为广泛，包括住宅楼、办公楼、商住混合楼、工业厂房等。[3]

中国香港是房地一体的立法模式，土地和建筑物的含义相互包容。在区分建筑物中，业主对其专有单元享有独立且排他性的权利，但建筑物单元不能成为独立的物，而是依附于土地份额。在权属登记上，业主的权属登记为土地份额，而非专有单元。

（2）新加坡

LTSA中建筑物指依据经批准的分层所有权计划（strata title plan）建立的建筑物以及经部长依《规划法》第21条第6项批准建立的分层建筑物，包括未完成的建筑物。[4]BMSMA中对分层建筑物（subdivided building）亦有定义，即由分层所有权局[5]批准的分层所有权计划中所包含的一个或多个建筑物。[6]

新加坡和中国香港虽都承认建筑物依附于土地，但为了便于物的流转，新加坡承认业主对区分建筑物中的专有单元享有独立产权，建筑物或建筑物的一部分可以根据《土地所有权法》(Land Title Act）或《地契登记法》(The Registration of Deed Act）进行登记。[7]经登记后，建筑物的一部分即成为独立的财产，并可进行转让。

---

〔1〕 BMO, s2.

〔2〕 业主法团范围的区分一般以土地登记为准，一块登记为单独使用的土地可成立一个业主法团；如果一块土地登记为多个不同地段及用途的，那只能由每段土地成立一个业主法团。

〔3〕 BMO, s2.

〔4〕 LTSA, s2.

〔5〕 分层所有权局是管理区分建筑物的行政机构，同时还具有纠纷解决职能；区分建筑物相关纠纷一般先由分层所有权局作出裁决，当事人不服的再向法院起诉。

〔6〕 BMSMA, s2.

〔7〕 LTSA, s6.

(3)中国内地

《民法典》并未给出区分建筑物的定义,根据国务院颁布的《物业管理条例》的推定,存在于同一物业管理区域内的建筑物均可称为区分建筑物,包括独栋建筑物和建筑群。[1]不过这种解释存在理论上的障碍,区分建筑物产生是物业管理区域设定的前提,而不应由物业管理区域来界定区分建筑物。通说认为,区分建筑物的构成应当具备三个条件:(1)建筑物在结构上能够区分为两个以上的独立部分;(2)各部分能够单独使用,并能为不同的所有人所专用;(3)除专有部分外,还必须有共有部分。[2]

在中国内地,区分建筑物在建成时整体(含土地和建筑物)登记在开发商的名下,在开发商出售专有部分时,专有单元独立登记产权,土地使用权也可以按面积比例分割登记在业主名下。

(三)三法域的比较

中国香港、新加坡对土地及区分建筑物均有明确的定义,这是中国内地所欠缺的。区分建筑物的定义有利于明确区分建筑物法律关系的适用范围,在中国内地,建筑物区分所有权的法律适用范围并不清晰,特别是《民法典》将区分建筑物范围限定为住宅和经营性用房,[3]那么工业生产用途用房、农村自建房屋等是否适用建筑物区分所有权法律关系存在一定的争议。因此,在中国内地将来立法中,有必要给予区分建筑物明确的定义。本书建议将区分建筑物定义为:在结构上能够区分为2个以上专有部

---

〔1〕《物业管理条例》第9条规定:"一个物业管理区域成立一个业主大会。物业管理区域的划分应当考虑物业的共用设施设备、建筑物规模、社区建设等因素。具体办法由省、自治区、直辖市制定。"

〔2〕房绍坤:《建筑物区分所有权的构造》,载《法学研究》1994年第2期。陈甦也认为,建筑物区分所有权设立的前提为:(1)建筑物在结构上能够区分为两个以上的部分,每部分为四周闭合且具单独使用的基本功能的空间,也就是通常所说的一个单元;(2)一栋建筑物必须为两个以上的所有人分别所有,他们各自独立拥有一个或几个单元的所有权;(3)一栋建筑物在使用性质上可以分为专用部分和共用部分。参见陈甦:《论建筑物区分所有权》,载《法学研究》1990年第5期。

〔3〕《物权法》第70条。

分及共有部分，并为2个以上业主所拥有的一栋或多栋建筑物，包括住宅、商场、办公楼、工业厂房及农村自建房屋等。新加坡允许对建筑物单元独立登记产权，成立了单元所有权，是对房地结合主义的有效突破，有利于建筑物价值的肯定以及房产的安全交易，该做法亦值得中国香港借鉴。

二、建筑物区分所有权的设立

建筑物区分所有权设立的条件是建筑物可以区分为两个以上独立单位，为不同的业主所各自使用，且存在共有部分。但符合上述条件的建筑物并不必然能够创建建筑物区分所有权法律关系。正如谢在全所言："盖一人拥有一栋高楼而不出诸区分所有之形态，固不发生区分所有之问题；而数人拥有一栋大厦，而不出诸区分所有之形态，却以共有方式享有一所有权时，纵各所有人有各自分管一层之事实，仍非成立区分所有权。"〔1〕建筑物区分所有权存在相关的替代性法律关系，比如租赁关系、共有关系等。〔2〕在新加坡，区分建筑物长期以来受共有关系和租赁关系的调整。在中国，在建筑物区分所有权法律概念出现之前，其受相邻关系、共有关系、民法公平原则等的调整。因此，建筑物区分所有权的创建另一个条件是区分建筑物须得被纳入建筑物区分所有权法律关系的调整范围。

一般而言，建筑物区分所有权基于财产所有人的意愿设立，比如将一建筑物区分为不同独立单元并赠与或出售；在少数情形下，也可能基于其他法律事实而设立，例如共有人不能维系共有关系而对建筑物进行分割或因继承等原因而分割建筑物等。〔3〕建筑物区分所有权在建筑物区分为不同

〔1〕 谢在全：《建筑物区分所有权要论》（上），载《法令月刊》第53卷第4期；温丰文：《区分所有建筑物物权构造之解析》，载《月旦法学》第168期。

〔2〕 C. G. Van Der Merwe, International Encyclopedia of Comparative Law, Volume Ⅵ: Property and Trust, Chapter 5, Apartment Ownership, 1994, p.181-183.

〔3〕 C. G. Van Der Merwe, International Encyclopedia of Comparative Law, Volume Ⅵ: Property and Trust, Chapter 5, Apartment Ownership, 1994, p.34.

独立单元和共有部分时设立，同一建筑物内出现2个以上的业主，即可视为建筑物区分所有权的设立。[1]大部分的国家对区分建筑物的设立设置了一定的法律条件，主要包括土地条件和文件登记。区分建筑物设立可分为登记设立和自然设立，主要区别在于是否以一个宪章性或宣告性的文件公示区分建筑物的设立。

（一）中国香港

1.土地取得

中国香港地区地少人多，政府对土地有详细的规划，政府将土地分成大小不一的地块，且明确土地的具体用途，然后按照地区的发展进度，依次将各块土地以公开拍卖或招标的形式批出予开发商。[2]开发商也可以经查询土地发展规划，直接与政府洽谈租赁土地。[3]香港政府采取附条件批出土地的方式（conditions of grant），在合同中限定开发商的土地使用形式、建筑规模、公共健康及卫生等方面的义务，其主要目的是让开发商协助政府按照地区发展规划系统地使用土地，促进地区发展。[4]开发商取得土地时，政府的许可为初步许可，待开发商满足政府开发要求后，才能获得正式许可。

政府与开发商签订的土地合同属于私权范围，与一般的商事合同无异，法庭在案件审理中重复申明了这个观点。[5]因土地批出所产生的纠纷可以通过民事诉讼程序解决。政府的限制性的开发条件一般都会被法庭所认可，如果开发商不能满足其与政府所约定的条件，政府可以行使土地取回权，重新拿回土地。[6]政府除了和开发商签订合同之外，有时还会签

---

〔1〕 C. G. Van Der Merwe, International Encyclopedia of Comparative Law, Volume Ⅵ: Property and Trust, Chapter 5, Apartment Ownership, 1994, p.28.

〔2〕 李宗锷：《香港房地产法》，商务印刷局香港有限公司2001年版，第29页。

〔3〕 李宗锷：《香港房地产法》，商务印刷局香港有限公司2001年版，第32页。

〔4〕 方镇光：《建筑物管理法律精解》（第2版），香港大学出版社2007年版，第31页。

〔5〕 Malcolm Merry, *Building Management in Hong Kong*, LexisNexis, 2016, p.42.

〔6〕 Malcolm Merry, *Building Management in Hong Kong*, LexisNexis, 2016, p.52–53.

订备忘录，备忘录同样具有合同效力。在Attorney General v. Tong Lu案[1]中，开发商因没有按照备忘录的条款按期支付购地款而被起诉，开发商抗辩备忘录不构成合同条款，未被法庭所采纳。

2.文件登记

在中国香港，政府要求建筑物区分所有权设立时应对设立文件即公契进行登记。公契指在土地处注册，用以界定业主之间的权利、权益、责任的文件。[2]1986年之前的公契主体通常只有开发商和第一个买家，之后公契加入了经理人[3]一方。公契作为香港建筑物区分所有权的纲领性及自治性文件，其主要功能有以下方面：一是对建筑物的专有部分及共有部分作出具体划分，但共有部分的划分不能违反BMO以及政府的批地条件或租契的条款；二是确定业主专有部分所对应的份额；三是规定业主的权利义务；四是规定经理人的职责。[4]

（二）新加坡

1.土地取得

在新加坡，区分建筑物依据LTSA申请建设，同时也要符合《规划法》以及依据《规划法》制定的相关规定。[5]如在未登记为可分层的土地上建立区分建筑物则构成犯罪。[6]新加坡通过土地分类而确定区分建筑物的做法有别于中国香港和中国内地。

2.文件登记

在新加坡，设立建筑物区分所有权所需要登记的文件为分层所有权计

---

〔1〕［1968］HKLR 603.

〔2〕BMO, s2.

〔3〕BMO中同时采用了经理人和管理人两个名词，其内涵一致。

〔4〕方镇光：《建筑物管理法律精解》，香港大学出版社2007年版，第32页。

〔5〕LTSA, s5; The Planning Law, s7, s8.

〔6〕The Planning Law, s12(3)(4).

划和分层所有权计划申请书。分层所有权计划指开发商提交给土地局的与区分建筑物相关土地调查文书的总称,包括土地图则、楼层计划、层高图纸等,还包括公共部分图例、区分计划以及临时单元、附属单元的图例等。[1]分层所有权计划须通过首席测绘员审查签署并由首席测绘员提交,这主要是为了避免土地界限不清。分层计划申请书应包括分层所有权计划的总体份额、每个单元的份额(不包括附属单元,如车位等)和其他政府要求的文件。根据LTSA的规定,分层所有权计划申请获准注册后,计划所记载的用户即为分层所有权计划的业主,拥有单元所有权以及依其份额享有共有部分的共有权,该权利相当于土地所有人的权利。[2]在分层所有权计划登记的同时,分层所有权计划的业主管理团体自动成立,其成员包含了现有业主和将来加入的业主。

分层所有权计划是开发商提供给政府部门的文件,其主要功能在于固定区分建筑物的基本形态,划分共有部分与专有部分,明确专有部分对应的份额,分层所有权计划与公契有两方面的区别:一是管理人不参与分层所有权计划的制订;二是分层所有权计划一般不涉及业主的权利义务内容。新加坡业主的权利义务主要由BMSMA和《2005年建筑物维护(分层管理)法规》[3]中的法定规约部分所规定,业主也可以通过业主会议制定不与法定规约相冲突的其他的业主规约(非法定规约)。

(三)中国内地

1.土地取得

在中国内地,区分建筑物的开发须由开发商提出项目申请,土地行政主管部门根据土地利用总体规划、土地利用年度计划和建设用地标准,对

---

〔1〕 Boundaries and Survey Maps (Conduct of Cadastral Surveys) Rules (2007 Rev Ed), r43, r55; LSTA, s9(4).

〔2〕 LTSA, s3(1).

〔3〕 Building Maintenance (Strata Management) Regulations 2005.

建设用地有关事项进行审查，并提出意见。[1]建设项目被批准后，开发商可持法律、行政法规规定的相关文件，向有批准权的县级以上人民政府土地行政主管部门提出建设用地申请，土地行政主管部门审查通过后报同级人民政府批准。[2]

2.文件登记

开发商在申请建筑许可时，需提交施工图纸，标明建筑物的名称、位置、各建筑物的具体位置、房间数量等，管理部门以此确保开发商其建设行为与申请文件一致。[3]该图纸主要用于建筑物最后的竣工验收，与业主今后的使用事项及权益无关。[4]施工图纸不等同于香港的公契或新加坡的分层所有权计划申请书。可以说，中国内地在区分建筑物的设立上并未专门要求进行文件登记。[5]

建筑物区分所有权在开发商申请房屋销售登记时设立。[6]虽然在区分建筑物建造之前，施工图纸应交由规划部门审批，但图纸有关共有部分与专有部分的约定并不清晰和固定。施工图纸并非区分建筑物设立的宪章性或宣告性文件，开发商经主管部门同意可以轻易修改图纸，在房屋预售过程中，如果图纸发生变动，也可能导致开发商最终提供的房屋与房屋预售合同中约定的房屋存在差别。[7]

开发商与业主签订房屋买卖合同时，开发商与物业服务企业签订的

---

〔1〕《土地管理法》第52条。

〔2〕《土地管理法》第53条。

〔3〕《建筑法》第8条，Chen lei, *The Developer's Role in the Surging Chinese Condominium Housing: Through the Comparative Lens of the US System*, Asia Pacific Law Review, Vol.18(2), p.229(2010)。

〔4〕 Chen lei, *The Developer's Role in the Surging Chinese Condominium Housing: Through the Comparative Lens of the US System*, Asia Pacific Law Review, Vol. 18(2), p.230(2010).

〔5〕 Chen lei, *The making of Chinese Condominium Law : A comparative perspective with American and South African condominium laws*, Intersentia: Metro, 2010, p.41.

〔6〕 Chen lei, *The making of Chinese Condominium Law : A comparative perspective with American and South African condominium laws*, Intersentia: Metro, 2010, p.41.

〔7〕 Chen lei, *The Developer's Role in the Surging Chinese Condominium Housing: Through the Comparative Lens of the US System*, Asia Pacific Law Review, Vol. 18(2), p.232(2010).

《前期物业管理合同》作为房屋买卖合同的附件，该合同涉及业主的权利义务。《前期物业管理合同》与公契具有一定的相似性，均包含管理人与业主之间的法律关系，但二者的主要区别为：公契由第一个购房者参与签订，《前期物业管理》合同的签订无业主参与；公契须经政府部门的审核及应符合相关的规定，而《前期物业管理合同》缺乏强制审核制度，故开发商通过《前期物业管理合同》损害业主利益的行为不能得到有效制止；更为重要的是，中国香港BMO有专门的法定公契条款，违反法定公契条款的合同条款无效，而中国内地无此方面规定。

（四）三法域的比较

应当注意的是，新加坡与中国香港、中国内地的建筑物区分所有权的成立条件有所不同，新加坡的区分建筑物是开发商单方依规划申请登记设立的，只要分层所有权计划申请书通过并被注册后，区分所有的法律关系和业主管理团体便自动形成。而在中国香港及中国内地，区分所有权法律关系形成需要至少出现两个业主，即开发商与第一个购买者签订合同后，建筑物由独有变成共有，区分所有法律关系才能产生。

文件是否需要登记是三个法域的重要区别。以登记文件固定区分建筑物的基本形态，至少存在以下作用：第一，区分建筑物的文件一经设立，不得更改，减轻了主管部门的监管成本；第二，文件登记能够更好保护购房者利益，其不用担心开发商擅自变更规划所带来的损失；[1]第三，登记文件能起到公示作用，能更好地区分专有部分和共有部分。因此，中国内地应当建立区分建筑物设立的文件登记和公示制度。

登记的文件应否包含业主的权利义务是另一个值得商榷的问题。香港的公契对业主的权利义务进行了详细的规定，而公契一经登记，除经业

〔1〕 Chen lei, *The Developer's Role in the Surging Chinese Condominium Housing: Through the Comparative Lens of the US System*, Asia Pacific Law Review, Vol. 18(2), p.230(2010).

主会议修改并报政府部门审核，无其他修改途径，且业主在后制定的规约也不能与公契相抵触。因其修改条件的苛刻性，实践中，业主很难对公契进行修改。公契名义上虽然是第一个业主与开发商共同制定，但实质上是开发商的个人意愿体现，而非全体业主的真实意思表示。如果公契得不到修改，那么开发商的意志将贯穿于区分建筑物的始终。中国香港的法律虽然对公契的制定进行了一定程度的制约，但无法根除开发商将个人利益贯穿于公契的原始动力。因此，在登记文件的选择上，不宜将业主的权利义务作为登记文件的内容。在新加坡的模式中，分层所有权计划仅解决共有部分和专有部分的区分以及专有部分的份额问题，业主的权利义务由法律统一规定，并允许业主之后制定不与法律规约相冲突的自治性规约，该模式更利于保护业主权益。

三、预售房屋的购房者保护

区分建筑物的单元出售包括现房出售和预售，相比现房出售，房屋预售对购房者具有更大的风险性，故为保护购房者的利益，各法域对房屋预售都有不同程度的限制。此种限制主要针对开发商，具体措施包括：购房款由第三方管理、限制售房时间、开发商对房屋状况进行披露、对房屋质量进行明示及默示担保等。〔1〕例如在美国，开发商最多只能向买受人收取20%的预付房款，并且必须将这些预付款交第三方托管机构托管。〔2〕

（一）中国香港

中国香港对房屋预售（也称为楼花销售）的限制可以追溯到20世纪

---

〔1〕 C. G. Van Der Merwe, International Encyclopedia of Comparative Law, Volume Ⅵ: Property and Trust, Chapter 5, Apartment Ownership, 1994, p.170-174.

〔2〕 戴萍:《不动产区分所有权法律制度比较研究》，对外经济贸易大学2010年博士学位论文，第136页。

60年代。开发商为了获取土地开发的后续资金，倾向于在房屋建成之前销售，所得资金用于后续工程建设。由于楼花属尚未完成的建筑，有不能如期完成之风险。为保护购房者在房屋预售中的权益，香港政府于1961年开始对开发商的房屋预售行为采取“地政总署许可发展计划”（consent scheme）〔1〕，要求开发商在拟销售楼花时，须符合以下26个条件：（1）由经办律师事务所的合伙人以宣誓的形式向地政署申请，宣誓书的内容由地政署指定；（2）律师的宣誓书须在田土厅注册；（3）买卖楼花须遵循地政署指定的格式；（4）开发商的租契年限剩余10年以上，或肯定可以续租至10年以上；（5）开发商必须至少投资30%的发展资金，资金包括地价、建筑费以及赔偿租户迁出的总费用；（6）若地皮已购入多年，按时价计算；（7）地皮作抵押品不得超过时值的50%，除非是建筑物按揭；（8）若建筑按揭超过地皮时值60%，按揭受益人必须承诺借出100%的发展资金，并承诺在各小业主在付足单元价款后解除该单元的建筑按揭；（9）开发商不能收取买家超过单元价款5%的定金；（10）建筑按揭受益人在收到指定比例的还款后，必须解除该单元的建筑按揭；（11）全部按揭契、追加抵押和单位买卖合约的草稿，须送呈田土厅注册官；（12）若土地交还政府，必须在签订任何楼花买卖之前；（13）若添加土地，必须在未签订楼花销售合同之前办妥让渡手续和缴足政府款项；（14）任何人向开发商提供发展资金，须参与楼花买卖合同并作为合同一方，承诺在发展计划未完成之前不得追讨欠款；（15）若须补地价，全部本金利息必须缴清；（16）建筑物管理必须有中英文对照的公契，且符合地政总署的要求；（17）出售楼花的日期不得早于完成建筑物之前的20个月，建筑完工日期须有建筑师签署的证明书；（18）开发商保留私下出售（内部认购）的房屋不得超过20%，其余的公开出售；若申购人多于出售的单元，先进行登记，以抽签的方式公平决定购买人；（19）无论是

〔1〕 李宗锷：《香港房地产法》，商务印刷局香港有限公司2001年版，第147-150页。

内部认购还是公开出售，每名买家最多只能购买一个单元和两个停车位，停车位不得单独出售；(20)售楼书必须说明物业内的公共设施和周边环境，注明单元的建筑面积(窗台、平台、天台、露台要另外标明)以及应缴纳的其他费用；(21)支付给开发商的定金不超过5%，该定金由中间人保管；(22)若买家毁约不完成交易，开发商最多可以没收5%的房款作为罚金，另包括律师费用；(23)所有楼花买卖合约必须在签订的30日内在田土厅注册；(24)在签订正式买卖合约(非临时合约)之前，买家不得转售，如买家是法人公司，不能更换董事；(25)发展商的律师作为中间人，负责收取定金和购房款，超出发展资金总额的款项才能交付开发商；(26)如发展计划存在多栋建筑，可每栋申请批准出售楼花，但须取得必要的许可和办妥相应手续。〔1〕只有符合上述条件，开发商才能获准预售房屋。后来，香港律师会以“执业指令”的形式，通令各执业律师，在办理售卖楼花时，须使用标准买卖合约，该合约的内容反映上述26个条件的规定。此种情况下，楼花销售可以不经政府批地条件的限制，也称为“非地政总署许可发展计划”。〔2〕

(二)新加坡

为保护购买者的利益和便于建筑物的维修，LTSA之前规定，区分建筑物建设获得许可后，30%的建筑面积必须为一个业主(通常是开发商)拥有，该30%会在注册文件中被特别标注，且10年内不得做转让或其他处置。〔3〕随着管理制度的完善，该规定在2004年修订《规划法》时被去除，给予了开发商更多的商业营运空间。〔4〕在分期开发的情况下，购买尚未建设完的房屋的购房者也可参与建筑物的管理，其投票权和维修费用的负担为

---

〔1〕 李宗锷:《香港房地产法》，商务印刷局香港有限公司2001年版，第148-150页。

〔2〕 李宗锷:《香港房地产法》，商务印刷局香港有限公司2001年版，第150页。

〔3〕 LTSA，s8.

〔4〕 The Planing Law (amendment) Act 2003，s8 (a).

一般业主的1/4。[1]

开发商在分层所有权计划注册之前可以销售房屋，但要取得政府部门的批准。不论是在建工程还是已完工的工程，开发商在销售之前应向建筑专员提供一个份额计划，清楚显示区分建筑物的总体份额，以及每个独立单元所代表的具体份额，建筑专员在认为份额计划平等和公正的情况下予以同意。[2]份额计划一经确定，不得随意更改，除非经过建筑专员的同意。[3]分层所有权计划可以说是整个区分建筑物的权属的总体性文件，其最主要的作用是明确各单元及其具体份额，开发商在分层所有权计划注册后，便丧失了对单元份额调整的权利。

（三）中国内地

在中国内地，商品房预售实行许可制度。开发商进行商品房预售应当向房地产管理部门申请预售许可，取得《商品房预售许可证》。[4]商品房预售应当符合下列条件：(1)已交付全部土地使用权出让金，取得土地使用权证书；(2)持有建设工程规划许可证和施工许可证；(3)按提供预售的商品房计算，投入开发建设的资金达到工程建设总投资的25%以上，并已经确定施工进度和竣工交付日期。[5]中国内地的房屋预售制度与中国香港地区有一定的相似性，均是通过行政监管加强开发商的履约能力，但相比较而言，中国内地对开发商预售房屋的监管力度明显不足。以某省为例，政府内部工作文件显示，2019年该省因开发商资金断裂无法按期完工、未依法取得规划及施工许可、行政许可存在违法等原因，存在的风险项目1100个，涉及房源11,000多个，业主10,000多人。政府虽采取多项维稳措施，但

〔1〕 BMSMA, s41(1).
〔2〕 BMSMA, s11(1).
〔3〕 BMSMA, s12.
〔4〕《城市商品房预售管理办法》第6条。
〔5〕《城市商品房预售管理办法》第5条。

业主仍面临权益损害及难以救济等问题。可见，完善和加强商品房预售监管具有紧迫性和现实意义。目前，内地学界鲜有学者将商品房预售限制视为建筑物区分所有权法律制度的构成部分，从完善建筑物区分所有权法律的角度加强商品房预售监管。在此方面，可以参考中国香港地区的房屋预售条件限制。

此外，如果分期开发的建筑物与已建建筑物属同一物业管理区域，那么所有的购房人均是建筑物共有部分的共同所有人。依据司法解释，业主的范围仅限于依法登记及已签订商品房买卖合同并合法占有专有部分的人员，[1]在建房屋的购房者不属于业主之范围。此类人员对区分建筑物亦存在预期利益或利害关系，例如业主会议决议将小区共用游泳池改建为其他共用设施，这会使在建房屋购买者丧失预期利益，也可能导致开发商违约等问题。目前，对于建筑物分期开发中的预售房屋购买者，尚无法律保护，可以考虑借鉴新加坡的做法，在建筑物共有部分处分事项上，给予此类人员一定比例的投票权，使其能够参与与之利害相关的决议事项，如此也可以避免开发商可能的违约行为。

四、区分建筑物的前期管理

业主团体管理区分建筑物实现自治需要经历一个过程。在分层所有权制度中，虽然分层所有权计划登记时成立了业主管理团体，但此时业主管理团体更多的是名义上的，其成员构成为开发商和少数业主，随着时间的推移及销售比例的提高，业主数量及所占有的业权份额比例才逐步提高，进而参与管理，因此业主管理团体的成立并不代表业主能立即有效管

---

〔1〕《最高人民法院关于审理建筑物区分所有权纠纷案件具体应用法律若干问题的解释》第1条规定："依法登记取得或者根据物权法第二章第三节规定取得建筑物专有部分所有权的人，应当认定为物权法第六章所称的业主。基于与建设单位之间的商品房买卖民事法律行为，已经合法占有建筑物专有部分，但尚未依法办理所有权登记的人，可以认定为物权法第六章所称的业主。"

理区分建筑物。非分层所有权制度下也存在类似的问题，法律一般规定业主人数和业权份额达到一定的比例才能设立业主管理团体和委员会，之后业主才能自行管理区分建筑物。

在区分建筑物设立初期，开发商拥有大部分的物业，其凭借所占的份额优势不可避免地在区分建筑物的管理及其他重大事项上享有决定权，其他业主因份额劣势而受制于开发商。而且实践中，在业主管理团体成立之前，管理人一般由开发商委任或聘请，双方可能存在特定的利益关系。因此，开发商在此阶段的建筑物区分所有权法律关系中扮演着重要角色，为促使开发商良好履行建筑物管理职责，避免其损害其他业主的权益，各国在立法上对开发商进行了一定的限制。在业主接管建筑物管理权后，开发商退出建筑物的管理，区分建筑物的法律关系以业主为主导。在建筑物区分所有权法律关系中，本书将事实上由开发商管理的阶段称为前期管理阶段。[1]

（一）前期管理的期间

前期管理期间系指开发商向业主移交建筑物管理权的期限，各法域有所不同。新加坡BMSMA称为初始期间（initial period），是指管理组织成立后12个月内，或直至第一次业主大会召开之日止（以最早发生的条件为准）。[2]香港和内地的业主管理团体未采取自动成立的模式，业主团体成立的时间并不固定，但根据“开发商管理”与“业主自治”的区分标准，前期管理期间可界定为：第一个建筑单元出售后至业主管理团体成立之前，在香港地区指业主立案法团的成立，在内地指第一次业主大会的召开。

（二）前期管理的内容

如前所述，开发商在前期管理阶段对区分建筑物有实质控制权，清晰

---

〔1〕《物业管理条例》第三章亦使用了“前期物业管理”的表述。

〔2〕 BMSMA，s2（1）.

确定开发商的权利义务至关重要。新加坡专门为初始期间制定了相应的规定，这是中国香港和内地所欠缺的。新加坡1973年的《建筑物及共有财产维修管理法》实施情况并不理想，于1982年作了修订，其中重要的修订内容就是要求开发商承担初始期间的建筑物的维护和管理责任。

1.中国香港

在前期管理阶段，香港的开发商主要负有制定公契和指定经理人（即管理人）两项义务。

①制定公契。公契在香港区分建筑物管理中起到至关重要的作用。公契形成的时间很早，在第一份房屋销售合同签订前，开发商便应与第一个购房者（一般还包括开发商指定的经理人〔1〕）签署公契，公契应经过地政总署的核准，开发商未售出的物业以及后续的购房者均受公契的管制。〔2〕

②指定经理人。在房屋售卖完之前，开发商仍是区分建筑物的主要业主，负有管理和维护区分建筑物的责任。因此，在业主立案团体成立之前，香港政府要求开发商须指定一个管理人（也称公契管理人或公契经理人），公契管理人的任期一般不能超过两年。〔3〕在业主立案法团成立之前，区分建筑物的日常管理由管理人负责。为明晰管理人的义务，BMO在附表7《公契的强制性条款》中明确了管理人制定年度预算、保存账目、开设银行账户、设立基金等义务。需要注意的是，公契管理人虽然系开发商指定，并非业主委任，但其从事的管理行为仍视为业主委任之行为，履行职责所产生的法律后果仍由业主承担，管理人违反忠诚、勤勉等一般委托人义务的除外。〔4〕在业主立案法团尚未成立前，单个业主很难就不真诚履行义务

〔1〕 公契经理人（DMC Manager）就建筑物而言，指公契指明管理该建筑物的人（BMO，s34）。

〔2〕 BMO，34G.

〔3〕 法律咨询及田土转易处《草拟公契的准则》第91条等。

〔4〕 亦适用香港法例第71章《管制免责条款条例》中有关“疏忽”等规定。

的管理人提出异议，更无法更换不合格的管理人，唯一的途径便是以业主个人的名义起诉管理人。为确保建筑物及共有财产得到很好的管理，以及避免不合格的管理人可能导致的法律风险，业主一般也会积极筹备成立业主立案法团，以便选择合适的管理人。

BMO并没有要求开发商负有成立业主管理团体的义务，但其能够加快业主立案法团建立，防止开发商长期控制区分建筑物，具体方式为，第一，进一步降低成立业主立案法团的难度，以此缩减前期管理的期间。在香港，拥有5%份额（或业权）的业主即可以委派代表作为召集人召开业主会议，[1]同时只需10%的业主人数（这里的10%与业主所拥有的份额无关，仅是人数要求）参加便可有效召开会议，[2]如参会业主过半数票[3]通过且获得总份额30%以上业主的支持，便可选举管理委员会。[4]管理委员会须在28日内向土地注册处处长申请设立业主立案法团。[5]如果业主自行选举管理委员会存在困难，也可申请土地审裁处颁发命令，由特定业主组织会议选举管理委员会。[6]第二，BMO赋予业主法团解雇管理人的权利，如果业主会议通过决议（须与会人员过半数票同意且获总份额50%以上业主的支持）决定解雇管理人，无须提供具体理由，也不需要赔偿。[7]这便于业主解雇由开发商指定的管理人，进而自主选择管理人。

BMO未将成立业主管理团体作为开发商的一项强制要求，这也导致了部分区分建筑物至今没有成立业主管理团体，未能实现业主自治。

2.新加坡

虽然业主管理团体在分层所有权计划登记之时便在法律上设立，拥有

---

〔1〕 BMO，s3（1）(c).

〔2〕 BMO附表8（如与公契一致则加入的条款），s11。

〔3〕 这里的过半数票指的是份额，而非人数。

〔4〕 BMO，s3（2）b.

〔5〕 BMO，s12（3）.

〔6〕 BMO，s4.

〔7〕 BMO附表7，s7（1）。

自己的名称，但此时的业主管理团体没有自己的理事会（the council of a management corporation，即日常执行机构），由开发商代为行使理事会的职权。[1]直至第一次业主周年会议（the first annual general meeting）召开，业主管理团体才能正式启动议事程序，并选出理事会，实质参与区分建筑物的管理，因此第一次业主大会也起到事实创设业主管理团体的作用。在第一次业主大会召开之前，业主对区分建筑物共有财产（包括有限共有财产）并无管理和维修义务，该义务由开发商承担。[2]此阶段，建筑物往往因为资金不够、管理不善或开发商漠不关心而导致修护不善。新加坡非常注重业主管理团体成立之前的建筑物及共有财产的管理，1982年《建筑物及共有财产维修管理法》便要求开发商承担初始期间的建筑物管理及维护义务，该原则一直被后面的法律所接纳。即便这个阶段存在管理人，[3]开发商仍不能免除建筑物及共有财产的管理及维护责任。[4]

在前期管理阶段，开发商具有如下义务：

第一，设立维修基金。在区分建筑物获得临时占有许可后，开发商就应当设立维修基金，[5]主要用于日常维修费用、购买建筑物的火灾及其他保险、支付审计费用等。[6]如果建筑物包括有限共有财产，开发商还要专门为有限共有财产建立专门的资金账户。[7]维修基金可能是一个或多个，这取决于该区分建筑物是否存在有限共有财产。开发商作为信托人管理维修基金，须做好维修基金使用的财务记录，并每年提交审计公司审计，审计结果须在28日内提交建筑专员。[8]购房者及其代理人在任何时候均可

---

〔1〕 BMSMA, s23(3)(a).

〔2〕 Teo Keang Sood, *Strata Title in Singapore and Malaysia*, LexisNexis, 2015, p.99.

〔3〕 此处的管理人一般为政府建筑专员指定管理建筑物维修基金等的人员。

〔4〕 BMSMA, s21.

〔5〕 BMSMA, s16(1).

〔6〕 BMSMA, s16(2).

〔7〕 BMSMA, s16(3).

〔8〕 BMSMA, s17(9).

审查维修基金及相关财务账册，如开发商不能提供，则构成违法，可处以最高额2000新加坡元以及每日100新加坡元的罚金。[1]当管理团体成立时，开发商应立即以管理团体（包括管理组织附属机构）的名义开设账户。[2]

开发商在此阶段所有因共有财产（包括有限共有财产）所得收益均应放入维修基金之中。建筑物的冠名权收益是否属于共有财产收益存在争议。在Sansin Investment Pte Ltd. v. MCST No1917案[3]中，开发商允许John Hancock人寿保险公司在区分建筑物上使用该公司的名字，费用为每年18万新加坡元，标语牌树立在区分建筑物屋顶，该受益由开发商独自享有。联合管理组织（Joint Management Boby）以该费用系共有财产之收入，应归入管理基金而起诉。一审法院予以支持，但二审改判驳回原告的诉讼请求。其主要理由是：本案并非单纯的共有财产使用而产生的收益，John Hancock每年支付18万新加坡元并非为了租借屋顶放置广告牌，更主要的是为了取得区分建筑物的冠名权。因区分建筑物系开发商所建造，故冠名权应该归开发商所有，所获收益亦应归开发商，而非全体业主。本书并不认同上述司法观点，开发商拥有建筑物的初始命名权，这点不可否认，但冠名权系建筑物的外在文字表现，建筑物归全体业主所有，则冠名权以及产生的收益亦应归全体业主所有，否则，就会出现即便开发商已经退出建筑物，仍可更改建筑物名字的谬误。

第二，未经建筑专员许可，开发商不得就建筑物的管理及维修收取费用，违反这一规定，即构成违法，并面临最高额3000新加坡元的罚款。[4]经建筑专员同意后的开发商收款行为，业主如果在款项到期的28日内不予缴纳，款项及利息则构成对开发商的欠款，[5]开发商可以向小额速裁庭起诉。

---

〔1〕 BMSMA, s17(10).

〔2〕 BMSMA, s23(1)(a)-(c).

〔3〕 [1998]3 SLR391.

〔4〕 BMSMA, s18(2) and s128.

〔5〕 BMSMA, s22(1).

第三，完成建筑专员的要求。建筑工程局的建筑专员专门负责检查BMSMA的落实情况。建筑专员如果认为一个建筑物或共有财产没有得到很好的管理和维护，或者墙壁外立面不干净整洁，其有权通过书面通知的形式要求业主进行维修。[1]如果业主未按要求进行修理或整改，建筑专员有权聘请相关人员进行修理和维护，所产生的费用由业主承担。[2]建筑专员还可以要求业主在7日内提交保证金，在业主完成维修义务之后予以返还。[3]如果没有合理的事由且不能完成建筑专员的命令，则构成违法。[4]

第四，制作业主名册。名册内容包括购房者的名字、住址、所购单元、单元建筑面积、所占的份额等；如果存在有限共有财产，那么应当指明有限共有财产所包括的业主。在建筑专员要求开发商提交业主名册时，其应在14日内提交，否则构成违法。[5]

第五，对区分建筑物进行维修。如果开发商没有对建筑物外墙进行维护，让其存在倒塌的风险，则被认为是危害公共安全构成犯罪。[6]如果建筑专员对开发商的管理行为并不满意，其会提前14日向开发商书面说明其想指定管理人的意图，开发商在21日内有权申请复核，复核结果为最终决定，如果开发商不申请复核或复核未得到允许，建筑专员有权指定管理人对建筑物进行管理。[7]管理人可以作日常支出，但不能将维修基金用于投资。[8]

第六，在管理团体成立后，开发商应当履行业主管理团体（包括附属机构）理事会的权利和职责，直到第一次业主周年大会选举出理事会。[9]

---

〔1〕 BMSMA, s6.
〔2〕 BMSMA, s6(4)a and b.
〔3〕 BMSMA, s7(1).
〔4〕 BMSMA, s6(5).
〔5〕 BMSMA, s17(7).
〔6〕 BMSMA, s9(3).
〔7〕 BMSMA, s19(1)(3)(4)(5).
〔8〕 BMSMA, s20(1).
〔9〕 BMSMA, s23(3).

第七，召开第一次业主周年会议。在初始期结束的1个月内召开第一次业主周年会议；或当不少于10%的业主要求召开时，在6个星期内召开业主周年会议。〔1〕

第八，移交工作。在第一次业主周年会议召开的一个星期内，开发商将管理团体的基金控制权移交新选举成立的理事会。同时将区分建筑物的管理控制权移交理事会，包括移交资料、钥匙等。〔2〕资料包括区分建筑物设立时开发商向有关部门提交用于审批的相关材料、区分建筑物及附属设施的相关图纸、以管理团体名义签订的所有合同、分层所有权计划、服务商或供应商的名字和地址、相关设施的操作手册、使用说明、保质文书及类似文书、所有要求管理团体保存的资料等，〔3〕如果开发商不移交上述资料，管理团体从其他途径取得所产生的费用由开发商承担。〔4〕其他未移交的资料，开发商应保管2年，以备管理团体检查和审计。〔5〕在Regenthill Properties Pte Ltd v. Management Corporation Strata Title Plan 2192案〔6〕中，业主管理团体就开发商未依法交出相应资料的行为起诉，获法院支持。

前期管理阶段，因业主尚未选出理事会，故理事会的权利由开发商代为行使，但其权利行使受到限制。除非有法律授权，开发商应遵守以下规定：〔7〕(1)不得更改或移除规约(by-law)为个别业主(而非全体业主)所设定的权利、义务；(2)不得改变公共部分或者在公共部分上增加构件；(3)不得增添或减损土地上设有的地役权；(4)不得转让共有部分或授权任何人(包括业主)独占使用共有部分；(5)授权任何人对共有部分的管理、使用期限不得超出初始期间；(6)不得借出款项或承担担保；(7)指定管理

〔1〕 BMSMA, s26(1).

〔2〕 BMSMA, s23(4).

〔3〕 Malcolm Merry, *Building Management in Hong Kong*, LexisNexis, 2016, p.301.

〔4〕 BMSMA, s26(5).

〔5〕 BMSMA, s23(5).

〔6〕 [2007] 3 SLR 445.

〔7〕 BMSMA, s49.

人不得超出初始期间；(8)管理团体初始期间内签订的合同应包含特定条款，即管理团体可以经书面通知立即解除合同而不承担任何赔款。开发商如违反上述义务，须承担其对管理团体以及业主个人所造成的损失。且此期间因管理问题所导致的损失由开发商承担。[1]

新加坡的立法特点是，鉴于开发商在前期管理中的优势投票地位，法律直接将业主管理团体的义务设置成开发商的义务。[2]直至开发商成立业主管理团体，并召开第一次业主周年会议之后，才能将建筑物的管理职责移交，免除开发商的管理责任。

3.中国内地

区分建筑物的前期管理规定，主要体现于《物业管理条例》当中。该条例第三章“前期物业管理”规定了开发商三项主要义务：一是开发商(即建设单位)选聘物业服务企业并与之签订前期物业服务合同。[3]二是开发商制定临时管理规约，对有关物业的使用、维护、管理，业主的共同利益，业主应当履行的义务，违反临时管理规约应当承担的责任等事项依法作出约定。[4]三是开发商与物业服务企业办理承接手续，移交(1)竣工总平面图，单体建筑、结构、设备竣工图，配套设施、地下管网工程竣工图等竣工验收资料；(2)设施设备的安装、使用和维护保养等技术资料；(3)物业质量保修文件和物业使用说明文件；(4)其他等物业管理所必需的资料。[5]同时，该条例要求业主与开发商签订房屋买卖合同时，买卖合同应当包括前期物业服务合同约定的内容，并书面承诺遵守临时管理规约。[6]

虽然《物业管理条例》提倡开发商通过招投标的方式选聘物业服务企

〔1〕 BMSMA, s49.

〔2〕 Teo Keang Sood, *Strata Title in Singapore and Malaysia*, LexisNexis, 2015, p.296.

〔3〕《物业管理条例》第21条。

〔4〕《物业管理条例》第22条。

〔5〕《物业管理条例》第29条。

〔6〕《物业管理条例》第23条和第25条。

业，[1]但大部分的开发商都倾向于招聘与之相关联的物业服务企业参与物业管理，以此保有建筑物的管理权。开发商往往将物业小区的控制权紧紧掌控在自己的手中，不向业主移交；或是将物业小区的控制权交由自己设立的物业服务企业管理，把物业小区作为自己一个永久和稳定的营利工具。[2]在未成立业主大会的区分建筑物中，业主与物业服务企业的矛盾，大多折射为业主与开发商之间的矛盾。有研究显示：业主大会成立的最大阻力首先来自开发商，其次是物业服务企业。[3]可见，开发商向业主移交建筑物管理权相关法律规定的欠缺，给业主自治带来了巨大的困难。

（三）三法域的比较

中国香港、新加坡和中国内地虽然都存在区分建筑物前期管理阶段，但其存在明显的区别。

1.前期管理期间

新加坡通过立法明确了业主管理团体第一次业主周年会议召开的时间，确保业主能够在法定期限内选举出理事会，自行管理区分建筑物。而中国香港和中国内地没有成立业主管理团体的强制性规定，也没有规定委员会产生的法定时间，导致很多建筑物多年都未能建立业主管理团体，无法进行自治。

2.开发商的义务

开发商的义务区别主要体现如下：(1)组建业主管理团体的义务。新加坡明确规定开发商负有组建业主管理团体和召开第一次周年业主大会的义务，这也是中国香港和中国内地所欠缺的。新加坡的法律规定有效解决了中国香港及中国内地面临的业主管理团体成立难的问题。(2)对管理

---

〔1〕《物业管理条例》第24条。

〔2〕周树基：《美国物业产权制度与物业管理》，北京大学出版社2005年版，第66页。

〔3〕陈幽泓、曹吉丁、孙紫岚：《北京物业小区调查报告（二）》，载《现代物业·新业主》2009年第2期。

人的行为负担法律后果。新加坡的开发商可以选定管理人，但其对管理人的行为承担责任，同时对区分建筑物共有财产的管理承担责任。中国香港及中国内地的法律虽然也规定由开发商选取管理人，但管理人选定后，管理人视为业主委托，由业主承担管理人带来的法律后果；开发商不再对管理人的行为负责，反而可以通过操控管理人为其牟利，损害业主权益。(3)管理权的移交。新加坡立法规定了开发商将区分建筑物管理权移交给业主的流程，明确开发商须将管理权移交给新成立的业主管理团体理事会。而中国香港和中国内地的开发商仅须将管理权移交给其指定的管理人，业主不能越过管理人向开发商再行主张权利，事实上不便于管理权的实际移交。(4)开发商履职行为的监督。在新加坡，建筑专员对开发商的履职行为进行监督，而中国香港和中国内地缺少相应的行政监督机制。

中国香港和中国内地在制度设计上，意图将区分建筑物前期管理交由管理人管理，但缺少立法上的约束，而且忽略了管理人易受开发商控制的事实。开发商可以通过操控管理人谋取自身利益和损害业主权益，却可免受法律的制裁。特别是在中国内地，开发商阻碍业主成立管理团体的事例数不胜数，导致二者矛盾激化，建筑物区分所有权法律制度始终无法落地生根。

3.有关业主权利义务的文件

在前期管理阶段，中国香港和中国内地法律将管理规约制定的权力赋予开发商，不可避免地存在开发商通过制定管理规约损害业主权益的可能性。香港BMO附表7包含了强制适用的公契条款，且管理部门对公契进行审批和备案，可以在一定程度上消除公契的不平等性；但在中国内地，对于管理规约，缺少相应的法律限制，临时管理规约的平等性及合理性应引起更高的关注。而在新加坡，开发商用于注册的分层所有权计划并不包含业主的日常权利义务，业主的日常权利义务通过BMSMA中有关管理规约(by-law)的内容予以明确；而且在开发商代行理事会职责的过程中，法律亦对开发商的权力进行限制，从而有效保护业主的权益。新加坡的法律并没有赋予开发商制定业主管理规约的权力，[1]从制度上根除了开发商利用缔约优势将不合理的合同条款强加于业主的可能性。

(四)完善中国内地前期管理制度的建议

综上所述，新加坡的前期管理制度更为完善和更具特色，对开发商的权利滥用构成有效制约，能够很好地保护业主权益；中国香港通过强制的公契条款审批和备案可以在一定程度上保护业主权益；然而，中国内地面临业主管理团体成立难、业主与开发商矛盾尖锐等问题，源于在前期管理中缺少相应的规定。本书认为，中国内地在区分建筑物的设立以及前期管理的法律完善上，可以借鉴以下经验：一是将设立业主管理团体作为开发商的法定义务，以此解决业主团体成立难的问题；二是降低首次业主大会召开所需之法定人数及份额（在中国内地指专有部分的面积比例）要求，可以降低至20%或30%，为业主团体的设立提供法律支持；三是规定第一次业主大会召开的法定时间，推动业主尽快接管建筑物的管理；四是行政管理部门加强前期物业管理合同的审核，同时通过立法形式规定临时管理规约的内容，防止开发商利用缔约权侵害业主合法权益；五是开发商向物业服务企业移交管理权改为向业主委员会移交管理权，开发商对其选定的物业服务企业所产生的法律行为承担连带责任，以此延长开发商对建筑物的责任期间；六是明确开发商在前期管理期间的职能范围及权利边界，由其承担前期管理阶段所产生的法律责任，同时政府部门加强对开发商行为的监管。

---

〔1〕 新加坡的管理规约分两种，一种是属于法律性质的管理规约，另一种是由业主管理团体在业主大会上通过的管理规约。

第三章　建筑物区分所有权的客体

专有部分与共有部分的划分是整个建筑物区分所有权制度的基础，业主的专有权、共有权以及成员权的内容均须以此为依据。对建筑物区分所有权理论持不同学说的学者，在建筑物区分所有权的客体认识上有所不同："一元论"学者只认可专有部分或共有部分为权利客体；坚持"一物一权"的学者否定一物上存在多个客体，认为整个建筑物系权利客体；[1]认为建筑物区分所有权即空间权的学者主张，业主能支配的对象是空间，故空间即权利客体；[2]"三元论"学者则认为建筑物区分所有权的客体由业主专有部分和共有部分所组成。[3]本书采"三元论"之观点，建筑物区分所有权客体指业主专有部分和共有部分。在区分建筑物之内，专有部分和共有部分二者为"非此即彼"的关系，专有部分的扩大意味着共有部分的缩小，反之亦然。专有部分和共有部分的权利及责任主体截然分开，业主对专有部分享有权利及承担义务，全体业主（或业主管理团体）对共有部分享有权利并承担义务。专有部分和共有部分的划分对业主、业主管理团体等均具有重要意义。

业主共有部分的份额取决于专有部分的面积（或份额），共有部分不能独立于专有部分而存在，故共有部分对专有部分具有从属性。[4]从权利产

---

〔1〕 王利明早期持此观点，参见王利明：《物权法论》，中国政法大学出版社2003年版，第359页。

〔2〕 刘得宽：《民法诸问题与新展望》，中国政法大学出版社2002年版，第31页。

〔3〕 陈华彬：《建筑物区分所有权研究》，法律出版社2007年版，第113页。

〔4〕 陈华彬：《建筑物区分所有权》，中国法制出版社2011年版，第113页。

生和变动角度理解，此种观点并无错误，但如果过于强调共有部分的从属性，则会弱化共有部分的法律地位，对建筑物区分所有权整体立法有害无益。综观各国的立法，重点均在共有权及成员权，以此保障建筑物的共同管理以及共有生活秩序的维持。中国香港和新加坡在立法上对专有部分轻描淡写，对共有部分则是浓墨重彩，体现了防止个人权利侵蚀共有部分的立法精神。两个法域均采取定义、列举两种方式界定共有部分的种类及范围，其中，中国香港的立法对共有部分的列举更为详尽。中国内地的立法虽也列举了部分共有财产，但不够详尽，且缺乏定义。中国内地的立法将区分建筑物划分为单个业主专有部分和全体业主共有部分，该分类过于简单。新加坡关于有限共有部分的法律规定，回应了业主（特别是商住等混合建筑物或混合社区业主）在区分建筑物中的不同权利诉求，使业主管理费用负担趋向平衡，也为其他法域提供了有益的立法经验。

在专有部分与共有部分的区分问题上，结构独立性的认定标准逐渐式微，使用独立性的认定标准得到更多的重视。因立法以及产权登记制度等方面的缺陷，中国内地专有部分与共有部分区分难，为纠纷产生埋下了隐患。在司法认定上，可以采取效用标准与空间标准相结合、共有部分推定等原则加以区分。但根本问题的解决还是有赖于立法的完善以及产权登记制度的健全。

一、专有部分

专有部分，是指在构造上能够明确区分，具有排他性且可独立使用的建筑物部分。[1]专有部分的构成要件以及边界是其中重要的内容。

---

〔1〕 陈华彬：《业主的建筑物区分所有权——评〈物权法草案〉第六章》，载《中外法学》2006年第1期。

（一）专有部分的构成要件

陈华彬认为，专有部分“应为构造上与利用上的独立性之有无，具体应从区分境界的明确性、遮断性、通行的直接性、专用设备之存在及共用设备之不存在等方面予以判定”。[1]1950年的《德国住宅所有权法》认为，建筑部分能否成为专有部分，应从构造上的独立性与使用上的独立性两方面进行综合把握。[2]所谓“构造上的独立性”原则上是指四壁具有确定的遮蔽性。[3]《德国住宅所有权法》于1973年修订时不再将“遮断性”作为独立性的判断标准，该法第3条第2项规定，住宅或其他空间具有独立性者，始得设定特别所有权，以持久性之界线标明范围之停车位，视为有独立空间。这主要是为了解决不满足遮断性要求的车位能否作为业主专有部分之问题。鉴于车位买卖在很多国家已经成为普遍现象，该立法精神也逐渐被其他法域所接受，如中国台湾地区“公寓大厦管理条例”第3条第3款“专有部分，指公寓大厦之全部或一部分，具有使用上之独立性，且为区分所有之标的者”的规定便仅强调了使用上之独立性，而未再提及构造上的独立性。谢在全对此评论为：“这一规定在实际上抛弃了严格的遮断性标准，持久性的界线即可创造专有部分，停车位已无须有遮断性之要求，但需具有区分之明确性。”[4]

中国内地司法上赞成构造上的独立性和使用上的独立性两个要件，同

〔1〕 陈华彬：《建筑物区分所有权》，中国法制出版社2011年版，第95页。

〔2〕 参见崔建远：《物权：规范与学说》，清华大学出版社2011年版，第405-407页；梁慧星、陈华彬：《物权法》，法律出版社2004年版，第175-176页。

〔3〕 ［日］新田敏：《关于区分所有权客体的独立性》，载《法学研究》第46卷第7号。转引自陈华彬：《建筑物区分所有权》，中国法制出版社2011年版，第88页；田山辉明亦认为“为了能使构造上的独立性得到认可，必须有同其他部分隔离开来的设施。为了能使使用上的独立性得到认可，必须使这一部分作为独立的经济性交易单位得到认可，而且必须能从其他的专有部分中独立出来使用”。参见［日］田山辉明：《物权法（增订本）》，陆庆胜译，法律出版社2001年版，第192页。

〔4〕 谢在全：《建筑物区分所有权要论》（上），载《法令月刊》第53卷第4期。

时认为，专有部分还须具有可登记性。[1]中国香港地区有关专有部分的份额均须在公契中予以注明和办理登记。新加坡并未将可登记性作为专有部分的要件，专有部分的附属单位不体现在分层计划当中。部分欧洲和拉丁美洲国家的立法还将有独立的通往公共区域和道路的出口作为认定专有部分的一个标准。[2]在普通法系中，通行权作为不动产的固有或默示权利，故新加坡和中国香港的建筑物区分所有权立法未作特别规定。

本书认为，专有部分应以使用的独立性和区分的明确性作为判断标准。结构性标准并不适应建筑形式的多样化和复杂化，例如放置空调的外搭架子不具有构造上的独立性，但也不能排除其作为业主专有部分的可能。可登记性标准也值得商榷，正如中国内地房屋销售中的赠送面积，其在登记中并无体现，但专有部分的性质非常明确。在秦某林等诉葛某清房屋买卖合同纠纷案[3]中，法庭便认为涉案中的阁楼系主房屋的附属单元，虽然不能独立登记，仍属于业主的专有部分。此外，建筑物单位以外的一些小的专有部分构件、设备、设施，也实无登记之必要，例如供某一单位独自使用的管道、线路等。是否具有独立出口无须成为独立的认定标准，其可包含在使用的独立性标准当中，如无独立出口，自然无法认定为具有使用上的独立性。

（二）专有部分的形态

区分建筑物专有部分的基本形态为单位或单元（中国香港翻译为unit

---

〔1〕 2009年《最高人民法院关于审理建筑物区分所有权纠纷案件具体应用法律若干问题的解释》第2条规定："建筑区划内符合下列条件的房屋，以及车位、摊位等特定空间，应当认定为物权法第六章所称的专有部分：（一）具有构造上的独立性，能够明确区分；（二）具有利用上的独立性，可以排他使用；（三）能够登记成为特定业主所有权的客体。规划上专属于特定房屋，且建设单位销售时已经根据规划列入该特定房屋买卖合同中的露台等，应当认定为物权法第六章所称专有部分的组成部分。本条第一款所称房屋，包括整栋建筑物。"

〔2〕 C. G. Van Der Merwe, International Encyclopedia of Comparative Law, Volume Ⅵ: Property and Trust, Chapter 5, Apartment Ownership, 1994, p.46.

〔3〕 上海市第一中级人民法院（2010）沪一中民二（民）终字第1956号民事判决书。

或flat，新加坡翻译为lot或stratum)，一般是指业主专有且具有排他性权利的建筑物部位，主要是指房屋。在中国香港，专有部分不作为单独物权，登记为对应的土地份额；新加坡和中国内地的专有部分作为独立产权登记。关于专有权的性质，陈华彬认为其属于一种空间专有权。〔1〕贝尔曼也认为，专有权是关于“供居住或其他用途(尤其指营业或办公用途)的建筑物空间上成立的空间所有权”。〔2〕王利明持反对意见，认为无论是何种建筑物，最后都会形成特定的空间，但不能认为空间为专有权的客体，专有权的客体还是应体现为房间。〔3〕本书认为，专有部分包括专有空间和境界壁，并不单单体现为空间权。

(1)中国香港

单位(flat)，是指公契所提述建筑物内的任何处所，无论公契以单元或其他名称描述，也无论该处所用作居所、店铺、厂房、办公室或任何其他用途，而该处所的业主，相对于同一座建筑物其他业主或占用人而言，有权享有该处所的独有管有权。〔4〕车位等其他场地、空间、设施是否成为专有部分，主要看其是否分配了专有份额。中国香港在立法上并未区分专有单位和附属单位。

(2)新加坡

依据BMSMA的规定，单位(lot)有三种情形：单位(lot)意为在分层所有权计划中具有完整性和独立性，且可用于居住、商业用途或其他用途的单位；〔5〕如果一单位虽具备上述特征，但未体现在分层计划中，称为非分层单位(non-strata lot)；〔6〕如果该单位虽为业主单独拥有但不具有独

〔1〕 陈华彬：《建筑物区分所有权》，中国政法大学出版社2011年版，第87页。

〔2〕 [德]Barmann：《德国住宅所有权法》，戴东雄译，载《法学丛论》第13期。

〔3〕 王利明：《物权法论》(修订本)，中国政法大学出版社2003年版，第364页；高富平：《物权法原论》(下)，中国法制出版社2001年版，第928页。

〔4〕 BMO, s2.

〔5〕 BMSMA, s2.

〔6〕 BMSMA, s2.

立性，须与其他单位共作同一用途的，称为附属单位（accessory lot）。[1]三种单位区别为，只有单位（lot）可分配份额（share）和登记在分层所有权计划中，其他两种单位不能分配份额。[2]附属单位一般体现为车位或仓库等，不能独立存在于单位之外，不能单独作为买卖的标的。[3]在Doreen Tan Ying Ying v. Chong Tet On案[4]中，原告主张其将公寓卖给被告时并不包含车位，但原告也承认该车位属于公寓的附属单位，原告起诉保留车位的使用权。法庭认为车库属于附属单位，不具有独立性，未予支持。虽然附属单位并未分配份额，在Abraham Aaron Issac v. MCST Plan No 664案[5]中，法庭认为因其合理使用的需要，该附属单位的业主仍可使用与附属单位相关的公共设施。在区分建筑物中，附属单位不适用逆占有的原则。[6]

（3）中国内地

依据《民法典》第271条的规定，专有部分指业主享有的位于区分建筑物内的住宅、经营性用房等。该概念过于狭窄，未将车位等场地、空间等明确包含在内。中华人民共和国建设部[7]2004年印发的《业主临时公约（示范文本）》第34条将专有部分定义为“由单个业主独立使用并具有排他性的房屋、空间、场地及相关设施设备”。相比较而言，建设部的定义更为完善。

中国内地法律上虽未区分单位与附属单位，但司法实践中亦有案例认为附属单位不能作为独立的买卖物。在秦某等诉葛某房屋买卖合同案[8]

---

〔1〕 LSTA, S3(1) “accessory lot” means a lot intended for separate proprietorship and use with any other specified lot or lots for any purpose.

〔2〕 LSTA, s9(5) and s30(1).

〔3〕 LTSA, s15(1).

〔4〕 [1986] 1 MLJ 504.

〔5〕 [1999] 2SLR(R) 287.

〔6〕 LTSA, s28. 逆占有原则基本相当于大陆法系中的不动产时效取得原则，即经过一定时间无争议的占有使用，便可取得所有权。

〔7〕 现为中华人民共和国住房和城乡建设部，下同。

〔8〕 上海市第一中级人民法院民事判决书，(2010)沪一中民二(民)终字第1956号。

中，涉案阁楼只能由主房屋的天花板的孔洞通行，仅供顶层业主进入，除此之外无其他入口，且阁楼水电和顶层业主房屋的水电共用一个水表和电表，顶层因为有阁楼，价格也比其他楼层贵。法庭经审理认为，涉案阁楼属于主房屋的附属单位，不能独立出售。

（三）专有部分的界限

（1）境界壁的性质

构成业主专有单位的境界壁主要由楼层板、天花板、建筑物外墙、业主之间的分隔墙（包括承重墙和非承重墙）以及业主单位与公共通道的隔离墙构成。

承重墙、天花板、外墙、楼层板在中国香港和新加坡均被认为属于建筑物的共有部分，[1]非业主私人所有，此为各国通行立法。包含在业主单位内的外墙窗户，因其对整体建筑物的美观、形状造成影响，具有共有性因素，但中国香港和新加坡均将其归入业主专有部分，业主承担维修义务，因窗户脱落造成的损害由业主承担责任。其他未包含在业主单位内的外墙窗户，属于共有部分。

非承重墙的业主单位分隔墙，在普通法中又称界墙（partition wall），属于墙壁两边业主共同所有，在界限分割上以壁心为界。[2]香港高等法院的上诉庭在Incorporated Owners of Westlands Garden v. Oey Chiou Ling & Anor案[3]中认为，本案公契并未将非承重隔离墙列为共有部分，而且该分隔墙目前并非为全体业主所用，仅涉及相连单位的业主，因此不属于建筑物的共有部分，该隔离墙的拆除也不需经过管理人的同意。[4]多数国家立

〔1〕 BMO附表1；BMSMA，s2。

〔2〕 Hassan Sadee Lai Hop Siu v. Chung Lai-cheung & Ors［1981］HKDCLR 13；Tse Soon Cheung alias Cheung Chi Shuen v Tsang Fat Hung，［1965］HKLR 258.

〔3〕 ［2011］2 HKLRD421；［2011］2 HKC 460.

〔4〕 同时可见［2011］CACV 30。

法认为，非承重隔离墙属关联业主有限共有，有别于建筑物的其他共有部分。[1]在新加坡，两单位间非承重隔离墙的拆除也被允许，但墙壁的拆除涉及单位的合并，会产生业主份额的变化，在此之前须先向管理部门申请并取得同意后才能进行。[2]

专有单位与公共通道之间的墙壁（非承重墙）在中国香港被明确规定为建筑物共有部分。[3]新加坡虽无直接规定，但可以根据BMSMA有关共有部分的定义推断出其属于共有部分。值得注意的是，在商场中用于分割单位与公共过道之间的玻璃、金属等构架物，新加坡在司法实践中并不认定为墙壁。在MCST No958 v. Tay Soo Seng案[4]中，法庭认为商场中用于隔离房间与过道之间的玻璃墙属于业主的专有部分，其更换不需经管理人同意。

（2）境界壁的界限

在区分建筑物内，单位是业主最主要的专有财产，其范围的界定尤其重要。首先，业主对专有部分享有独立而排他的使用权，其权利界限需明确；其次，专有部分的面积影响业主对共有部分维修费用的负担；再次，专有部分的面积影响到业主参与公共部分管理的投票权；最后，业主在对专有单位独立投保或交易时，也需要清楚具体面积。[5]关于专有部分的范围，存在四种学说，即空间说、最后粉刷层说、中心说、壁心和最后粉刷层说。[6]

空间说也称全部属于共用部分说，认为专有部分范围仅限于墙壁、地板、天花板等所围成的空间部分。[7]最后粉刷层说也称墙面说，认为境界

---

〔1〕 C. G. Van Der Merwe, International Encyclopedia of Comparative Law, Volume Ⅵ: Property and Trust, Chapter 5, Apartment Ownership, 1994, p.55.例子：《葡萄牙民法典》第1421条。

〔2〕 LTSA, s12（1）.

〔3〕 BMO，附表1。

〔4〕 ［1993］1 SLR 870.

〔5〕 C. G. Van Der Merwe, International Encyclopedia of Comparative Law, Volume Ⅵ: Property and Trust, Chapter 5, Apartment Ownership, 1994, p. 45.

〔6〕 陈华彬：《建筑物区分所有权》，中国政法大学出版社2011年版，第96页。

〔7〕 ［法］弗朗索瓦·泰雷、菲利普·森勒尔：《法国财产法》，罗结珍译，中国法制出版社2008年版，第772–773页。

壁的本体属于共有部分，但该壁的粉刷层属于专有部分。[1]中心说也称壁心说，即建筑物专有部分的范围达到墙壁、柱、地板、天花板等部分厚度的中心。[2]壁心和最后粉刷层说认为，专有部分的范围按内部和外部关系分别而论，业主之间专有部分的认定，特别在建筑物的维护及管理上，适用最后粉刷层说；但在外部关系上，尤其是对第三人（如买卖、保险、税金）等关系上，适用壁心说。[3]

空间说、最后粉刷层说及中心说的主要区别在于业主对墙壁的使用范围不同。单纯的空间说，完全限制了业主对墙壁表层的利用，不符合现实生活需要，该学说很少被采用。最后粉刷层说肯定业主对墙壁表面的利用，比如张贴图片或挂钩等，但如果在墙壁上钉入钉子、挖开部分墙体用作展示的壁橱等使用行为已经超过了最后粉刷层字面意义上所限定的范围。而这种正当和合理的使用被包含在中心说的范围之内，壁心说是最适合业主使用而且最能减少争议的学说。[4]壁心说的缺陷也很明显，其有瓜分建筑物框架结构的嫌疑。考虑到建筑物以壁心为界限的交易习惯，因此，壁心和最后粉刷层说得到较为广泛的接受。[5]本书认为，对于作为建筑物结构要件的境界壁（外墙、楼层板、天花板）以及专有单位与公共通道的隔离墙，应采壁心和最后粉刷层说；墙壁的最后粉刷层应作扩大的理解，不能仅限于其字面含义，对墙壁表面的正常、合理使用（如钉钉子等）不应被认定为越权行为；对于两单元之间的非承重隔离墙，因该墙仅系两相邻业主共有，应采壁心说。

---

〔1〕 徐海燕：《区分所有建筑物管理的法律问题研究》，法律出版社2009年版，第31页。

〔2〕 ［日］山田幸二：《专有部分的一部分：共用部分墙壁的疑义》，载［日］玉田弘毅、森全章等编《建筑物区分所有权》，一粒社1998年版，第105－106页。转引自陈华彬：《建筑物区分所有权》，中国法制出版社2011年版，第96页。

〔3〕 徐海燕：《区分所有建筑物管理的法律问题研究》，法律出版社2009年版，第31页。

〔4〕 C. G. Van Der Merwe, International Encyclopedia of Comparative Law, Volume Ⅵ: Property and Trust, Chapter 5, Apartment Ownership, 1994, p.48, such as Saskatchew Act of 1978; New South Wales Conveyancing (Strata Title) Act 1961, Act 4(2).

〔5〕 陈华彬：《建筑物区分所有权》，中国政法大学出版社2011年版，第99页。

（3）业主对墙壁的使用

内侧墙壁，法律一般不禁止业主使用，除非其超过必要和合理的范围，或影响到其他共有人的利益。业主对墙壁的贯穿性使用，一般会被认定为越权行为。在Lee Wah Bank Ltd v. Chi Liung Holding Sdn Bhd案[1]中，原告Lee Wah银行从被告手中购得一楼房产用于开展银行业务，原告想在房屋外墙打个贯穿孔安装一台ATM，原告向被告提出申请但不同意支付费用，因此被拒绝，原告请求法庭确认其享有此项权利。法院认为原告房产的界限仅至外墙中心，其无权擅自打孔贯穿外墙。在邓某贵诉杨某芳业主共有权纠纷案[2]中，原告在被告阳台的外立面悬挂广告牌，被告为阻止原告，从阳台里面穿出一根30厘米的铁棍。原告诉请法院判令被告拆除该铁棍，法庭认为，被告阳台的使用范围应只限于粉刷层，其从内向外穿出一根铁棍的行为属对建筑物的不当使用行为，亦损害了该楼寓其他共有人的权益，原告作为居住楼房的业主及利害关系人，有权请求被告停止不当使用和侵害其他共有权人权益的行为。

建筑物外墙虽然属于共有部分，但也允许业主对外墙的有限使用，比如业主在专有单位所涉外墙悬挂门牌号或商店的广告招牌、标识，一般不视为越权行为。在Lee Wah Bank Ltd v. Chi Liung Holding Sdn Bhd案[3]中，法庭认可原告可以在不支付外墙租金的前提下，悬挂其商业标识。中国内地也认为，业主基于对住宅、经营性用房等专有部分特定使用功能的合理需要，无偿利用屋顶以及与其专有部分相对应的外墙面等共有部分的，不应认定为侵权；但违反法律、法规、管理规约，损害他人合法权益的除外。[4]

---

〔1〕［1984］2 MLJ 262.

〔2〕新疆维吾尔自治区乌鲁木齐市中级人民法院（2009）乌中民四终字第69号民事判决书。

〔3〕［1984］2 MLJ 262.

〔4〕《最高人民法院关于审理建筑物区分所有权纠纷案件具体应用法律若干问题的解释》第4条。

二、共有部分

在区分建筑物中，不属于业主独占使用的部分为共有部分，包括建筑物构件、空间以及设备等。如果说专有部分是构成区分所有建筑物的基础，那么共有部分则是连接各个专有部分的纽带。[1]共用部分具有从属性和不可分割性，如若允许共用部分分割，既有悖于共用的目的，业主也必互蒙不利。[2]大多数国家承认开发商具有设定共有部分的权利(或认可其在规划建筑物时划分共有部分和专有部分的行为)；[3]同时为限制开发商的权利，多数国家通过立法列举了不能作为专有部分的名录，主要为建筑物结构性部件以及公共设施，[4]并禁止开发商将此作为专有部分出售而影响建筑物的整体功能。

(一)共有部分的性质

大陆法系和普通法系有关共有的法律制度存在区别。普通法系共有制度分为分权共有(tenancy-in-common)和联权共有(joint tenancy)，[5]建筑物区分所有权的性质在普通法上属于分权共有，并无异议。大陆法系的共有制度分为共同共有和按份共有，建筑物区分所有权属于何种共有形

---

〔1〕 陈华彬：《业主的建筑物区分所有权——评〈物权法草案〉第六章》，载《中外法学》2006年第1期。

〔2〕 郑玉波：《民法物权》，三民书局1996年版，第126页。

〔3〕 C. G. Van Der Merwe, International Encyclopedia of Comparative Law, Volume Ⅵ: Property and Trust, Chapter 5, Apartment Ownership, 1994, p.51.

〔4〕 C. G. Van Der Merwe, International Encyclopedia of Comparative Law, Volume Ⅵ: Property and Trust, Chapter 5, Apartment Ownership, 1994, p.51.

〔5〕 联权共有在香港民间俗称“长命契”，以此方式购入物业的联权共有人均被整体视为同一拥有人，各人的权益或份额均等，当其中一人身故，此人权益自动转移至其他在世的联权共有人。载引自孟祥柿：《房地产法律制度比较研究》，法律出版社2012年版，第41页。

式，学界存在争议：鲍尔·施蒂尔纳认为是按份共有；[1]梅仲协认为在建筑物区分所有中共有部分不可分割，只能是共同共有；[2]王泽鉴认为共有部分属于专有部分的从物，为抵押效力所及，所以业主对共有部分享有的共有权为按份共有；[3]我妻荣认为是共同共有，也称为"合有"。[4]中国内地学者普遍认为建筑物区分所有有别于共同共有或按份共有，但对此表述不一：(1)该共有性质不同于传统的按份共有或共同共有，属于一种特殊的共有形态，区分建筑物的分摊收费等按面积决定，类似于按份共有，共有权人无权请求分割共有物为个人所有又类似共同共有；[5](2)既非按份共有，也非共同共有，应当认为系第三种共有；[6](3)应将业主对共用部分所有权定位于按份共有，但这种按份共有与一般的按份共有具有重要的区别。[7]

本书认为，业主共有权属于按份共有。大陆法系按份共有的含义更接近普通法系中的分权共有，这也与中国内地《民法典》"共有状态不明时视为按份共有"的规定相符。[8]在普通法系中，业主的产权登记清晰记载业主在区分建筑物中的份额，中国内地因缺乏此项登记导致按份共有的观念不明确。实质上，业主在区分建筑物中的份额，亦可依据其单位面积予以推定，故本质上还是属于按份共有，[9]应强调的是："按份共有虽然存在可

〔1〕［德］鲍尔·施蒂尔纳：《德国物权法》(上册)，张双根译，法律出版社2004年版，第639页。

〔2〕梅仲协：《民法要义》，中国政法大学出版社1999年版，第402页。

〔3〕王泽鉴认为，建筑物及其附属物的共有权具有三个特点：基于对共有物的使用目的不得分割；共有权应随着与之相关的区分所有权的转移而转移；共有权的客体为专有权的从物，为抵押权效力所及。参见王泽鉴：《民法物权》，北京大学出版社2010年版。

〔4〕此说以日本我妻荣为代表，认为在同一建筑物上生活的人，对于共有部分享有平等的权利，为了共有物的管理与秩序的维持，往往选任共同管理代表人，制定规约，因此形成了合伙关系。参见［日］我妻荣：《债权各论》(上卷)，徐慧译，岩波书店1973年版。

〔5〕陈华彬：《建筑物区分所有权》，中国法制出版社2011年版，第125页。

〔6〕王利明：《物权法研究》(上卷)(第3版)，中国人民大学出版社2012年版，第592-593页。

〔7〕高富平：《物权法专论》，北京大学出版社2007年版，第383页。

〔8〕《物权法》第103条规定："共有人对共有的不动产或者动产没有约定为按份共有或者共同共有，或者约定不明确的，除共有人具有家庭关系等外，视为按份共有。"

〔9〕最高人民法院认为，业主对建筑物整体是一种特殊的按份共有。参见杨立新主编：《最高人民法院审理建筑物区分所有权纠纷案件司法解释理解和运用》，法律出版社2009年版，第53页。

量化的份额，但并不具体指向某个特定的部分，按份共有人所享有的权利存在于全部共有部分之上。”〔1〕

（二）共有部分的分类

法定共有和约定共有、全体共有和有限（或部分）共有是共有部分两种常见的分类类型。其他分类还包括建筑物的共有部分和附属建筑物的共有部分、有负担的共有部分和无负担的共有部分、〔2〕单个建筑物的共有部分和多个建筑物的共有部分等。〔3〕

（1）法定共有和约定共有

法定共有部分涉及整个建筑物的存在和使用上的完整性，不能按照区分所有人之间的合意将其转变为专有部分。〔4〕约定共有是指专有所有权的客体，依照业主的合意或者规约的内容，转换或者变更为共同使用的部分。〔5〕法定共有和约定共有的划分有两种标准。第一种是由权利来源划分，即法定共有部分依法律规定而形成的共有部分；约定共有部分依管理规约或其他自治性文件规定而形成的共有部分。〔6〕第二种划分标准为构造和用途，法定共有部分指构造上、利用上并无独立性的建筑物和设备；约定共有部分指构造上、利用上虽有独立性，但依区分所有人的管理规约而成为公共部分者。〔7〕日本学界采用第二种划分方法，陈华彬受此影响，将

---

〔1〕［德］M.沃尔夫：《物权法》，吴越、李大雪译，法律出版社2004年版，第28页。

〔2〕陈华彬：《建筑物区分所有权》，中国法制出版社2011年版，第113页。

〔3〕Chen lei, *The Making of Chinese Condominium Law: A Comparative Perspective with American and South African Condominium Laws*, Intersentia: Metro, 2010, p.29.

〔4〕温丰文：《论区分所有建筑物共有部分之法律性质》，载《法学丛刊》。

〔5〕温丰文：《论区分所有建筑物共有部分之法律性质》，载《法学丛刊》。

〔6〕C. G. Van Der Merwe, International Encyclopedia of Comparative Law, Volume Ⅵ: Property and Trust, Chapter 5, Apartment Ownership, 1994, p.51.

〔7〕［日］稻本洋之助：《建筑物的所有关系》，载［日］玉田弘毅、森全章等编：《建筑物区分所有权》，一粒社1998年版，第20页。转引自陈华彬：《建筑物区分所有权》，中国法制出版社2011年版，第113–114页；同时可参见C. G. Van Der Merwe, International Encyclopedia of Comparative Law, Volume Ⅵ: Property and Trust, Chapter 5, Apartment Ownership, 1994, p.51。

法定共有部分界定为“性质上、构造上的共有部分，此部分除变更其构造而具有独立性外，并不能依规定变更为专有部分，通常指建筑物的躯体部分，如共用出入口、通道、楼梯、支柱、共用墙壁、楼层地板、屋顶等”〔1〕。

以建筑物的结构性和使用性为标准区分法定共有和约定共有，具有合理性，但也不够全面。将建筑物构造中不适合由业主单独使用的建筑物部件认定为法定共有部分，是大部分国家的通行立法。随着社会的发展，添附在建筑物上的其他功能性设施越来越多，比如水电管道、空调设施、娱乐设施等，这些非构造性的建筑物部件也越来越多地被认定为共有部分，这主要是从使用的非独立性上考虑的。从各国立法的发展上看，法定共有部分经历了从构造上的共有部分向使用上的共有部分扩展的过程，其范围呈扩大趋势。构造性和使用性是否具备独立性并非认定共有部分的唯一标准，立法有时会对此进行干涉，例如中国香港认为会所属于法定共有部分，而中国内地允许开发商保留会所的产权。〔2〕

为满足建筑物使用的多样性，各国普遍允许业主将构造上和使用上具有独立性的建筑物部分约定为共有部分。约定共有部分的形成主要有两种方式：一是开发商在出售建筑物前对财产形式的划分，一般须经过政府有关部门的审核，同时不能违反强制性的法律规定；二是业主在居住过程中通过业主大会决议等方式对财产形式进行划分。

（2）全体共有和有限共有

不少法域都有全体共有部分和有限共有部分（limited common part）的区别，但有限共有部分在不同法域的立法含义不尽相同。美国将供某些

〔1〕 陈华彬：《建筑物区分所有权》，中国法制出版社2011年版，第114页。

〔2〕《物权法》草案三审稿曾有过直接指向“会所”的规定：会所、车库、绿地的归属，有约定的，按照约定；没有约定或者约定不明的，除建设单位能够证明其享有所有权外，属于建筑区分所有权人共有。2005年10月22日，十届全国人大常委会第十八次会议进行物权法草案讨论删除了有关会所的规定。对此，全国人大宪法和法律委员会的解释是：提供健身、娱乐等服务的会所，绝大多数是作为独立的房屋由开发商出售或出租经营的，一般不作为建筑物的附属设施归业主共有，草案中关于会所的规定可以删去。

楼层（或建筑）的业主独自使用的共有部分定义为有限共有部分，如廊道、楼梯、电梯、卫生服务区、洗衣房、停车场等，解释为有限共有部分。〔1〕南非未采用"有限共有部分"的表述，其将供部分业主专门使用的共有部分称为专有使用区域（exclusion use area）。〔2〕在古巴，经全体业主约定，由特定楼层业主所使用的楼梯、澡堂、电梯等特定设施，为有限共有财产。〔3〕陈华彬也认为，由一部分业主使用的共有部分为一部共有部分（俗称"小公"），与全体业主共同使用的部分（俗称"大公"）相区分。〔4〕以色列的立法有所不同，其直接规定：（一个区域内）存在多栋建筑，而每栋建筑有独立的入口或其他共有部分，该共有部分仅与该栋建筑的业主有关。〔5〕新加坡则将分层所有权计划所包括的共有部分中为2个或以上（但不是全部）业主的单独利益而设立的财产视为有限共有部分。〔6〕

Van Der Merwe认为，美国立法观点混淆了部分业主使用的财产与有限共有财产之间的含义，由部分业主使用只是使用者不同，并非所有者不同，其维修费用仍是从全体业主统一收取的管理费用中支出，实质上还是属于全体业主共有。〔7〕以色列和新加坡的观点不仅强调由部分业主使用，更强调有限共有部分仅与部分业主利益相关。本书亦认为，共有系所有权的一种，包括使用、受益、处分等权能，使用者不同并不足以区分全体共有和有限共有，有限共有部分应指由部分业主使用，且由该部分业主负担管理费用并进行利益分配的共有部分。

---

〔1〕 See Uniform Common Interest Ownership Act, s 1-103（16）；加拿大的规定类似，The Ontario Condominium Act of 1980, s 3（1）。

〔2〕 南非The Sectional Titles Act of 1986, ss 27 and 27A.南非专有使用区域的范围基本等同于美国法中的有限共有部分。

〔3〕 比如古巴The Ley de la Propiedad Horizontal Act（1952）, Article 12。

〔4〕 陈华彬：《建筑物区分所有权》，中国法制出版社2011年版，第128页。

〔5〕 以色列The Land Law 1969, s59（a）。

〔6〕 BMSMA, s2.

〔7〕 Van Der Merwe, C. G, *Two-Tier Governance for Mixed-Use and Large-Scale Sectional Title Schemes*, *South African Law Journal*, Vol. 125, Issue 3, p.578（2008）.

有限共有部分的区分体现了区分建筑物中业主的权利分化，业主并不情愿为与其不相干的共有部分支付费用，其根源于“受益者负担”的理念，进一步要求管理费用负担上的公平性。新加坡立法对此进行了回应，在BMSMA中规定了双层管理机制，允许部分业主自行管理有限共有部分。[1]

（三）中国香港的共有部分

中国香港区分建筑物的共有部分由法律直接规定的共有部分和公契约定的共有部分所组成。BMO不区分全体共有部分和有限共有部分，如无特别约定，除业主专有以外的部分均视为全体共有部分。

1.共有部分的法律规定

BMO通过定义和列举确定共有部分。在BMO中，共有部分也称为“共用部分”（common part），意为建筑物的全部以及附表1所指明的部分，但不包括在土地注册处注册的文书所指明或指定专供某一业主使用、占用或享用的部分。[2]该条例附表1用15个条文规定了建筑物的法定共用部分，即：（1）外墙及承重墙、地基、柱、梁及其他结构性支撑物；（2）围绕通道、走廊及楼梯的墙壁；（3）屋顶、烟囱、山墙、雨水渠、避雷针、碟形卫星天线及附属设备、天线及天线电线；（4）护墙、围栏及边界墙；（5）2个或多于2个单位共用的通风口；（6）水箱、水池、水泵、水井、污水管、污水处理设施、排水渠、粪管、废水管、沟渠、水道、雨水渠、导管、落水管、电缆、阴沟、垃圾槽、卸斗及垃圾房；（7）地窖、洗手间、厕所、洗衣房、浴室、厨房及看守员所用单位；（8）通道、走廊、楼梯、楼梯平台、光井、楼梯窗框及所装配的玻璃、升降口、屋顶通道及通往屋顶的出口和门闸；（9）升降机、自动梯、升降机井及有关的机械器材和放置机械器材的地方；（10）照明设备、空调设备、中央供暖设备、消防设备，以及普遍供所有业主使用或为所有

---

〔1〕 在第五章“一、业主管理团体”中详细阐述。

〔2〕 BMO, s2.

业主的利益而设置的装置，以及安装、设置此等设备、装置的任何房间或小室；(11)设置在任何单位内但与建筑物内其他单位或其他部分一起供人使用的固定装置；(12)草地、花园及游乐场，以及任何其他康乐活动场地；(13)游泳池、网球场、篮球场、壁球场以及包容或容纳任何运动或康乐活动设施的处所；(14)会所、健身室、桑拿浴室以及包容健体或休憩设施的处所；(15)组成或形成任何土地的一部分的斜坡、缓坡、护土墙、海堤，而该土地与建筑物乃属同一共同拥有权者。上述条文以列举的方式明确了建筑物的共有部分，其主要目的是防止开发商在划分共有和专有部分时损害业主的合法权益。上述条文同时体现了“共有部分推定”的原则，即业主建筑物的专有部分只能以土地注册处登记的文书为准，未登记为个人使用及占有的部分均视为共用部分。

在立法过程中，法定共用部分呈现增加的趋势，BMO附表1第3、5、6、12、13、14条是由1993年第27号第38条增补而成。2014年，香港民政事务总署在全面检讨该条例的实施情况后，提出了进一步增加法定共用部分的法律建议：(1)第1条中加入“建有并附于外墙上的冷气机遮檐、冷气机架、窗户的鳍状遮挡、檐篷、花盆架和遮阳板”，指明“承重墙、地基、柱、梁及其他结构性支承物”是指有助于维持全幢建筑物整体稳固的结构构件；(2)第3条规定“屋顶”包括屋顶的防水饰面；(3)第6条在清单上加入“冷气机排水管”和“雨水管”。〔1〕

2.公契对共有部分的约定

BMO将公契定义为界定业主之间的权利、权益、责任且在土地注册处注册的一个文件。〔2〕公契往往会对建筑物的共有部分作出划分，但公契对共有部分的划分不能违反BMO以及政府的批地条件或租契的条款。〔3〕业

〔1〕 香港民政事务总署2014年11月发布的《〈建筑物管理条例〉第344章检讨咨询文件》。

〔2〕 BMO，s2.

〔3〕 方镇光：《建筑物管理法律精解》，香港大学出版社2007年版，第32页。

主在后期管理中可以通过业主会议决议的方式对公契的内容进行变更，变更后的公契同样须报管理部门备案。

（四）新加坡的共有部分

1.共有部分的法律规定

BMSMA采用定义和列举方式确定共有部分（common property）的范畴。共有部分指记载于分层所有权计划之中没有涵盖在任何单元（包括附属单元）之内，且能被两个以上的业主所使用的土地及建筑物，两单位以上共同使用的导管、管道、电线、电缆以及上述物体形成的闭合空间、建筑物的结构构件及屋顶和外墙的防水层，无论是否位于一个单位之内，均属共有部分。例如：（1）地基、承重墙、柱或梁、支柱、地脚锚、楼板（不包括任何作为衬底或地板饰面的楼板）、桁架和公共楼梯；（2）能够供2个单位以上使用的建筑物的外墙、屋顶或外立面；（3）不在某个单位之内的花园、运动或康乐设施、停车场或停车场；（4）中央空调系统及其附属设备、消防喷淋系统及其附属设备；（5）用于通过或提供水、污水、排水、煤气、石油、电力、电话、广播、电视、垃圾、加热或冷却系统或任何其他类似服务的任何溜槽、管道、电线、电缆、管道或设施等。[1]

Poh Kiong Kok v. MCST Plan No 581案[2]很好地阐述了新加坡区分建筑物共有部分的管理理念。在该案中，管理人将公共停车场划分了不同的区域，指定了每个人的固定停车位置。有业主认为，其停车位置差，要求调整未得到满足后起诉管理人。法庭认为，在普通法里，所有共有人对共有物只有一个共同的占有权，任何一个共有人均不能向其他共有人主张占有共有物某一部分的权利。管理团体的做法应符合普通法的基本理念，故每个业主都有权在任何空的车位停车，而非被限制在某个固定的车位。

---

〔1〕 BMSMA，s2；LTSA第3条对共有部分所采取的定义与BMSMA一致。

〔2〕 ［1990］3 MLJ206.

显然，共有部分是为了解决和维持社区生活而创设的一个制度，其他财产权属则按一般合同原则处理。[1]

2.有限共有财产

“有限共同财产”的规定是BMSMA的一项鲜明特征。有限共有部分属于共有部分的范畴，是指在分层所有权计划所包括的共有部分中为2个或以上（但不是全部）业主的单独利益而设立的财产，或经业主管理团体综合决议（comprehensive resolution）为2个或以上业主单独利益而分设的财产，但不包括：（1）建筑物的地基、柱、梁、支撑物、墙壁、屋顶及任何安装于任何外墙的窗户；（2）提供水、污水、排水、天然气、石油、电力、电话、广播、电视、加热、冷却或其他类似服务的任何槽、管道、电线、电缆、管道和其他设施的通道；（3）任何与业主公寓相连之外的其他外墙窗户。[2]有限共有财产可以由开发商在分层所有权计划申请注册时就区分，[3]也可以通过业主会议综合决议设立。[4]有限共有部分可以在商住混用的建筑物、非住宅但有不同功能区的建筑物、由不同类型的住宅楼组成的建筑群内设立。[5]在新加坡，如果不同地块的租期相同，地块间的共有财产可以合并，共有财产合并后，原先各管理团体的理事会也合并成一个大的理事会。[6]

为加强有限共有财产的管理，新加坡允许业主设置双层管理构架，由附属管理团体专门对有限共有财产进行管理。

（五）中国内地的共有部分

中国内地并未对区分建筑物的共有部分作出明确的定义，其通过列举和排除的方式确定共有部分，区分建筑物中专有部分以外的均为共有

---

〔1〕 Teo Keang Sood, *Strata Title in Singapore and Malaysia*, LexisNexis, 2009, p.155.

〔2〕 BMSMA, s2.

〔3〕 BMSMA, s78（1）（a）（i）.

〔4〕 BMSMA, s78（1）（a）（ii），综合决议的规定见第五章“三、会议制度和管理规约”。

〔5〕 BMSMA, s77.

〔6〕 LSTA, s26（4）.

部分。[1]共有部分包括法定共有部分和约定共有部分，但不区分有限共有部分。

《民法典》规定的区分建筑物法定共有部分包括：建筑区划内的道路（属于城镇公共道路的除外）、建筑区划内的绿地（属于城镇公共绿地或者明示属于个人的除外）、建筑区划内的其他公共场所、公用设施和物业服务用房以及占用业主共有的道路或其他场地用于停放汽车的车位。[2]上述规定较为原则，更细致的规定体现在2009年的司法解释，即共有部分除法律、行政法规明确规定之外，还包括：(1)建筑物的基础、承重结构、外墙、屋顶等基本结构部分，通道、楼梯、大堂等公共通行部分，消防、公共照明等附属设施、设备，避难层、设备层或者设备间等结构部分；(2)其他不属于业主专有部分，也不属于市政公用部分或者其他权利人所有的场所及设施等。建筑区划内的土地，依法由业主共同享有建设用地使用权，但属于业主专有的整栋建筑物的规划占地或者城镇公共道路、绿地占地除外。[3]

司法实践并不认可开发商在房屋买卖合同中保留共有部分使用权的约定，[4]在原告李某民、盛某诉被告吴江市恒某公司纠纷案[5]中，原告以被告在其所购的商品房外墙悬挂广告牌和广告灯箱，影响其对房屋正常使用为由提起诉讼，被告以其在商品房买卖合同中保留外墙的使用权为由进行抗辩。法院认为，建筑物外墙属于共有部分，如使用须经全体业主同意，以合同形式保留共有部分的使用权与建设部相关规定不符且显失公平，该合同保留条款为无效条款。

---

〔1〕《民法典》第271条。

〔2〕《民法典》第274条、第275条。

〔3〕《最高人民法院关于审理建筑物区分所有权纠纷案件具体应用法律若干问题的解释》第3条。

〔4〕王利明认为，开发商在转让时不能和单独业主约定外墙面的使用及归属。参见王利明主编：《最高人民法院建筑物区分所有权、物业服务司法解释原理精解·案例与适用》，中国法制出版社2010年版，第98页。

〔5〕杨立新主编：《最高人民法院审理建筑物区分所有权纠纷案件司法解释理解和运用》，法律出版社2009年版，第206-210页。

（六）完善中国内地共有部分的建议

中国香港和新加坡在区分建筑物的立法上均采取定义及列举的方式，有效区分专有部分和共有部分，相比较而言，中国内地缺乏对共有部分的定义，且对法定共有部分的列举不够详尽。

1.对共有部分进行定义

综上所述，司法解释虽然将“具有构造上的独立性”、“具有利用上的独立性”及“能够登记为特定业主所有权的客体”作为专有部分认定的标准，[1]但并不能满足现实区分需求，通过专有部分的甄别以排除共有部分的目的不能完全实现。《民法典》未就共有部分作出定义，在列举范围之外的共有财产的认定上存在困难。新加坡将共有部分定义为“未涵盖在任何单元（包括附属单元）之内，且能被两个以上的业主所使用的土地及建筑物”，[2]中国香港将共有部分定义为“建筑物的全部以及附表1所指明的部分，但不包括在土地注册处注册的文书所指明或指定专供某一业主使用、占用或享用的部分”[3]，均对共有部分的认定起到了很好的作用。本书建议在将来的立法中以列表的形式详细列举共有部分，同时增加共有部分定义：本法所列举的部分，以及未涵盖在任何单元之内，且能被两个以上的业主所使用的土地及建筑物为区分建筑物的共有部分，法律另有规定的除外。

2.对法定共有部分进行更详细和具体的描述

《民法典》和《最高人民法院关于审理建筑物区分所有权纠纷案件具体应用法律若干问题的解释》主要规定了四类共有部分，即道路、绿地、建筑物构架性部件、共同通行部分和附属设施部分，但描述得过于原则，客

---

〔1〕《最高人民法院关于审理建筑物区分所有权纠纷案件具体应用法律若干问题的解释》第2条。

〔2〕 BMO, s2.

〔3〕 BMSMA, s2; LTSA, s3.

观上导致对共有部分认定上的困难。现实中，开发商的产权保留与共有部分之间界限不清也引发了很多纠纷，这归咎于立法的简单化。中国香港将建筑物中的会所、健身房、过道墙壁等明确规定属于共有部分，新加坡将车位规定为共有部分，均避免了争议。因此，中国内地在共有部分的立法上也建议采用定义加列举的方式，而且应尽量详细列明法定共有部分，以减少不必要的争议。

3.有必要增加有限共有财产的规定

《民法典》第271条将业主财产权利分为单个业主专有和全体业主共有，分类过于简单，也没有得到广泛的认可。有限共有财产在中国以往和现今立法中均有所体现。作为处理区分建筑物产权纠纷的早期文件是建设部制定的《城市异产毗连房屋管理规定》，〔1〕其中第9条便蕴含了“受益者负担”的有限共有财产理念，该条第5项中规定，为某些层所专用的楼梯，由其专用的房屋所有人按份额比例分担；第6项规定，房屋共用部位必要的装饰，由受益的房屋所有人按份额比例分担。〔2〕上海市1995年的文件允许在多栋高层住宅并存的住宅区域，相对独立的一幢房屋可以按幢设立管委会。〔3〕在业主将住宅改变为经营性用房的问题上，司法解释也在一定程度上承认了住宅小区内本栋建筑物的业主与其他建筑物的业主在权利上有所区别。〔4〕西安市的地方性法规更是将小区内的共有部分细化，将一

〔1〕 该规定于1990年1月1日实施，曾于2001年修正，2011年被废止。

〔2〕 《城市异产毗连房屋管理规定》第9条规定：“异产毗连房屋发生自然损坏（因不可抗力造成的损坏，视同自然损坏），所需修缮费用依下列原则处理……（五）楼梯及楼梯间（包括出屋面部分）的修缮：1.各层共用楼梯，由房屋所有人按份额比例分担。2.为某些层所专用的楼梯，由其专用的房屋所有人按份额比例分担。（六）房屋共用部位必要的装饰，由受益的房屋所有人按份额比例分担……”

〔3〕 上海市房屋土地管理局1995年《贯彻实施〈上海市公有住宅售后管理暂行办法〉的若干规定及说明》第1条第4项中规定，房管小组成员由3人以上单数组成。高层住宅和多层住宅在同一个住宅区域的，高层住宅房管小组成员数以高层住宅与多层住宅的建筑面积比例相应产生。相对独立的一幢房屋（一般系指高层住宅），也可以按幢设立管委会。

〔4〕 《最高人民法院关于审理建筑物区分所有权纠纷案件具体应用法律若干问题的解释》第11条规定：“业主将住宅改变为经营性用房，本栋建筑物内的其他业主，应当认定为《物权法》第77条所称‘有利害关系的业主’。建筑区划内，本栋建筑物之外的业主，主张与自己有利害关系的，应证明其房屋价值、生活质量受到或者可能受到不利影响。”

栋楼房内共有部分和共有设施的维修、更新等义务认定为是该栋住宅楼业主的义务，甚至将共有财产的管理责任细化到楼房单元。[1]《民法典》对单个业主专有权及全体业主共有权的产权划分模式不能适应现代住宅小区的实际需要，单栋住宅楼业主的权益诉求日益凸显，迫切需要立法的回应。

随着城市的发展，区分建筑物的多样性以及规模的扩大导致了业主之间的权益分化：一是在大规模的住宅区中，不同住宅楼之间的业主就楼内的共有部分利益关联不紧密，例如一栋的住户很难认同两栋的电梯是其共有财产，其应支付相应的维修费用；二是在商住混用的区分建筑物中，商家与住户的入口、通道、空调设备等公用设施相互对立，住户与商家彼此不愿意负担对方的共有部分维修费。如果利益对立的业主反对共有部分的改善和维修，相关业主会议决议便无法通过，建筑物亦面临设备陈旧、无法维修，甚至有坍塌的风险。区分建筑物规模的增大，客观上要求对共有部分进行更精细的管理，在立法上规定有限共有部分显得很有必要。

有限共有部分体现了"受益者负担"的原则，理论上，区分得越细越能体现公平的原则，但同时需要考虑不能从根本上破坏区分建筑物共同管理、互利共赢的生活居住理念。本书认为，考虑到现实因素，不能从楼层上区分有限共有财产，在多栋同类建筑的小区，有限共有财产应按栋区分较为合适；在商住混用的区分建筑物以及普通住宅与别墅区并存等混合社区，可以允许不同类型业主根据对共有部分的使用情况区分有限共有部分；其他明确归部分业主使用的场地、设施等亦可区分为有限共有部分。在区分有限共有部分的同时，立法也应当完善有限共有部分管理以及费用

---

〔1〕《西安市物业管理条例》(2017年1月1日实施)第91条规定："使用住宅专项维修资金相关业主有约定的，从其约定；无约定的，根据其各自拥有物业的建筑面积比例按照下列规定分摊：(一)用于小区共用设施设备维修和更新、改造的，由小区业主按照其拥有物业的建筑面积比例承担，并从小区业主交存的住宅专项维修资金中列支；(二)用于整幢楼本体共用部位、共用设施设备维修和更新、改造的，由整幢楼业主按照其拥有物业的建筑面积比例承担，并从该幢业主交存的住宅专项维修资金中列支；(三)用于本单元内共用部位、共用设施设备维修和更新、改造的，由本单元内业主按照其拥有物业的建筑面积比例承担，并从该单元业主交存的住宅专项维修资金中列支……"

负担制度。

三、专有部分与共有部分的区分标准

中国香港、新加坡及中国内地有关法定共有部分的列举并不能穷尽区分建筑物的共有部分，有关专有部分和共有部分的争议在各法域都仍然存在。

(一)中国香港的区分标准

在中国香港，区分建筑物的共有部分以及专有部分的区分综合考虑法律规定、约定以及物的设计及使用等因素，基本遵循以下认定标准：

如果公契或其他相关联的文件，明确写明争议财产归某业主单独所有(或单独使用)并为此分配了份额，或有证据证明系某个业主单独使用的，一般会认定为专有部分。[1]在So John v. Lau Hon-man案[2]中，有一段位于公共区域的水管爆裂，涌出的水浸泡楼下公寓并造成损失。法庭查明该水管只是给一个公寓供水，故认定为该水管为受供水公寓业主的专有部分财产，其应对该案承担赔偿责任。对于旧公契中开发商有关保留法定共有部分产权的约定，在进入诉讼后法庭一般会重新解释。在The Incorporated Owners of Goa Building v. Wui Tat Company Limited案[3]中，该建筑公契签订于1972年，约定开发商及继承者对屋顶和外墙享有999年的独有使用权(exclusive right to use)。法庭认为，该外墙和屋顶本身为共有部分，如果该约定认定为该部分归开发商所有，便会得出开发商权利滥用的结论，故该条款应解释为开发商有权使用屋顶及外墙用于安装广告招牌等用途，

---

〔1〕 Malcolm Merry, *Building Management in Hong Kong*, LexisNexis, 2016, p.34–35.

〔2〕 [1993] 2 HKC 356, also see Simmons v. Midford, [1969] 2 Ch 415.

〔3〕 [2002] CACV 349.

但屋顶和外墙仍为共有部分，所涉维修费用由全体业主承担。

如果争议财产在公契或相关注册文件中载明是共有部分，或其设计目的是供多人使用，或有证据证明是供多人使用，则一般会认定为共有部分。在Kau Chun Wing v. Main Shine Development Ltd案〔1〕中，法庭认为，虽然公契对共有部分的定义只提到外墙而不包括争议栏杆，但外墙的保留条款中已经明确提到了栏杆，该条款并没有将栏杆视为业主个人使用，故应当将栏杆视为共有部分，由管理人承担维护责任。

如果公契或其他文件没有涉及争议财产，应将争议财产推定为共有部分。〔2〕在Lung Po Kwan & Anor v. Tang Kam Sheung & Anor案〔3〕中，停车场中存在一堵矮墙，该墙并没有登记在任何文件之内，各方当事人均不能说明墙壁具体建立的时间和相关权利人，法庭将该墙推定为共有部分，业主团体负管理责任。

因为建筑物的复杂性以及公契所约定的内容和业主的使用情况存在差异，在大多数的情况下，应该根据个案的具体情况对财产的类别予以认定，而不宜简单地说某一建筑物部件必然属于共有部分或专有部分。〔4〕

（二）新加坡的区分标准

新加坡共有部分的认定主要有两个标准：一是争议财产没有登记在任何业主名下；二是该财产是由2个或以上的业主共同使用。〔5〕在Leong Seow Sum v. Management Corporation Strata Title Plan No 1047案〔6〕中，业主作为原告主张管理人修理或更换位于屋顶的太阳能热水器和水箱，管理

〔1〕［2011］2 HKC 1（CA）.

〔2〕这也是普通法系有关租赁的基本原则，即租客占有房屋，其他建筑物和土地属于共有财产。

〔3〕［2011］3 HKC 84.

〔4〕Malcolm Merry, *Building Management in Hong Kong*, LexisNexis, 2016, p.37–38.

〔5〕BMSMA, s2.

〔6〕STB No 26 of 1992, reported in Strata Title Boards Decision Singapore; FT Law & Tax 385.

人以争议财产不属于共有部分为由抗辩。法庭经审查认为，该热水器和水箱只供应给原告公寓，因此不属于共有部分，驳回了原告的诉求。

值得注意的是，虽然LTSA第3条将包含在业主专有单位外墙上的窗户规定为共有部分，但BMSMA规定将与此类窗户（包括百叶窗、滑动窗、竖铰链窗等）的维修责任归业主负担，〔1〕二者存在冲突。实践中将包含在业主专有单位外墙上的窗户认定为业主专有部分，其他窗户为共有部分。法律变动的主要原因是2003年前后，窗户脱落的现象明显增多，〔2〕立法部门认为相对管理人而言，业主更适合管理窗户，并使窗户保持在良好状态。故2005年4月1日以后，业主专有单位外墙上的窗户不再由管理人负责维修，这在Management Corporation Strata Title Plan No 2504 v. Hyundai Engineering & Construction Co Led.〔3〕案中也得到了明确。

（三）中国内地的区分标准

依据2009年《最高人民法院关于审理建筑物区分所有权纠纷案件具体应用法律若干问题的解释》的规定，专有部分与共有部分的区分标准为：一是法律、行政法规规定为共有部分的依其规定；〔4〕二是其他不属于业主专有部分，也不属于市政公用部分或者其他权利人所有的场所及设施等归属共有部分；〔5〕三是规划和销售中列入特定房屋的部件属于专有部分。〔6〕

---

〔1〕 BMSMA, s9.

〔2〕 类似案件2000年才19件，而2003年增加到了106件，该规定是针对此种情况作出的，参见Singapore Parliamentary Debates（2004）Vol. 78 No6 at Col. 928。

〔3〕 [2007] 3 SLR 174.

〔4〕 2009年《最高人民法院关于审理建筑物区分所有权纠纷案件具体应用法律若干问题的解释》第3条。

〔5〕 2009年《最高人民法院关于审理建筑物区分所有权纠纷案件具体应用法律若干问题的解释》第3条。

〔6〕 2009年《最高人民法院关于审理建筑物区分所有权纠纷案件具体应用法律若干问题的解释》第2条第2款规定："……规划上专属于特定房屋，且建设单位销售时已经根据规划列入该特定房屋买卖合同中的露台等，应当认定为物权法第六章所称专有部分的组成部分。"

但实践中，这三条区分标准存在很多缺陷，不能对共有部分和专有部分作出有效区分，这主要基于几个原因：首先，法律、行政法规明确规定的共有部分不多，导致适用范围狭小；其次，经行政机关审核及出具的规划性文件，缺乏强制性的公示途径，一般业主无法取得；最后，产权登记机制不完善，目前专有部分的登记仅限于房号和车位，其他专有部分无登记要求，共有部分进行产权登记的情形亦非常罕见。

（四）中国内地专有部分与共有部分区分路径的完善

《民法典》及其司法解释对法定共有部分的规定不够具体，涵盖范围有限，而且缺乏总括性的认定标准，专有部分与共有部分的区分成为中国内地区分建筑物实践性难题。特别是车位问题上，目前学界争论激烈，存在以下主要观点：一是“公摊面积确定法”，即如地下车库已作为公摊面积予以分摊，地下车库的产权属于业主共有，反之产权属于开发商；〔1〕二是“开发成本确定法”，即如开发商未将停车位建设成本分摊给业主，停车位的所有权属于开发商，反之属于业主共有；〔2〕三是“当事人约定法”，即停车位的权属由开发商与购房人在房地产买卖合同中约定，依合同约定确定其权利归属；〔3〕四是配套说，即车库在规划设计中属于配套设施，应当像道路、管线一样是房屋的从物，在买卖合同没有特别约定的情况下，从物应当依从主物（房屋）一并出售、转移；〔4〕五是登记凭证确定说，即停车位的权属根据房地产登记状况确定；〔5〕六是业主共有说，即停车位本质上属于业主的共有财产。〔6〕在人防工程地下停车场的归属上，还出现了推定归

---

〔1〕 杨立新：《窗前绿地、楼顶空间、停车位——论物权法规定建筑物区分所有权必须解决的三个问题》，载http://www.yanglx.com/dispnews.asp?id=37，最后访问日期：2019年10月4日。

〔2〕 沈晔：《公寓大厦之停车场问题》，载《浙江大学学报（人文社会科学版）》2004年第6期。

〔3〕 王利明：《论物权法中车库的归属及相关法律问题》，载《现代法学》2006年第5期。

〔4〕 金凤：《略论住宅小区车库的权属》，载《贵州师范大学学报（社会科学版）》2004年第4期。

〔5〕 崔建远：《对业主的建筑物区分所有权之共有部分的具体考察》，载《法律科学》2008年第3期。

〔6〕 陈广华：《小区车位权属和车库权属研究》，载《河海大学学报（哲学社会科学）》2007年第12期。

开发商所有[1]和推定归国家所有[2]的不同司法案例。

以上观点均涉及裁判权的认定标准，观点的多样性正是说明了中国内地共有部分与专有部分区分难的问题，这与中国香港、新加坡较为单一的区分标准形成了鲜明的对比。中国内地专有部分与共有部分的区分难，源于根本制度上的缺陷，即缺少对专有部分和共有部分的明确规定，也因产权登记机制不完善，留下过多的模糊地带，只能依赖于裁判权的填补。如果抛开制度构架及形成过程，痴迷于裁判标准的讨论，忽视基本法律制度的建立，有本末倒置的嫌疑。

首先，专有部分和共有部分在财产形式上均体现为不动产，登记及公示是不动产权属宣明的基本途径及法律要求。[3]完善建筑物区分所有权不动产登记制度，方能做到产权清晰，杜绝争议。

其次，建筑物区分所有权的产权争议是私权性质，对于专有部分和共有部分的区分应优先体现当事人的私权自治。开发商是区分建筑物的创建人，应该承认开发商划分专有部分和共有部分的权利。开发商的划分必须是清晰的，明示的，且是可供查阅的。区分建筑物设立时以明示的方式划分物权界限，是区分专有部分和共有部分的基础。

再次，区分建筑物涉及安全、卫生等多方面的内容，而且建筑物的构造具有独特性和专业性，建筑物的使用可能引发安全问题，且为避免开发

---

〔1〕 柏某海、汪某玲与盐城市力某房地产开发有限公司车位纠纷案，江苏省盐城市中级人民法院（2014）盐民终字第01318号民事判决书。法院认为，《人民防空法》的相关规定是对人防工程“平时”与“战时”的使用问题所作的规定，不是对归属问题的专门界定，相反，该条规定恰恰也说明民用建筑的人防工程应为“投资者”所有。

〔2〕 参见钦州某房地产开发有限公司与南宁某物业服务有限公司、南宁某物业服务有限公司钦州分公司返还原物纠纷案，广西壮族自治区钦州市中级人民法院（2015）钦民一终字第306号民事判决书；另见大连宝某集团有限公司、大连隆某房地产开发有限公司与大连金某房屋开发有限公司合资、合作开发房地产案，最高人民法院（2013）民申字第1997号民事裁定书。最高人民法院在裁定书中认为，根据《人民防空法》以及国家关于人防工程的有关规定，属于人民防空工程的地下停车场的产权归国家所有，客观上不能分割，合作开发房地产合同当事人无权要求对该地下停车场面积进行分割。

〔3〕 《民法典》第309条规定：“不动产物权的设立、变更、转让和消灭，经依法登记，发生效力；未经登记，不发生效力，但法律另有规定的除外。依法属于国家所有的自然资源，所有权可以不登记。”

商侵害业主利益，开发商的界限划分应受到公权力的制约。一是开发商对共有部分和专有部分的划分不能违反专门的法律规定；二是开发商对共有与专有部分的划分须经审查并进行备案。

最后，专有部分与共有部分经私权自治及公权审查后，其界限应已基本明朗，如仍有含混不清的争议部分，才是司法权介入的范围，通过裁判予以明确。有两个裁判标准可以遵循：一是效用标准（争议财产是供一人或多人使用）与空间标准（争议财产是否位于专有单位之内）相结合，效用标准为主，空间位置标准为辅。〔1〕如区分建筑物空间或设施为多人使用的，应推定为是共有部分；如区分建筑物空间或设施位于专有部分之内的，应推定为专有部分。两个标准出现冲突时，以效用标准为主，例如贯穿楼层的排污水管，虽然有部分位于业主的专有单元，但排污水管的功能用于整栋大楼的排污，因此其仍属于共有部分；再如，户外的空调搭架，虽位于专有部分之外，但其仍服务于某一特定单元，性质上仍属于业主的专有部分。二是坚持共有部分推定的原则，由主张专有部分的人就其权利承担举证责任，如不能证明该建筑物部件属于专有部分时，便推定为共有部分。在深圳市海某业主委员会诉深圳市盐田区某食品有限公司、侯某旋及第三人深圳市某投资有限公司车库纠纷案〔2〕中，法院认为，业主委员会未能举证证明涉案车库已经登记在小区全体业主名下，也无法证明该案符合法律规定的不动产登记的例外情形。因此业主委员会主张涉案车库系业主共有，无事实和法律依据。该案在认定上还是遵循“谁主张，谁举证”的证明标准，这在认定专有部分与共有部分上并不可取，本案主张车库专有的是开发商，应由其承担举证责任，如其不能证明便应推定为业主共有。建筑物区分所有权的举证责任上应形成独立的证明标准，这也是今后立法中应予考

---

〔1〕 任超：《区分所有建筑物共有部分的界定——从实证规范和理论学说的角度展开论述》，载《河北法学》2016年第5期。

〔2〕 广东省深圳市盐田区人民法院（2013）深盐法房初字第109号民事判决书。

虑的事项。

上述两个原则虽能够对大部分的财产性质作出认定，但司法认定是最后的途径。为免生纠纷，专有部分与共有部分的划分，还依赖于立法上的明确，以及产权登记制度的完善。

第四章　业主的权利义务

“业主”一词并非大陆法系概念，在大陆法系中，一般称为住宅所有权人（如德国）或区分所有权人（如日本）。[1]中国内地业主称谓的使用由香港传入。[2]本书所称之业主（新加坡称subsidiary proprietor，中国香港称owner）指在区分建筑物中具有专有部分，并依份额享有共有部分的人或组织。[3]

业主是建筑物区分所有权法律关系中最重要的主体，整体法律制度均围绕着业主的权利及义务分配而设计。在“三元论”理论框架下，业主享有专有部分的所有权，对共有部分享有平等使用权，系业主管理团体之成员，对共同事务享有表决权。孟德斯鸠曾言：“一切有权力的人都容易滥用权力，这是亘古不变的一条经验，有权力的人使用权力一直遇到界限方才休止。”[4]“权利”如同“权力”，亦有被滥用的原始倾向，在所有权社会性的思潮下，法学家基尔克发展了“禁止权利滥用”之法理，[5]并被立法所接受上升为法律原则。[6]在建筑物区分所有权法律关系中，业主的三项权利

---

〔1〕 参见于飞：《〈物权法〉第六章“业主的建筑物区分所有权”中“业主”的界定》，载《华东政法大学学报》2011年第4期。

〔2〕 参见陈枫、王克非：《物业管理》，北京大学出版社 2007 年版，第 91 页。

〔3〕 C. G. Van Der Merwe, International Encyclopedia of Comparative Law, Volume Ⅵ: Property and Trust, Chapter 5, Apartment Ownership, 1994, p.72.

〔4〕 ［法］孟德斯鸠：《论法的精神》（上册），张雁深译，商务印书馆1982年版，第154页。

〔5〕 余能斌、王申义：《论物权法的现代化发展趋势》，载《中国法学》1998年第1期。

〔6〕 “禁止权利滥用”系指“一切私权（包括所有权）的行使须依诚实及信用方法为之，而不得违反公共利益或以损害他人为主要目的，否则将构成权利滥用而遭禁止”。1896年《德国民法典》第226条规定：“权利之行使，不得以损害他人为主要目的”，正式确立将禁止权利滥用理论上升为法律原则。参见王效贤、刘海亮：《物权法总则与所有权制度》，知识产权出版社2005年版，第183页。

亦须标明界限，受到限制，禁止滥用，其受相邻关系、共有关系及团体关系的相关法律法规的制约。权利限制具有正当性，其宗旨不是缩小权利，而是更好地实现权利，[1]正如罗尔斯所言“限制自由的理由来自自由原则本身”。[2]

建筑物区分所有权法律制度意在厘清业主的权利义务，明确业主各项权利的边界及其应当负担之义务，以使区分建筑物处于和谐有序之状态。业主在区分建筑物中所享有的份额是业主权利的来源和基础，是业主专有权的权利凭证，决定其在共有部分上所享有的收益权，亦决定业主在共有事务管理上之表决权，贯穿业主权利的始终。明确单个业主份额和建筑物的总份额，可以完整、清晰地呈现区分建筑物的权利结构。业主的专有权本质上属于传统意义上的所有权。业主共有权的范围小于传统意义上的共有权，主要体现为使用权、收益权和处分权，但其将共有部分的维修、改善、重建等管理权让渡与业主团体。自此，业主不能以个人名义行使与共有部分相关的管理权利，而只能作为业主团体之成员参与管理。成员权除了共有财产的管理内容之外，还包括其他非财产性共同事务的管理，兼具财产权和人身权之内容。

在建筑物区分所有权立法中，三项权利各有侧重：专有权强调专有部分的权利制约，特别是来自团体法上的制约；共有权强调共有部分使用权与管理权的分离，阻止业主以个人名义对共有部分实施管理行为；成员权则强调业主管理团体及其委员会的职能、义务以及具体的运行规则。因建筑物区分所有权的核心立法日的是通过业主自治加强建筑物的管理和共同生活秩序的维持，立法成熟的法域均将成员权作为立法的重点。

---

〔1〕 齐恩平：《业主权的释义与构建》，黑龙江大学2011年博士学位论文，第14页。

〔2〕 [美]约翰·罗尔斯：《正义论》，何怀宏、何包刚、廖申白译，中国社会科学出版社1988年版，第241页。

一、业主及相关的人

1.业主的具体含义

在中国香港，业主指土地登记处记录所显示的拥有大厦所占屋地中不可分割的屋地业权者以及已接管上述物业的按揭受益人。[1]简言之，业主为区分建筑物所附土地的份额拥有者及接管物业的按揭受益人。

在新加坡，LSTA中的业主为在分层所有权计划中所注册的，区分建筑物特定单位以及共有部分份额的拥有者。[2]BMSMA规定的业主范围有所扩大，主要包括分层所有权申请表上的登记者，以及租期21年以上的长租者。[3]业主的概念包括业主及其权利继受者。[4]值得注意的是，BMSMA在管理费用缴纳上，对业主的认定更为宽泛：业主包括按揭受益人、租赁人以及在税务机关登记的该专有单位纳税人。[5]在Singapore Development (Pte) Ltd v. MCST No 446案[6]中，业主A将单元出售给B，B在支付完房款但未办理登记之前死亡。业主管理团体起诉业主A要求其支付管理费用，业主A辩称其已经把单元出售，已并非业主，不应支付管理费用。法庭认为，LTSA第3条有关“业主指所涉单元登记的业主”的表述并无歧义，本案A为登记的业主，其负有支付管理费用的义务；法庭同时指出，BMSMA在管理费用缴纳时业主的认定范围比LTSA更为宽泛，但这只是给管理团体更多的选择权利（可主张其他人支付费用），并未将仍登记在册的业主排除出缴纳费用的范围。

---

〔1〕 BMO, s2.

〔2〕 LTSA ss10(2) and 13(1).

〔3〕 BMSMA, s2(1); LTSA, s3(1).

〔4〕 LSTA, s84A(15).

〔5〕 BMSMA, s40(12).

〔6〕 [1992] 1 SLR 525.

在中国内地，《民法典》并没有规定业主的概念及范围，《物业管理条例》将业主表述为房屋的所有权人。[1]王利明、于飞认为，业主的范围不仅限于房屋所有权人，还应包括未购买房屋但取得专有车位等专有部分所有人，但其业主权利仅限于与其财产相关的事项。[2]最高人民法院2009年将业主明确为“依法登记取得或者根据《物权法》第二章第三节规定取得建筑物专有部分所有权的人”；[3]包括“基于与建设单位之间的商品房买卖民事法律行为，已经合法占有建筑物专有部分，但尚未依法办理所有权登记的人”。[4]最高人民法院的规定忽略了“法人”和“其他组织”同样可以成为业主的事实，业主应当包括自然人和组织。[5]

2.业主人数的计算

在业主人数的计算上，中国香港、新加坡和中国内地的计算方式均是一致的。一个专有部分由多个业主共同所有，计为1个业主，多个专有部分由一位业主拥有的，仍计为1位业主。[6]如果一位业主拥有一个单元，同时又与他人共同拥有另一个单元，那么两个单元的业主应计为2位业主。

3.与业主相关的人

(1)按揭受益人

在普通法系，“按揭”与中国内地所习惯的“银行按揭”含义不同。“按揭”有广义和狭义之分，广义上的“按揭”包括“按揭”(mortgage)和

〔1〕《物业管理条例》第6条。

〔2〕参见王利明：《论业主的建筑物区分所有权的概念》，载《当代法学》2006年第1期；于飞：《〈物权法〉第六章“业主的建筑物区分所有权”中“业主”的界定》，载《华东政法大学学报》2011年第4期。

〔3〕包括依法登记取得或依据生效的法律文书、继承或接受赠与，以及合法建造房屋等事实取得专有部分所有权的人。

〔4〕《最高人民法院关于审理建筑物区分所有权纠纷案件具体应用法律若干问题的解释》第1条。于飞认为，最高人民法院的扩张性解释体现了对建筑物区分所有权的理解，发生了从单纯强调“物的所有”到逐步强调“人的集合”的变迁。参见于飞：《〈物权法〉第六章“业主的建筑物区分所有权”中“业主”的界定》，载《华东政法大学学报》2011年第4期。

〔5〕“所有权人”“所有权登记人”均可以理解为包括自然人和组织，但“取得所有权的人”“办理所有权登记的人”明显只包括自然人。

〔6〕《业主大会和业主委员会指导规则》第24条，BMO附表11。

“抵押”（charge），狭义上的“按揭”（mortgage）为“业主将其物业转让给受益人作为还款保证的法律行为；还款后，按揭受益人将业主权复还给原按揭人”，[1]与大陆法系的让与担保具有一定的相似性。狭义上的“按揭”与抵押的共同点均是作为还款保证的手段，区别在于按揭还需转让物业权，而抵押无此要求。如无特别说明，普通法语境中“按揭”一般采狭义上的含义。

在中国香港，已接管物业的按揭受益人取代原业主的身份成为区分建筑物的业主。[2]在新加坡，按揭受益人享有类似业主的权利，其有权要求管理组织将其权利登记在业主名册中，有参与会议和投票的权利；[3]有权去查阅管理团体的财务账册[4]以及理事会保管的其他文件，[5]例如会议记录等。如果按揭受益人认为管理团体履行职能不善，甚至可以向分层所有权局申请对区分建筑物指定管理人。[6]在业主名册上有记载权利的第一顺位的按揭受益人，有权收到业主大会的会议通知，[7]并可自己投票或委托他人投票，该投票权优先于原业主的投票权。[8]如按揭受益人未行使投票权，原业主仍可参加会议并进行有效投票。[9]在中国内地，不动产的抵押权人无业主项下的权利。

（2）租户及单元占用人

在中国香港，为保护租户的利益，区分建筑物内的租户组成的团体（该团体需经政府相关部门认可）经半数票通过决议，可以推选出一名代表参与区分建筑物的管理，该人选称为租户代表。[10]租户代表在业主法团成

---

〔1〕 李宗锷：《香港房地产法》，商务印书馆2001年版，第16页。

〔2〕 BMO，s34B.

〔3〕 BMSMA，附表1，s2。

〔4〕 BMSMA，附表2，s3（5）（b）。

〔5〕 BMSMA，s 47.

〔6〕 BMSMA，s 112（1）.

〔7〕 BMSMA，附表1，s1（1）。

〔8〕 BMSMA，附表1，s1（2）。

〔9〕 BMSMA，附表1，s1（2）（e）（i）。

〔10〕 BMO，s15.

立管理委员会时，自动成为管理委员会的成员。[1]当租户代表不再占有区分建筑物单元时，其租户代表的身份自动丧失，原租户团体可以另行委派租户代表。[2]新加坡和中国内地无租户代表制度，但新加坡21年以上的长租者视为业主。[3]

一般而言，租户不是业主，其享有物业使用权、知情权、建议权，可列席业主会议，但无参与表决的权利。[4]域外也普遍否定租户和占用人的业主资格。[5]租户、单元占用人虽对区分建筑物享有一定的利益，但其对土地（含建筑物）无特定份额，这是否定其成员权的主要理由。在中国香港和新加坡，租客和单位占用人均具有缴付管理费用之义务，[6]这主要是为了确保管理费用的收取和建筑物的维护。在中国内地，业主与物业使用人约定由物业使用人交纳物业服务费用的，从其约定，业主负连带交纳责任。[7]但双方如若无此约定，租户缴纳物业服务费用便无法律依据，由于租户并非合同主体，由其缴纳管理费用有违合同相对性原则。本书认为，中国内地的管理费用实际收缴比例低，可以借鉴中国香港的做法，在立法上允许管理人直接向租户或占用人收取管理费用；至于租户在缴纳管理费用后，可以在租金中扣抵，并不实际损害租户的利益。

（3）与业主共同生活的亲属

中国香港、新加坡及中国内地均视房屋产权登记人为业主，未在产权登记中体现但与业主共同生活的亲属是否视为业主以及具备何种权利义务，三法域都没有明确规定。在Si-Hee Kok Chun & Anor v. Ramesh

---

〔1〕 BMO附表2，s2（2）。

〔2〕 BMO附表2，s4（2）（da）。

〔3〕 此项规定与新加坡公共房屋租赁较多的社会背景相关。

〔4〕 参见于飞：《〈物权法〉第六章“业主的建筑物区分所有权”中“业主”的界定》，载《华东政法大学学报》2011年第4期。

〔5〕 Van der Merwe, Cornelius G., *The Democratization of Proceedings at General Meetings in Strata Title or Condominium Schemes*, US-China Law Review, Vol. 9, p.167（2012）.

〔6〕 BMSMA, s40（12）; BMO, s24.

〔7〕 《物业管理条例》第41条。

Ramchandami案[1]中，新加坡法院认为业主的丈夫虽未在分层所有权计划上登记，但业主未参选的情况下，其丈夫可以被选举成为理事会成员。选举与被选举是业主核心权利之一，法院在该案中实质上认定未登记为产权人的配偶同样具备业主身份。陈华彬亦认为，依据婚姻法原理以及有关夫妻共有财产之规定，[2]除非有特别约定，区分建筑物单位应视为夫妻共有财产，无论物业登记情况，双方均可成为业主。[3]至于父母子女、兄弟姐妹共用一建筑物单位，如有合法生效文件或其他证据证明其对物业享有共有权利，则可认定为业主，否则不应认定为业主身份。[4]

综上所述，在中国内地，业主的含义应限于专有部分的所有者，包括个人及组织，配偶及其他共有人亦可视为业主。

二、份额

份额，也称份数（share、share value）[5]，在建筑物区分所有权法律关系中，份额具有重要的意义，通常体现在三个方面：一是代表业主在共有部分享有的份额；二是决定业主在共有部分的费用支出，包括对共有部分的收益分享；三是体现为业主有关共有事务的投票权。[6]

影响业主份额的因素很多，包括建筑物面积、价格、位置、楼层等。常

---

〔1〕［2006］2 SLR 59.

〔2〕《中华人民共和国婚姻法》第17、18、19条。

〔3〕陈华彬：《现代建筑物区分所有权研究制度研究》，法律出版社1995年版，第73页。

〔4〕参见陈枫：《在现实和文本之间的谨慎选择——从实务角度看建筑物区分所有权司法解释》，载《法律适用》2009年第7期。

〔5〕BMO，S2，份数（share）指按照第39条所厘定的业主于某一座建筑物所占的份数。

〔6〕C. G. Van Der Merwe, *International Encyclopedia of Comparative Law*, *Volume* Ⅵ：*Property and Trust*, 1994, p.62；王利明认为，份额的确定有四个方面的意义：一是建设用地使用权的享有；二是管理权的行使；三是共有部分费用的承担；四是共有部分所产生收益分配。参见王利明：《物权法研究》（上卷），中国人民大学出版社2012年版，第595-596页。

见的份额分配模式为按建筑面积分配和按购买价格分配[1]，两者相比，按建筑面积分配的方式具有很强的固定性，一般不会变动，因此形成的份额比较稳定；而购买价格受市场波动影响，其价格不固定，可能会因房屋的转让等问题带来分配份额的变化，影响业主的投票权，也可能带来业主关系的紧张。[2]按建筑面积分配也有不足的地方，在同一区分建筑物，每平方米的价格可能是不一样的，业主付出价格不同，但其取得的份额却可能相同，对付出较多的业主亦有不公平之处。在不同的法域，确定份额的标准有所不同。

（一）中国香港

业主份额，是指业主于某一区分建筑物所占的份数，[3]也称“不可分份额”（undivided share）。在建筑物单元交易时，转让合同均需注明业主所具有的份额。

1.份额的确定

业主份额优先依据在土地注册处注册的文书（主要是公契）所规定的方式厘定；如无文书，或文书无此规定，则依照业主在建筑物所占的不可分割份数与建筑物总份数的比例确定。[4]

开发商一般会在公契中明确份额分配方案，如果份额分配方案不合理（比如开发商可能对自己保留的物业分配比其他出售的同类物业更高的份额），则会影响业主的实质权利。为避免开发商借制定份额分配方案损害业主利益，政府进行了积极的干预。开发商在房屋出售前，须报经地政总署的同意，公契有关份额条款是地政总署审查的重要内容，如果份额分配

---

〔1〕 如澳大利亚的The Unit Title Act 2001，s20（1）（c），以及《瑞士民法典》的第712e条。

〔2〕 C. G. Van Der Merwe, International Encyclopedia of Comparative Law, Volume Ⅵ: Property and Trust, Chapter 5, Apartment Ownership, 1994, p.263.

〔3〕 BMO, s2.

〔4〕 BMO, s39.

条款不清晰或不公平，开发商的售房申请则可能得不到批准。香港地政总署1987年发布的《草拟公契的准则》建议采用可销售面积、位置等因素作为份额分割的考量因素。1999年的准则建议采用以建筑面积（gross floor area）为基础的份额分配的标准，如果采用别的标准，份额分配方案要做到公平合理。1999年以后，香港公契一般采用建筑面积作为份额分配标准，每平方米建筑面积代表的份额比例须为一致。按照建筑面积确定份额后，就共用部分的管理费用，公契可能还会设定一些计算方式，业主管理费用占总管理费用的比例称为管理份额（management share），管理份额不一定等同于不可分割份额，取决于相应的计算公式。

2.共有部分的份额

在1987年之前的公契中，开发商可以就共有部分设置份额，并可约定开发商成为共有部分的受益人或代全体业主持有共有部分的份额。[1]1987年的《草拟公契的准则》规定，开发商如持有共有部分（除外墙和天台以外）的份额，视为开发商与业主形成信托法律关系，开发商作为托管人的身份持有共有部分份额，共有部分仍归全体业主共同享有；其离场时，须把共有部分的份额转移给管理人。该类份额一般不负担管理费用，也无投票权。[2]1999年的《草拟公契的准则》要求开发商不再对共有部分分配份额。因此，1999年之后的公契不再包含共有部分的份额，故也可将是否分配份额视为专有部分和共有部分区分的一个标准。

3.外墙和天台

开发商通常在公契中保留其对建筑物天台和外墙的独有使用权。依据BMO有关共有部分的规定，建筑物天台及外墙均属于共有部分，开发商的权利保留并不改变天台及外墙系共有部分的性质，所涉的维修费用仍由

〔1〕 Malcolm Merry, *Building Management in Hong Kong*, LexisNexis, 2016, p.38.
〔2〕 Malcolm Merry, *Building Management in Hong Kong*, LexisNexis, 2016, p.38.

全体业主承担。[1]

4.车位等与建筑物单位不相连的专有部分

车位等与建筑物单位不相连的专有部分，是否分配份额，该份额是否具有投票权，主要依据公契决定。

5.业主自行确定份额的特殊情形

业主购买多个建筑物单位时，如果开发商只分配了总的份额，而未就具体单位分配份额时，业主可以在转让时自己设定单位的份额。[2]如果开发商已为具体单位设定了份额，该份额不能再变动。不过，业主自行分配份额，亦存在一定的风险。在Lee Tak-chun v. East Weal International Ltd. and Global Luck Property Ltd.案[3]中，业主从开发商处购买了12个单位，土地份额为227（总份额为31,000），但未具体划分到每个单位，业主将8个单位连同147份额出售给第二手买家。后者购买后想将其中的一个单位连同20份额出售，因为没有任何条款说明该单元对应的份额是20，无法排除卖方份额划分的随意性，而份额的多少直接影响买方在区分建筑物中的义务，故法庭允许买方不履行该买卖合同。在此类案件中，如果业主能够证明其自行确定的份额具有合理性，如与公契确定份额所适用的标准相同等，业主自行划分的份额仍有可能获得法庭的认可。

（二）新加坡

业主份额（share value），是指分层所有权计划中所显示的单位所对应的份额。[4]业主份额须在分层所有权计划上进行标注，不存在业主自行划定份额的情形。业主份额仅表现为业主专有部分的份额，共有部分不能分配份额。新加坡份额划分与中国香港不同，新加坡的份额划分更为复

〔1〕 See The Incorporated Owners of Goa Building v. Wui Tat Company Limited,[1994]1 HKC 722.

〔2〕 Chao King-lin v. Diamond-Harbour Holdings Corp,[1994]4 HKC 643.

〔3〕 Malcolm Merry, *Building Management in Hong Kong*, LexisNexis, 2016, p.39.

〔4〕 BMSMA, s2.

杂，且没有业主份额和管理份额的区分，业主份额即代表管理费用的承担比例。

BMSMA没有对份额的具体分配标准作出规定，但建筑工程局对开发商划分份额时作出了指导性规定。[1]

1.住宅型区分建筑物[2]

并非严格采用建筑面积划分模式，而是以50m^2为一组，面积相差50m^2以内的份额一致，每增加50m^2，增加一份额。如表1所示。

表1 住宅型区分建筑物份额划分表

建筑面积（m^2）	份额
≤50	5
51～100	6
101～150	7
151～200	8
201～250	9
251～300	10
……	⋮

假设一栋建筑中上述面积房屋各有一套（共六套），开发商将总份额设定为100，那么依表1可计算出50m^2以下的房屋代表的具体份额为$5\div(5+6+7+8+9+10)\times 100=11.11$。

2.非住宅型区分建筑物[3]

非住宅用途的区分建筑物采取严格的建筑面积分配模式。其计算方

〔1〕 Building and Construction Authority, Guideline for filling Schedule of Share Values Under the Building Maintenance and Strata Management Act (May 2008).

〔2〕 Building and Construction Authority, Guideline for filling Schedule of Share Values Under the Building Maintenance and Strata Management Act (May 2008).

〔3〕 Building and Construction Authority, Guideline for filling Schedule of Share Values Under the Building Maintenance and Strata Management Act (May 2008).

式为：单元份额=（单元面积÷建筑总面积）×建筑总份额。为方便计算，建筑物总份额一般设为整数，如100或1000。如表2所示。

表2 非住宅型区分建筑物份额划分表

楼层	用途	面积（m^2）	份额
地下层	超市	1500	34
1层	商店	500	11
	商店	500	11
	商店	500	11
2层	商店	500	11
	商店	500	11
	商店	500	11
合计		4500	100

同理，根据开发商设定的份额总数，可以分别计算出建筑物各部分所代表的份额。

3.商住混用的区分建筑物[1]

商住混用的情况比较复杂，因区分建筑物中的单位用途不一致，每平方米的价格和使用情况均有较大的差别，如果单纯以建筑面积作为划分业主份额的标准，将会导致各方权利失衡。因此，在计算商住混用的区分建筑物份额时，还需要加入权重系数，用于平衡各方利益，最终计算出业主份额。权重系数一般根据管理及维修费用的情况确定，不同类别业主之间，具体项目的管理费用负担是不一致的，需要考虑诸多因素，比如在购买保险时考虑风险性，在公共财产的使用时考虑使用频率等。一般而言，使用越多则风险越高，负担的维修费用因此有所增加。

商住混用建筑份额确定的总体思路是：总份额设定为总数，比如1000

〔1〕 Building and Construction Authority, Guideline for filling Schedule of Share Values Under the Building Maintenance and Strata Management Act（May 2008）.

或10,000，先确定各类型（住宅区、办公区、商业区）建筑的管理费用占总管理费用的比例，各类型建筑物的总份额=（该类建筑管理费用 ÷ 总管理费用）× 建筑物总份额；然后将各类建筑的总份额按商、住份额分配标准分配到各个单位。

以新加坡建筑工程局提供的区分建筑物份额划分导引所举事例进行说明。〔1〕在一区分建筑物中，商店、办公室及住宅面积分别为400m²、1000m²和3200m²，需要计算全体业主共用停车场的具体维修和管理费用，如果只考虑面积，不考虑使用频率的因素，三者管理费用的负担比例应为：商店8.7%、办公室21.7%，住宅69.6%，但如果设定使用频率为商店2、办公室1.8和住宅1，那么维修费用负担比例就产生了变化，分别为13.8%、31%和55.2%。如表3所示。

表3　商住混用区分建筑物管理费用比例变化表

业主类型	面积/m²	管理费用负担比例/%	频率/次	面积变更/m²	比例变更/%	管理费用负担比例变化/%
商店	400	8.7	2	800	13.8	13.8
办公室	1000	21.7	1.8	1800	31.0	31.0
住户	3200	69.6	1	3200	55.2	55.2
合计	4600			5800		

管理费用的项目很多，包括电梯、保险、清洁、安保游泳池、水管等公共设施维护等，每一项管理费用都须考虑特定的权重并确定各类业主应就每项管理支付的具体费用，最终得出各类业主每年最终管理费用的负担比例。该费用负担比例与各类业主的建筑面积比例相比较，便可得出最后的权重系数。如表4所示。

〔1〕 Building and Construction Authority, Guideline for filling Schedule of Share Values Under the Building Maintenance and Strata Management Act（May 2008）.

表4 商住混用区分建筑物管理费用权重系数测算表

业主类型	面积/m^2	面积占比/%	管理费用占比/%	权重系数
商店	400	8.7	14.7	1.69
办公室	1000	21.7	24.8	1.14
住户	3200	69.6	60.5	0.87
合计	4600	100	100	

从表4可知，商店所占面积为8.7%，但其应负担14.7%的管理及维修费用，即商店每1%的面积须支付1.69%（14.7% ÷ 8.7%）的费用，同理可计算出办公室和住户每1%的面积需支付的费用比例分别为1.14%和0.87%。如果以住户每平方米负担的费用为基准，可以计算出商店和办公室管理维修费用的差异，商店为1.69% ÷ 0.87%=1.9；办公室为1.14% ÷ 0.87%=1.3。1.9和1.3就是在建筑面积基础上计算业主份额的权重系数。根据权重系数，最终计算出各类业主的份额总数。如表5所示。

表5 商住混用区分建筑物份额最终划分表

业主类型	面积/m^2	比例/%	权重系数	新面积/m^2	新比例/%	份额
商店	400	8.7	1.9	760	14.9	149
办公室	1000	21.7	1.3	1300	24.4	244
住户	3200	69.6	1.0	3200	60.7	607
合计	4600	100		5260	100	1000

在计算出各类业主的份额总数后，住宅类业主按其类别分配每户业主份额，非住宅类业主也按其类别分配每户业主份额。使用双层管理制度的区分建筑物，需要计算出每个附属管理组织在整个分层地契计划中的具体份额，以及每个业主所占有的具体份额。

综上所述，新加坡在业主份额的计算上，采用了以建筑面积为基础的计算方式。非住宅建筑物严格适用单元建筑面积比例确定份额。住宅用途的区分建筑物，以50m^2为一组，根据面积大小有所差别，在一定程度上保障小业主对建筑物的管理权利，有效地缩小了业主之间的投票权。商住混用建筑，主要根据管理费用的负担情况对各类型业主的份额进行调整。

（三）中国内地

中国内地无业主份额的法律概念，但事实上也存在份额的划分。

1.专有面积的份额划分

根据《民法典》第283条的规定，建筑物及其附属设施的费用分摊、收益分配等事项，有约定的从约定；没有约定或者约定不明确的，按照业主专有部分面积所占比例确定。该条款的规定与香港BMO有关份额的规定类似，但实践中很少出现约定的事项，因此，以面积确定份额成为惯常做法。司法解释的规定更为细化：专有部分面积，按照不动产登记簿记载的面积计算；尚未进行物权登记的，暂按测绘机构的实测面积计算；尚未进行实测的，暂按房屋买卖合同记载的面积计算；建筑物总面积，按照前项的统计总和计算。〔1〕以建筑物面积为分摊标准被北京、杭州、上海等大城市所采纳，其优点是便于计算。谭峻认为，此标准不如价格分摊法公平。〔2〕

对于专有部分面积及总面积是否包含公摊面积，学界亦存在不同理解，谭峻认为在计算专有面积及总面积时，都不应把公摊面积计算在内。〔3〕王利明认为，专有部分包括套内使用面积和公摊部分，实际上指的是售房合同中的建筑面积；〔4〕总面积应区分两种情况：一是一栋建筑物内的建筑物总面积，以此作为确定一栋建筑物内共有部分的份额标准；二是

〔1〕《最高人民法院关于审理建筑物区分所有权纠纷案件具体应用法律若干问题的解释》第8条。在刘某与某业主委员会纠纷案中，刘某的合同面积为150平方米，不动产登记为142平方米，法院认为不动产登记具有公示效力，应作为认定依据。参见杨立新主编：《最高人民法院审理建筑物区分所有权纠纷案件司法解释理解和运用》，法律出版社2009年版，第231-234页。

〔2〕谭峻：《建筑物区分所有权与不动产登记制度研究》，知识产权出版社2012年版，第262页。

〔3〕谭峻：《建筑物区分所有权与不动产登记制度研究》，知识产权出版社2012年版，第256页。

〔4〕王利明：《物权法研究》（上卷），中国人民大学出版社2012年版，第594-595页。

指整个小区的总面积，以此作为确定小区内共有部分的份额标准。[1]本书认为，依据中国内地的交易习惯，专有部分的销售和登记包含公摊面积，故王利明的观点更为妥当，也和前述司法解释的精神相符。

专有部分的车位、车库、地下室等特定空间的面积是否计入专有部分面积，目前无统一规定，各地做法不一。在北京，该部分面积计入业主专有部分，其计算方式与最高人民法院的司法解释一致；[2]广东和上海地区则将上述空间排除出业主的专有面积的计算，不计投票权。[3]中华人民共和国住房和城乡建设部采取了一种折中方式，将此问题交由业主自行约定：业主大会应当在业主大会议事规则中的约定车位、摊位等特定空间是否计入用于确定业主投票权数的专有部分面积。[4]

2.土地的份额划分

在不动产登记立法体例上，存在德国模式[5]和法国模式[6]，前者非经登记不设立不动产物权，后者登记仅起到公示和宣告作用。陈磊认为，原《物权法》第9条中"不动产物权的设立、变更、转让和消灭，经依法登记，发生效力；未经登记，不发生效力"的规定看似属于德国体例，但同时存在诸多例外之情形，中国内地的不动产登记制度实质上是一种"混合"模式。[7]

中国内地实施"房地分离"的政策，土地使用权和房屋所有权均须进行登记，[8]即一宗房地产要办理国有土地使用权和房屋所有权两个证书。

---

〔1〕 王利明：《物权法研究》（上卷），中国人民大学出版社2012年版，第595页。

〔2〕 参见2009年6月15日《首次业主大会会议召开工作方案》（示范文本）。

〔3〕 参见2009年3月1日广东省建筑厅对《广东省物业管理条例》的补充说明；2007年10月22日《上海市房地资源局关于贯彻实施〈中华人民共和国物权法〉做好本市物业管理有关工作若干意见的通知》。

〔4〕 中华人民共和国住房和城乡建设部2009年12月1日颁布的《业主大会和业主委员会指导规则》第25条。

〔5〕《德国民法典》第873条。

〔6〕《法国民法典》第158条。

〔7〕 Chen Lei, *Land Registration, Property Rights and Institutional Performance in China: Progress Achieved and Challenges Ahead*, Hong Kong Law Journal, Vol. 44, p.848 (2014).

〔8〕《中华人民共和国城市房地产管理法》第60条规定："国家实行土地使用权和房屋所有权登记发证制度。"

对于土地登记，海南省2002年时采取颁发“分割登记许可证”的做法，[1]将土地分割登记到业主名下，业主的土地面积=(宗地面积÷总建筑面积)×单元面积，[2]其他省市做法与海南类似。为简化登记手续，节约交易成本，国务院于2014年11月24日发布了《不动产登记暂行条例》，采取(房产证与土地证)两证合一的制度，称之为“不动产登记”，但土地的登记还是采取分割登记模式。

土地登记到业主名下，说明中国内地实践中认可土地作为建筑物区分所有权的客体，但按面积切割登记的做法又与土地“准共有”的法理不相符，区分建筑物的土地应是“可分”而“不可割”，其虽然可以显示具体份额，但不宜通过面积登记的方式予以分割。[3]

3.缺乏份额登记制度带来的困境

份额决定业主在区分建筑物中的管理权利，即表决权，多数国家对业主份额均有具体明确的规定。在新加坡，开发商在设立区分建筑物时便须提交分层所有权计划，明确显示区分建筑物的总份额以及每个单元业主的份额，不存在业主份额确定难的问题。在中国香港，公契一般都标明建筑物总份额以及业主份额的划分标准，房产交易登记中亦含有业主份额的内容，亦不存在业主份额不清之问题。中国内地缺乏业主份额登记制度，实践中，业主的产权登记仅显示其单元的建筑面积，开发商通常不将相关的规划、建设文件向业主公示，业主很难知悉专有部分总建筑面积，无从知晓其专有部分所占之比例。故有必要借鉴中国香港、新加坡的模式，建立业主份额登记制度，使每个业主知晓其份额及投票的权利，理顺业主大会成立以及重大事项表决权行使等问题。分配份额的部分为专有部分是通行做法，对业主份额进行登记，亦可为共有部分和专有部分认定增加

〔1〕《海南省房屋国有土地使用权分割登记暂行办法》。

〔2〕《海南省房屋国有土地使用权分割登记暂行办法》第9条。

〔3〕谭峻:《建筑物区分所有权与不动产登记制度研究》，知识产权出版社2012年版，第263页。

一个鲜明的标准，利于解决内地的实际问题。在Sauder v. Harbour Club Condominium No Three, Inc案[1]中，美国佛罗里达州的法院认为，区分所有权财产中的某一区域尽管被称为单元，但由于其未被分配相应的份额，只能被认定为共同部分。

（四）完善中国内地份额制度的建议

以业主专有面积和建筑物专有部分总面积的比例确定业主的权利，看似简单，但存在诸多不足，也难以在商住混用等建筑物中体现公平原则。份额计算看似麻烦，但其一经确定，便可永久性地为业主权利（特别是成员权）的行使提供依据。以份额制度替代现有的面积比例计算方式，有利于解决业主大会的成立、业主表决权的行使、共有部分的权利分配等存在的问题。

本书认为，鉴于业主份额的重要性，中国内地在今后的立法中应完善份额登记制度。目前，中国内地在如何建立业主份额制度、业主份额计算方式、车位等非建筑物单位专有部分是否享有投票权、混合建筑物（或混合社区）份额如何计算等问题上，立法和学界均未有清晰答案。本书参考新加坡的份额计算方式，并根据中国内地的习惯和实际情况进行简化，提出如下份额制度建议：

（1）明确份额划分为开发商的义务。[2]开发商在申请建筑规划许可时，应提交份额分配方案，详细记载区分建筑物总份额、建筑物单位（房屋）总面积及份额、其他单独出售专有部分（房屋之外的其他专有部分）总面积及份额、每个建筑物单位的面积和份额、其他每个单独出售的专有部分的面积和份额。行政管理部门对开发商的份额分配方案进行审查。

---

〔1〕 346 So 2d 556（Fla 2d DCA 1977）.

〔2〕 开发商为区分建筑物的设立人，其对建筑物的情况最为了解，划分份额具有天然的便利性。

开发商赠送的房屋面积和其他专有部分，因业主无偿取得，不应因此取得投票权，故不计算面积，也不设定份额。共有部分为全体业主所共有，不具有投票权，故不设定份额。

（2）面积计算。建筑物专有单位面积与其他单独出售的非建筑物单位专有部分面积分开计算。依照中国内地的交易习惯，建筑物单位登记的建筑面积（含公摊面积）可作为业主单位的专有面积；总单位面积为各专有单位面积的总和。[1]其他专有部门各计算面积和份额，计算方式与单位面积一致。

（3）业主的份额计算。建筑物单位以及独立出售的车位等其他专有部分分开计算份额。

为便于计算，区分建筑物的总份额规定为整数，比如1000或10,000等。

建筑物总份额=建筑物单位总份额+其他单独出售的专有部分总份额。

业主份额=建筑单位份额+其他专有部分份额。

建筑物单位份额=（单位面积 ÷ 建筑物单位总面积）× 建筑物单位总份额。

车位等其他专有部分份额=（车位等其他专有部分面积 ÷ 车位等其他专有部分总面积）× 车位等其他专有部分总份额。

每份额代表的权利均等。1m^2单独出售的车位等其他专有部分所代表的份额=（车位等其他专有部分m^2均价 ÷ 单位m^2均价）建筑物单位m^2所代表的份额。

如存在多种类型的非单位专有部分，则分开计算。

举例说明，一个区分建筑物中，宗地总面积为3000m^2，建筑物单元总

---

〔1〕 此计算方式沿用《最高人民法院关于审理建筑物区分所有权纠纷案件司法解释》第8条“物权法第七十六条第二款和第八十条规定的专有部分面积和建筑物总面积，可以按照下列方法认定：（一）专有部分面积，按照不动产登记簿记载的面积计算；尚未进行物权登记的，暂按测绘机构的实测面积计算；尚未进行实测的，暂按房屋买卖合同记载的面积计算；（二）建筑物总面积，按照前项的统计总和计算”的规定。

面积为8000m^2，均价2万元/m^2；单独出售的专有车位面积为1000m^2，均价4万元/m^2；无其他专有部分；建筑物总份额设为1000。首先对建筑物单位总份额和车位总份额进行分配：1000m^2车位代表的份额=（4万元÷2万元）×1000m^2=2000m^2建筑物单位所代表的份额。因总份额为1000，建筑物单位可分配的总份额为800，车位可分配的总份额为200。

如果1个业主购买1个100m^2的建筑物单位以及1个5平方米的车位，该业主专有单位所享有的份额=（专有单位面积100m^2÷单元总面积8000m^2）×单位总份额800=10。该业主车位的份额=（专有车位面积5m^2÷车位总面积1000m^2）×车位总份额200=1。该业主在区分建筑物中的份额为11（10单位份额+1车位份额）。

（4）完善不动产登记及交易制度。房屋登记中不仅须记载区分建筑物专有部分的面积，而且须记载专有部分的份额。土地登记改变业主土地使用权面积的做法，改为登记总宗地面积以及业主的土地使用权份额，业主的土地使用权份额等于业主份额。建筑物单位与其他单独出售的专有部分分开登记。共有部分登记为区分建筑物全体业主，如已成立业主大会，则登记在业主大会之名下。业主购买或出售专有部分的，应作变更登记。

以下述例子进行说明。在不动产登记上，该区分建筑物总体产权登记为宗地面积3000m^2，总份额1000；其中建筑物单位面积8000m^2，份额数800；车位面积1000m^2，份额数200。土地及其他共有部分登记为区分建筑物全体业主（或业主大会）所有。该业主的不动产登记为：××号宗地面积3000m^2，总份额1000；××号建筑物单位面积100m^2，业主份额10。车位登记为：××号宗地面积3000m^2，总份额1000，××号车位面积5m^2，份额1。

将建筑物单位及车位等其他专有部分分开登记，既符合中国内地分开登记的现行做法，也能减少各专有部分单独出售对整体登记带来的影响。

（5）商住混用建筑物以及别墅区与高层住宅混合社区的份额计算。[1]

区分建筑物总份额等于各类型建筑物份额的总和，总份额设定为整数，如1000或10,000。

各类型建筑物各自分配份额后，再将份额分配至具体业主。

混合建筑物（或混合社区）以普通住宅为基准，1m^2其他类型建筑物所代表的份额=（其他类型建筑物m^2均价 ÷ 普通住宅m^2均价）㎡普通住宅所代表的份额。

举例说明：1个混合区分建筑物包括5000m^2住宅，均价2万元/m^2；2000m^2办公楼，均价3万元/m^2；1000m^2商铺，均价4万元/m^2；总份额为1000。1m^2办公楼所代表的份额等于1.5m^2普通住宅所代表的份额（3万元 ÷ 2万元），2000m^2办公楼的份额等于3000m^2住宅的份额，1000m^2商铺代表的份额等于2000m^2住宅的份额。在总份额为1000的情况下，5000m^2住宅分配的份额为500，2000m^2办公楼分配的份额为300，1000 m^2商铺分配的份额为200。之后，各类型建筑物再根据专有部分的情况将份额分配给业主。

在混合建筑物（或混合社区）中，承认不同类型建筑面积代表的份额不同，主要是因为各类型建筑物的均价相差很大，如果不对不同类型的建筑物面积所代表的份额进行换算，则难言公平，无法保护业主在财产价值上的利益。在同类型建筑物中，各单元之间因楼层、位置等不同，价格虽有所区别，但区别不大，在份额计算时，各建筑物单位之间不进行换算也不会导致严重的不公平。

上述份额计算方案仍是以业主专有面积与总建筑面积比例为主导，与中国内地现行的份额认定标准基本一致，利于业主接受，同时兼顾了效率性与公平性的原则。

---

〔1〕 陈磊认为，在份额设定上，法律应区分纯住宅类建筑物和混合类建筑物（或社区）。参见Chen lei, *The Developer's Role in the Surging Chinese Condominium Housing: Through the Comparative Lens of the US System*, Asia Pacific Law Review, Vol.18（2）, p.235（2010）.

三、专有权

业主专有权具有所有权的一般权能，但其受相邻关系、共有关系及团体关系的制约。

（一）专有权的内容

业主专有权利既有明示的，也有暗含的。三法域在法律规定上虽然详略不一，但权利基本相似。

1.财产权本身具有的权利

在中国内地，专有权是典型的所有权，[1]适用所有权规则，即可以自主占有、使用、收益和处分，[2]有权排除他人的不当干扰。新加坡分层所有权制度承认业主对专有部分享有所有权。中国香港虽认为业主对区分建筑物系土地分权共有关系，业主财产权体现为土地份额而非专有单位，但亦承认业主对专有部分享有独占性和排他性权利（亦称独有管有权），[3]且明确业主保有售卖、转让、按揭、押记、租赁或以其他方式处置、处理其所拥有的份数的权利，[4]故业主专有权与所有权基本无异。总体而言，三法域均承认业主对专有部分的权利与对一般财产享有的所有权类似。

2.财产权蕴含的权利

在普通法系国家，土地权利人具有平和享用财产（peaceful enjoyment of property）的权利是一项基本原则，[5]由此延伸出区分建筑物中业主的

---

〔1〕 徐海燕：《区分所有建筑物管理的法律问题研究》，法律出版社2009年版，第39页。

〔2〕 《物权法》第39条；中国人民大学《物权法草案建议稿》第811条第1款表述为："区分所有权人对于专有部分，在法律规定的范围内享有占有、使用、收益和处分的权利。"

〔3〕 BMO，s2.

〔4〕 BMO，s43.

〔5〕 Bruncrona v. Finland，No 41673/98；Former King of Greece and Others，[GC]，No 25701/94等案例。

隐含权利。

获得正常生活保障的权利。作为区分建筑物的业主，其要平和享用专有单元，有权获取水、电、煤气、通信等基本生活保障，这在新加坡具有明确的法律规定。[1]在Tsui Sai Cheong & Anor v. MCST No 1186（Loyang Valley）& Ors案[2]中，法庭认为，获得公共服务是业主享有的不需明示的权利，故管理团体不能因业主欠费或其他不履行规约之行为，而切断业主的市政公共服务。该种权利也不能通过制定业主规约（by-law）等形式进行制约。[3]中国香港法院在Grace International Ltd. v. Incorporated Owners of Fontana Gardens & Ors案[4]中持类似观点，同时认为即便业主没有履行义务，管理人也不能因此拒绝履行管理义务，因为二者的责任是相互独立的。

相关地役权。为了保证业主能够有效使用其住宅，赋予业主通风、采光权，通行地役权等权利是其应有之义。这些权利是长久以来形成的，不论是否明示于法律法规或业主制定的规约之中，这些合理的权利依然存在。在John Denis De Silva v. Crescent Court Management Corp案[5]中，管理人以业主欠费为由阻止业主车辆进入建筑物，被法庭认定为侵犯了业主的通行权，行为属违法。中国香港、新加坡及中国内地均认可业主具有上述权利，但法理基础不同。在普通法系国家，这些权利为财产权固有而暗含的权利，系所有权人平和享用财产之需要。在中国内地，财产权的范围一般限于财产本身，但不动产相邻人应当按照有利生产、方便生活、团结互助、公平合理的原则，正确处理相邻关系，[6]故通风、采光、通行等属于

---

〔1〕 LTSA, ss18（a）and（b）, and 19（2）.

〔2〕 ［1996］1 SLR 603.

〔3〕 BMSMA, s32（9）（b）.

〔4〕 ［1996］4 HKC 635.

〔5〕 ［2006］3MLJ 631.

〔6〕《民法典》第288条。

相邻关系法律调整之范围。不同法域的区别也给予了中国内地在今后立法中的启示，建筑物区分所有权作为一项独立的法律制度，由相邻关系等法律调整的范围也并非不能纳入建筑物区分所有权的整体制度体系。

(二)专有权的限制

在所有权社会化的理论影响下，所有权已不再是无限膨胀的权利，其受诸多方面限制，自由和限制相伴而生，共同构成了所有权的内容。[1]财产权的社会义务根植于建筑物区分所有权法律，专有权的行使不得以损害整体社区利益为代价。[2]权利限制不仅是为了平衡集体利益，更是一种自利的选择。[3]正如斯宾塞的正义公式所诠释的："每个人都可以自由地做他所想做的事，但这是以他没有侵犯任何其他人所享有的相同的自由为条件。"业主专有权的行使受相邻关系、共有关系以及团体法上的制约，禁止权利滥用原则和相邻原则在决定业主使用和享用公寓财产中占有重要地位。[4]专有权具体制约性体现为：一是禁止区分所有人实施违反共同利益的行为；二是区分所有人彼此间对他人的专有部分于必要范围内可以行使请求权。[5]

1.不能超出合理使用的范围

一般而言，专有部分的合理使用包括如下内容：

业主不能擅自改变专有部分的用途。在中国香港，专有部分用途能否改变依公契决定。在中国内地，业主改变专有部分之用途，除不能违反法

---

〔1〕 王泽鉴：《民法概要》，北京大学出版社2009年版。

〔2〕 Chen Lei, *Private Property with Chinese Characteristics: A Critical Analysis of the Chinese Law on Property of 2007*, European Review Of Private Law, Vol. 18, p.997(2010).

〔3〕 参见陈磊：《超越边界：业主的权利限制之比较分析》，载《南京大学学报(哲学·人文·社会科学)》2017年第5期。

〔4〕 陈磊：《超越边界：业主的权利限制之比较分析》，载《南京大学学报(哲学·人文·社会科学)》2017年第5期。

〔5〕 温丰文：《建筑物区分所有权之研究》，台北，三民书局1992年版，第38页。

律、法规、管理规约之外，还须经有利害关系的业主一致同意。[1]

专有部分使用不能有碍公共安全及公共利益。包括：(1)不得妨碍位于专有部分中的共有部分。业主及专有单元的使用者不能损害位于专有单元内的承重墙、楼层板等共有部分，不能影响水、电、煤气等公共管道的正常使用。[2](2)不能对其他业主（或合法占用人）造成滋扰或不当影响。陈华彬认为，“生活中之个人均有享受大自然所赋予的‘清净’之权利，一切污染，过度的噪音都是对此权利的侵害”。[3]业主在使用专有部分时不能对其他业主造成滋扰，比如产生噪声、散发出难闻的气味等。[4]有关滋扰的案例可以追溯到1868年Rylands v. Fletcher案[5]，该案确定了如下原则：业主应该对其带到其土地上的物体（包括生物）负责，如果该物体逃逸而造成他人损失，则业主应当担责。该案适用的范围在后来的案件中得到进一步的扩张，噪声、气味等溢出同样适用该原则。(3)不能将专有单位用于非法或危险用途。业主不能在专有单位存放易燃、易爆等可能对其他业主安全造成威胁的物品，也不能将专有单位用于贩毒等违法犯罪或有损团体声誉[6]等活动。同样，业主不能擅自更改专有部分的设计使用目的（如在住所设置体积较大的泳池或浴室，或在专有单位堆放过重之物）而影响区分建筑物安全。

宠物饲养（主要是猫和狗）遵守管理规约的约定。在新加坡，宠物饲养主要由管理规约决定。在中国香港，须综合考虑公契及业主规约（也称住

---

〔1〕《民法典》第279条。

〔2〕 BMSMA, s63(a).

〔3〕 陈华彬：《法国近邻妨害问题研究》，载《民商法论丛》第5卷，法律出版社1996年版。

〔4〕 BMSMA, s63(b)；1907年《瑞士民法典》第684条规定：“任何人在行使其所有权时，特别是在其土地上经营工业时，对邻人的所有权有不造成过度侵害的注意义务。因煤烟、不洁气体、音响或震动而造成的侵害，依土地的位置或性质或依当地习惯属于邻人所不能容忍的情况的，应禁止之。”《民法典》第294条规定：“不动产权利人不得违反国家规定弃置固体废物，排放大气污染物、水污染物、土壤污染物、噪声、光辐射、电磁辐射等有害物质。”

〔5〕 [1868] LR 3 HL 330.

〔6〕 例如，一个建筑物单元的业主从事卖淫等有损声誉的行为，可能给居住在该建筑物的其他业主带来名誉上的损害。

户规则，house rule）的规定。公契如果没有明文禁止住户饲养宠物，亦无相关条文授权管理人制定禁止饲养宠物的住户规则的权利，那么业主法团或管理人制定的“禁止养狗”的规则是越权行为。[1]在The Incorporated Owners of Hang Tsui Court案[2]中，法庭认定管理人基于公契明确授权而制定禁止养狗的住户规则亦可视为公契的一部分，对所有业主均具有约束力。

2.维持物业的良好状况

业主对其专有部分具有维持该部分修葺妥善及状况良好的责任。[3]专有部分所包含的外墙窗户、专有部分之内的空调、水、电等管道，业主均具有维护及保持良好状态之义务。在Joe J Benjamin v. Lee Ah Cheek案[4]以及Lau Sin Sun & Bay Puay Hong v. Chng Peng Ser案[5]中，分层所有权局认为，业主具有修缮屋内爆裂水管，以免水渗透到下层房屋的义务，业主应对其疏忽而给其他人造成的损失承担赔偿责任。

3.为其他业主提供便利

如其他业主因人员通行、管道通行等必要原因须进入业主专有部分时，专有部分业主应提供此方面的便利，这与非区分建筑物土地的地役权类似。中国内地《民法典》亦有相类似的规定。[6]此外，为维护和修理专有部分而须利用他人专有部分时，业主之间亦负相互容忍之义务。[7]

4.允许进入视察

在中国香港，主管当局或获授权人员因建筑物的控制、管理或行政事宜等事由可以进入业主单位，[8]任何人妨碍主管当局或获授权人员，或

---

〔1〕 DCCJ 1704/2007.

〔2〕 [2011]5 HKLRD 364，[2010]CACV143.

〔3〕 BMO，34H.

〔4〕 STB No 12 of 1989，reported in Strata Titles Board Decisions Singapore：FT Law & Tax 263.

〔5〕 STB No 19 of 1995，reported in Strata Titles Board Decisions Singapore：FT Law & Tax 263.

〔6〕 《物权法》第88条规定：“不动产权利人因建造、修缮建筑物以及铺设电线、电缆、水管、暖气和燃气管线等必须利用相邻土地、建筑物的，该土地、建筑物的权利人应当提供必要的便利。”

〔7〕 温丰文：《论区分所有建筑物的专有部分》，载《法令月刊》第42卷第5期。

〔8〕 BMO，s40A，(1)(a).

没有遵守主管当局或获授权人员的合理规定，即属犯罪。[1]管理委员会委员及获其授权的人，基于视察、修理、保养或翻新单位内的任何公用部分，或消除已对或可对公用部分或其他业主造成不利影响的危险情况或烦扰等原因，可以进入业主单位，但须发出合理通知以及在合理时间内进入。[2]在必要情况下，管理委员会可以向法庭申请手令，在警务人员到场的情况下，进入业主单位。[3]此种进入许可在中国内地和新加坡均被认可。

四、共有权

共有权是将建筑物的全体业主连接在一起形成团体的纽带。[4]在区分建筑物中，因专有权而产生的纠纷比例甚少，而因共有利益的实现而产生的纠纷却占了很大的比例，共有权虽属于从属地位，但却是建筑物区分所有权的核心问题。[5]共有权及成员权属于“共益权”[6]的范畴，业主对共有部分的权利主要体现为对共有部分的使用、收益及处分，但也受到合理、正当使用的限制。在“三元论”的法律框架下，共有部分的所有权和管理权产生了分离，共有部分的管理（包括共有部分的改良、重建等）属于成员权之范畴。

---

〔1〕 BMO, s40A,(2).

〔2〕 BMO, s40A(1).

〔3〕 BMO, s40A(2).

〔4〕 艾尔肯、方博:《论建筑物区分所有权之共有权——透过〈物权法〉相关规定分析》，载《湖北社会科学》2010年第1期。

〔5〕 艾尔肯、方博:《论建筑物区分所有权之共有权——透过〈物权法〉相关规定分析》，载《湖北社会科学》2010年第1期。

〔6〕 业主共益权是业主基于其对共有与公共物业部分的共同所有权和其特定物业管理社区内的社员身份、为部分或全体业主的共同利益又兼为自身利益而在物业管理过程中可共同享有或依照一定的规则才能主张的权利类型。参见肖海军:《物业管理与业主权利》，中国民主法制出版社2006年版，第40-41页。

（一）共有权的内容

1.平等使用权

使用建筑物公共部分和公共设施是业主的一项基本权利。业主在区分建筑物中所占有的份额不同，但不影响业主对共有部分使用的平等性。正如陈磊所言："尽管共有财产权与业主份额有关，但要根据份额来分割对共有财产和土地的使用和享有是不现实的，也是与公寓所有权的根本特征相矛盾的。因此，每个业主就使用和享有共有财产有实质相同的权利，份额较大的业主并不拥有更多使用、享有共有财产的权利。这意味着，只要不影响其他业主和公寓占有人同样地使用他们的权利，每个业主都可以自由使用和享有共有财产。"[1]Poh Kiong Kok v. MCST Plan No 581案[2]很好地阐述了这个理念：在普通法里，所有共有人对共有物只有一个共同的占有权，没有哪个业主能向其他共有人主张占有共有部分某一部分的权利，每个业主的权利都是平等的。共有人平等使用既是普通法共有财产的使用原则，在区分建筑物中也体现了人与人之间的平等，使人不因财产多寡而受到区别对待，丧失尊严。平等使用原则虽未在中国内地法律中明确，但也应是法律制度的应有之义。

2.单个或部分业主使用共有部分之情形

在中国香港，开发商可以通过公契保留外墙、天台等共有部分的使用权，该使用权也称为独有使用权或准地役权（quasi-easement）。在新加坡，开发商在分层所有权计划中不得对共有部分作出保留。在中国内地，开发商在出售区分建筑物单元时，须与物业服务公司签订《前期物业管理合同》，开发商作为全体业主的受托人签订该合同，理论上其不能就共有

---

〔1〕 陈磊：《超越边界：业主的权利限制之比较分析》，载《南京大学学报（哲学·人文·社会科学）》2017年第5期。

〔2〕 ［1990］3 MLJ 206.

部分作出保留。[1]三个法域均不禁止通过业主会议决议的形式，将共有部分指定由单个或部分业主使用。在新加坡，如果区分建筑物设立有限共有财产，则须设立附属管理团体，属于附属管理团体的业主，才具有使用有限共有财产的权利。

3.共有部分收益权

共有部分所产生的收益，由全体业主共同享有。中国内地采取“约定优先，无约定则按业主面积比例”的分配原则，[2]实践中存在约定的情况很少。中国香港及新加坡均按业主份额分配共有部分的收益权，三法域并不存在本质的区别。

4.共有部分处分权

业主对共有部分所享有的份额不能独立转让，单个业主共有部分份额的转让须通过转让专有部分完成，共有部分的整体转让由全体业主通过业主会议决议的方式决定，中国香港、新加坡及中国内地所需的表决份额不同。[3]

（二）共有权的限制

1.合理使用

业主对共有部分的使用不得超过合理界限，亦不能影响其他业主合理使用的权利。该原则在中国香港的BMO中有明确的表述：任何人不可将建筑物公用部分的任何部分改作自用，除非该项改变有决议批准；任何人不得不合理地干扰建筑物的任何业主或占用人对该等部分的使用或享用；或对合法在建筑物内的任何人造成滋扰或危险。[4]中国内地《物业管理条

---

〔1〕 参见王利明主编：《最高人民法院建筑物区分所有权、物业服务司法解释原理精解·案例与适用》，中国法制出版社2010年版，第98页。

〔2〕《民法典》第283条规定：“建筑物及其附属设施的费用分摊、收益分配等事项，有约定的，按照约定；没有约定或者约定不明确的，按照业主专有部分面积所占比例确定。”

〔3〕 在业主会议部分阐述。

〔4〕 BMO，s34i.

例》也有类似规定。[1]在Chong Kam Len & Ors v. DFS Singapore Pte Ltd.案[2]中，被告是第一层业主，原告是第二层业主，被告在通往二层楼梯的公共通道处建了一堵墙，虽然没有封堵楼梯，但起到了遮挡的作用，导致客户很难找到通往二层商店的楼梯。法庭认为，被告建墙的行为构成对共有部分的不当使用。

2.遵守法律、法规及管理规约

遵守法律、法规的规定，是任何民事行为的应有之义。在区分建筑物中，共有部分的使用受与之相关的管理规约的约束。此类规约包含的内容很广泛，较为常见的如：公共场合不能过分喧哗；业主（含房屋占有人、到访客人）在公共区域应举止文明、穿戴整齐；洗晒的衣服不能挂在外面能看得到的地方以免影响整体建筑美观；不能在公共区域丢置垃圾；不能妨碍公共设施使用或损害公共设施；不能更改公共部分的颜色、构造；不能将大型犬带入儿童游乐场所等。

五、业主的成员权

成员权，是指业主基于建筑物的构造、权利归属及适用上的不可分离的共同关系而产生的作为建筑物的一个团体组织成员所享有的权利和承担的义务。[3]齐恩平认为，成员权是兼具人身权与财产权的一项权利，是突破了传统人身权与财产权分割并存的第三种性质的权利形式，改变了民事权利体系的格局，打破了人身权与财产权对民事权利的二元垄断地位，

〔1〕《物业管理条例》第49条规定："物业管理区域内按照规划建设的公共建筑和共用设施，不得改变用途。业主依法确需改变公共建筑和共用设施用途的，应当在依法办理有关手续后告知物业服务企业；物业服务企业确需改变公共建筑和共用设施用途的，应当提请业主大会讨论决定同意后，由业主依法办理有关手续。"

〔2〕(Unreported)(OS No 231 of 1991)，转载自Teo Keang Sood, *Strata Title in Singapore and Malaysia*, LexisNexis, 2009, p.355-356。

〔3〕参见陈华彬：《建筑物区分所有权研究》，法律出版社2007年版，第235、240-242页。

不同于传统的非财产权即人身权的单向一维的民事权利。〔1〕根据贝尔曼有关建筑物区分所有权经典的“三元论”表述，业主成员权系因区分建筑物的共有关系所产生，〔2〕属于身份权的范畴，本质上是带有财产内容的身份权。〔3〕

成员权不仅解决共有财产的管理问题，还涉及全体共有人的生活秩序的维持以及居住环境的改善，也涉及人的尊严及隐私等的维护，是人法与物法的结合，正如陈华彬所言，成员权不仅是基于建筑物构造与权利归属及使用上的不可分割而形成，而且渗入了业主在整体生活中所必须履行的建筑物的存在及生活秩序的维护义务。〔4〕从现今各国区分所有权的立法来看，此种义务有进一步强化之趋势。〔5〕拉德布鲁赫曾指出：“契约自由与私有财产权相联系，这是资本主义制度的法律基础”。〔6〕成员权也体现契约自由与私有财产权的结合，契约自由也赋予了成员权内容扩展的可能性。

学界对业主成员权的重要意义给予了充分的肯定，认为其系“私人利益和共同利益之间的道德联系的基础”；〔7〕是“自然状态生成国家的重要过程”；〔8〕促使业主“由自在自发状态，走向了理性自觉的主体状态”；〔9〕业

〔1〕 参见齐恩平：《业主权的释义与构建》，黑龙江大学2011年博士学位论文，第131页。

〔2〕 C. G. Van Der Merwe, International Encyclopedia of Comparative Law, Volume Ⅵ, Property and Trust, Chapter 5, Apartment Ownership, 1994, p.239；中国台湾学者戴东雄将贝尔曼的“三元论”表述为：“住宅所有权法上的概念由三部分组成，即供居住或供其他用途（尤其供营业或办公用途）之建筑物空间上所设立的专有权部分、专有所有权共有建筑（尤其基地、建筑物的主构造、各层楼板、主隔板等）所设立的持份共有所有权部分及基于专有与共有部分不可分离所产生共同所有人的成员权。”参见[德]贝尔曼：《德国住宅所有权法》，戴东雄译，载《法学论丛》第13卷第1期。

〔3〕 参见[德]贝尔曼：《德国住宅所有权法》，戴东雄译，载《法学论丛》第13卷第1期；李明发、朱庆：《建筑物区分所有人之成员权性质探究》，载《安徽农业大学学报（社会科学版）》2004年第1期。

〔4〕 陈华彬：《建筑物区分所有权》，中国法制出版社2011年版，第184页。

〔5〕 陈华彬：《建筑物区分所有权》，中国法制出版社2011年版，第184页。

〔6〕 [德]拉德布鲁赫：《法学导论》，米健、朱林译，中国大百科全书出版社1997年版，第67页。

〔7〕 [英]鲍桑葵：《关于国家的哲学理论》，王淑钧译，商务印书馆1995年版，第268页。

〔8〕 [美]罗伯特·诺齐克：《无政府、国家与乌托邦》，何怀宏译，中国社会科学出版社1991年版，第19页。

〔9〕 马长山：《法制进程中的民间治理》，法律出版社2006年版，第19页。

主形成的自治团体“在纵横四溢的个人利己主义和国家的巨大且又有威慑性的力量之间，占据中间地位”。[1]

业主成员权涉及业主管理团体及日常执行机构的具体运行，本节主要阐明成员权的法理，成员权的具体行使及其所受的限制在本书第五章详细阐述。

（一）业主权利让渡是成员权产生的根源

在“三元论”的制度框架下，业主对共有部分享有使用权，但管理权由业主管理团体享有，业主通过其成员权的身份参与建筑物的管理。[2]共有部分实质上产生了使用权与管理权的分离。管理团体成立后，业主其他非财产性的共同事务亦由业主管理团体所决定，这体现了个人意志向团体意志的转变。

业主管理团体的权利并不会凭空产生，就如卢梭所言：“真正的社会契约是人民自由协议的产物，即各个成员与他们结合形成的政治共同体（即主权者）协商，各成员把自己权利全部让渡给主权者。”[3]业主管理团体所享有的共有部分管理权以及共同事务决策权均源于每个业主的权利让渡。业主将权利让与管理团体后，其权利的内容及行使之方式亦发生变化。因此，权利让渡是理解成员权的基本前提。

在中国香港，根据BMO的规定，业主立案法团成立后，业主所具有的与建筑物公用部分有关的权利、权力、特权、职责，须由法团而非业主行使及执行；而业主所负有的与建筑物公用部分有关的法律责任，除本条例条

---

〔1〕［美］丹尼尔·贝尔：《资本主义文化矛盾》，赵一凡等译，生活·读书·新知三联书店1992年版，第319页。

〔2〕 C. G. Van der Merwe认为，为使团体更为有效地管理建筑物以及做出决策，业主必须牺牲一定的独立性和让渡部分的权利。C. G. Van der Merwe, *The General Meeting of the Sectional Titles Act Compared to the Wohnungseigentumerversammlung of the German Wohnungseigentumsgesetz*, Stellenbosch Law Review, Vol. 7, Issue 3, p.263（1996）.

〔3〕［法］卢梭：《社会契约论》（第3版），何兆武译，商务印书馆2003年版，第19页。

文另有规定外，亦须针对法团而非针对业主执行。[1]新加坡BMSMA也有类似规定。[2]根据上述法律，中国香港及新加坡的有关共有部分的权利由法团行使，业主个人再无管理之权利，故个别业主不得因为另一个业主不遵守公契条款而向该业主提起诉讼，而只能要求法团执行有关条款，此为权利之让渡。在Chau Mei Lee, Fragrance & Anor v. Ng Yee Tim案[3]中，中国香港法院明确指出，任何一个业主（包括管理委员会主席）都无权就另一个业主占用共有部分的行为提起诉讼，只有业主立案法团才是适格的原告。在Wah Fan v. Incorporated Owner of Kai Tak Garden案[4]中，法院认为BMO第16条规定是强制性的，如果管理委员会未履行职责，业主可以向土地审裁处寻求救助，而不能由单个业主代为行使。

对比中国香港，业主对业主团体的权利让渡在中国内地没有得到彻底落实，《民法典》第286条、第287条虽然也认为业主大会、业主委员会有权就侵害共有部分的行为提起诉讼，但同时规定业主有权就侵害自己合法权益的行为提起诉讼。《民法典》基本承继了原《物权法》的规定，按照原《物权法》立法者的解释，法律设计了三种纠纷解决办法，一是业主大会与业主委员会依照法律、法规、管理规约的规定实现自己的管理权；二是受到侵害的业主个人向法院提起民事诉讼；三是共同受到侵害的业主可以推举代表人根据民事诉讼法的规定向法院提起诉讼。[5]此种立法并不否认业主可以就共有部分提起诉讼，看似提供了更多的权利救济途径，实质上淡化了业主管理团体的作用，也未能发挥业主管理团体协调、减缓业主之间矛盾的作用，如果所有的纠纷都可以通过业主自己解决，那么业主管理团体似乎也没有存在的必要性。本书认为，将共有部分的管理及诉讼权

---

〔1〕 BMO, s16.

〔2〕 BMSMA, s29.

〔3〕 [1996]4 HKC 46；类似的案件还有Wah Fan v. Tam Kam Yuk, [2000]3 HKLRD 406等。

〔4〕 [2003]3 HKLRD 1(CA).

〔5〕 参见王胜明主编：《中华人民共和国物权法解读》，中国法制出版社2007年版，第178页。

利从单个业主手中剥离，赋予业主管理团体更多的权利及义务，才能有利于管理团体的建立及运行，这应是完善中国内地成员权与业主团体立法的方向。

业主将与建筑物共有部分有关的权利让渡与业主团体之后，其作为业主团体的成员参与建筑物的管理，其主要途径是通过业主会议行使表决权，同时受到业主会议决议的制约。随着成员权的扩张，业主让渡的权利范围也在增多，除共有部分的管理权以外，专有部分的部分权利亦受到管理规约的制约，例如宠物饲养、阳台晾晒衣服等亦须服从管理规约的规定。〔1〕

（二）成员权的内容

共有部分的管理权是业主让渡给业主管理团体最初的权利，随着成员权范围的扩展，区分建筑物内非财产性的共有事务也被纳入业主成员权的范畴。业主在将管理权利让渡给业主管理团体后，其为监督业主管理团体及其委员会的运行，享有信息知情权、监督权等权利。业主通过成员身份以会议方式参与区分建筑物的管理，与会议相关的权利是业主成员权的重要内容。

1.共有部分管理权

共有部分的管理包括共有物修缮、改良、改建、重建等管理活动以及非财产性的共同事务。在中国香港和新加坡，涉及重大财产事项以及其他重大事项，须经业主会议讨论决定，其他一般性事项可由委员会直接决定。〔2〕在中国内地，《民法典》和《物业管理条例》并未明确业主委员会在共有部分管理上的职能范围，理论上，共有事务均须经业主会议讨论决定，

---

〔1〕 管理规约起先是为了共有部分管理而制定，但管理规约向专有部分渗透是个趋势和事实，新加坡甚至在Building Maintenance（Strata Management）Regulations 2005中称：为区分建筑物内任何单元所制定的管理规约；与BMSMA所称为共有部分制定的管理规约形成明显差别。

〔2〕 参见第五章关于业主管理团体、委员会的职能的内容。

只有在业主大会授权的情况下，业主委员会方可行使相应的管理权。[1]

2.信息知情权

新加坡和中国香港都非常注重业主知情权的保护。依据新加坡法律，业主（包括按揭受益人）可以书面的形式向管理组织要求有关会议的记录、财务资料、业主缴费情况等相关资料。[2]在Sum Lye Heng v. MCSTP No2285案[3]中，新加坡法院认为理事会未披露会议及财务信息的行为违法。中国香港BMO还要求管理委员会应制作每次会议记录，保存时间不少于6年，如业主以书面方式要求法团向其提供会议记录的副本，法团须提供副本；[4]管理委员会（包括管理人）要制作恰当的财务记录，该记录应保留6年，[5]在不少于5%的业主要求下，准许该等业主及其委托人在合理时间查阅有关的单据、发票、凭单、收据或其他文件；[6]管理委员会须备存恰当的账簿或账项记录及其他财务记录，包括收支表及资产负债表，且须准许主管当局、获授权人员、租客代表、业主、已登记承按人或业主、已登记承按人书面授权的人在任何合理时间内查阅账簿。[7]对于上述权利，业主或其他权利人在向管理委员会（或管理人）主张而被不合理拒绝后，可以向土地审裁所申请颁布命令。[8]中国内地《物业管理条例》也规定了业主具有监督业主委员会、物业服务企业、专项维修资金管理及使用等权利，[9]但缺少具体的权利落实措施。因法律及行政法规未对业主能否获得会议资料，特别是财务信息作出规定，导致业主管理组织及物业管理服务

〔1〕《物业管理条例》第11条、第12条和第15条。

〔2〕 BMSMA, s47.

〔3〕 [2003]4 SLR 553.

〔4〕 附表2, s10(4)及10A(2)以及附表3, s6A(1)及(2)。

〔5〕 BMO附表6。

〔6〕 BMO附表6。

〔7〕 BMO, s27(1)(2).

〔8〕 Speedy Gainer Limited v. The Incorporated Owners of Malahon Apartments & Ano, CACV 336/2004.

〔9〕《物业管理条例》第6条。

公司运行缺乏透明度，不利于培育相互信任、共同参与的共管精神。

3.监督权

业主将管理权让渡于业主团体，其除了作为业主团体成员参与建筑物的管理，对业主团体的履职行为还具有监督权。业主监督权具有广泛性，其有权监督管理团体及其委员会、其委托或聘请的管理人的日常工作情况，有权提出批评、改进意见，可以通过业主会议决议更换不合格的委员会成员或管理人；有权监督共有资金的使用情况；对于侵害业主权益的行为，以及违法形成的会议决议，有权向行政部门或司法部门申请撤销等。

4.有关会议的权利

中国内地《物业管理条例》列举了业主4项有关会议的权利：一是提议召开业主大会会议，并就物业管理的有关事项提出建议；二是提出制定和修改管理规约、业主大会议事规则的建议；三是参加业主大会会议，行使投票权；四是选举业主委员会成员，并享有被选举权。[1]中国香港及新加坡业主会议相关权利的范围与中国内地基本一致，但规定更为详细。中国香港BMO以附表3、新加坡BMSMA以附表1详细列举了业主会议的流程，更具有可操作性。相较而言，中国内地业主只有权利，缺少落实的措施，造成权利空置的现象。

（三）成员权所负有的义务

业主作为管理团体之成员，承担缴纳管理费用的义务，且受团体法的制约。

1.承担管理费用

管理人向业主征收的管理费用包括根据业主份额或其他计算方式厘定的管理费用、管理人为履行职责增加的合理费用或者法庭判决管理组织

〔1〕《物业管理条例》第6条。

（但应由业主共同承担）承担的费用等。在新加坡，业主欠付费用面临严厉的处罚，如果业主收到业主管理团体书面通知的14日内仍未缴付费用，则构成犯罪，且面临不超过1万新加坡元的罚款以及每日不超过100新加坡元的罚金。[1]如果业主超过30日仍不缴付费用，业主管理团体可以通过申请拍卖欠费业主专有单元的方式实现其费用。[2]在中国香港，如果公契明确约定"业主在未缴付公契所约定的款项情况下，即可将该业主的土地权益出售"，那么业主法团可以将业主单位出售或作出押记注册。[3]中国内地无此规定，因无业主欠付费用的严厉处罚措施，业主长期欠付的情形并不罕见。

2.团体法上的制约

中国内地《物业管理条例》列举了六项义务：一是遵守管理规约、业主大会议事规则；二是遵守物业管理区域内物业共用部位和共用设施设备的使用、公共秩序和环境卫生的维护等方面的规章制度；三是执行业主大会的决定和业主大会授权业主委员会作出的决定；四是按照国家有关规定交纳专项维修资金；五是按时交纳物业服务费用；六是法律、法规规定的其他义务。[4]中国香港和新加坡业主除了负担上述义务外，还额外负担披露信息义务。中国香港和新加坡的业主管理团体均有制作业主名录的要求，[5]故业主负有向业主管理团体披露其信息的义务，此类信息主要包括两类：业主住址变更以及权利变更（如出售、按揭等），以便业主管理团体知晓区分建筑物单位的实际权利人，并就会议等事项做好通知准备。在新加坡，业主变更居住地址后，应将新的地址通知理事会。[6]如果不进行恰

---

〔1〕 BMSMA, s40(10).

〔2〕 BMSMA, s43.

〔3〕 BMO, s19.

〔4〕 《物业管理条例》第7条。

〔5〕 BMO, s38; BMSMA, s65.

〔6〕 BMSMA, s65(1).

当通知，理事会按原地址送达相关的材料视为有效送达。业主转让其单元的，应在10日内将新的受让人信息以书面形式通知理事会。[1]业主将其单元设立按揭的，应将按揭人的信息通报理事会。[2]按揭人如接管物业，需书面通知管理人其接管物业的时间。[3]理事会如果认为业主有上述通知的义务，以书面形式要求其披露相关信息，如业主未在14日内进行适当的披露，其将失去在会议中投票的权利，直至其进行妥当披露为止。[4]

迪特尔·梅迪库斯认为，社团作为一个社会群体，必须有能力对成员之违反群体要求的行为做出反应。[5]为保障业主团体得以正常允许，各国普遍准许业主团体根据私法自治之原则制定有关违反相关义务的罚则，但其不得与国家法律法规相冲突，且应具有相应的合理性。对于业主管理团体是否有权利处以罚金，虽有反对观点认为罚金只能是政府行使的权利，但美国法院持赞同态度，认为对业主管理团体进行金钱处罚与向法院申请禁令救济相比，是制止和震慑违规行为更为节省成本和便宜的方式，允许业主管理团体采取比诉讼成本低，并减少敌对情绪的执行措施也符合公共政策。[6]本书亦认为，若不赋予业主管理团体一定的处罚权，则无法保障业主共同之意志得以贯彻执行，无法维持区分建筑物内的良好秩序。同时亦应对业主管理团体的处罚权予以必要之限制：首先，与处罚权相关的文件须报政府管理部门备案，管理部门发现处罚规定超过必要限度的，可责令业主管理团体改正；其次，处罚权的范围不能涉及人身权，处罚金额要与业主违规行为相符，不能违反合理原则和比例原则，不能影响业主平和享用财产的权利，不能造成业主之间关系的过度紧张。

---

〔1〕 BMSMA, s65(2)(a)(b).

〔2〕 BMSMA, s65(3).

〔3〕 BMSMA, s65(7).

〔4〕 BMSMA, s65(9)(10)(11).

〔5〕 参见［德］迪特尔·梅迪库斯：《德国民法总论》，邵建东译，法律出版社2001年版，第107页。

〔6〕 Glen Devin, Condominium Ass'n v. Makhluf, 1994 Mass. App. Div. 227, 1994 WL 675253 (Mass. Ct. App. 1994).

第五章 区分建筑物的管理

“住在同一栋公寓大厦下之区分所有权人唇齿相依，祸福与共，但彼此的生活习惯却不尽相同，对环境品质之要求亦不一致，因此须有一套完善之管理制度，规范彼此之互动关系，方能使相互之间的纷争减少至最低程度；否则，区分所有人彼此间之摩擦势必层出不穷，甚而导致共同生活关系陷入无法收拾之混乱局面。”〔1〕此论述凸显了建筑物管理之重要性，陈俊焦亦言：“区分所有者，若适当处理则成为天国，稍一失慎则步入地狱的住家矣。”〔2〕温丰文认为，凡举有关建筑物之保存、改良、利用、处分，乃至业主共同秩序之维持，均属建筑物的管理。〔3〕中国内地采用“物业管理”的概念，陈华彬将之解释为包含物的管理（指对建筑物与基地的保存、改良、利用乃至处分等所为的管理）和人的管理（对业主群居生活关系进行的管理，其对象包括业主以及其他出入区分建筑物的人的行为）。〔4〕

为有效管理区分建筑物及维持良好生活秩序，多数国家都认可业主有组成团体处理共同事务的权利。〔5〕管理团体的出现起先是共有部分管理的

---

〔1〕 戴东雄：《论建筑物区分所有权之理论基础Ⅱ》，载《法学业刊》第115期。

〔2〕 陈俊焦：《论区分建筑物的管理组织》，载《中兴法学》1987年第24期。

〔3〕 温丰文：《论区分建筑物之管理》，载《法学丛刊》第147期。陈俊焦将建筑物管理表述为：为维持区分所有建筑物的物理机能，并为充分发挥其社会的、经济的机能，而对之所为的一切经营活动。参见陈俊焦：《论区分建筑物的管理组织》，载《中兴法学》1987年第24期。

〔4〕 陈华彬：《业主的建筑物区分所有权——评〈物权法草案〉第六章》，载《中外法学》2006年第1期。

〔5〕 C. G. Van Der Merwe, International Encyclopedia of Comparative Law, Volume Ⅵ: Property and Trust, Chapter 5, Apartment Ownership, 1994, p.141.

需要，业主之间的相互关系以维持共有关系的存续为要义，由此推动立法也称为“共有法的进路”，其本质上认为建筑物区分所有权属于财产权的范畴。[1]但“共有法的进路”无法在逻辑上解释为何业主共同制定的管理规约对后加入的业主自然产生拘束力的问题；而且管理规约的内容极为广泛，比如业主如未缴纳管理费用则可通过强制出售其专有部分的方式剥夺其成员权利等约定超出了共有关系所能容纳的范畴，因此出现了“团体法的进路”观点，认为业主权利不仅受到共有财产关系的制约，而且受到团体关系制约，在建筑物管理上形成了财产法与成员法的交集和融合。[2]高富平亦将业主管理团体产生解释为基于“物的自然联结”以及“人的法律联结”。[3]业主管理团体的建立也有利于执行政府部门相关命令、指示，便利政府管理；[4]在Grenville House Ltd. v. Incorporated Owners of Grenville House案[5]中，中国香港法院言明，便于起诉及应诉是成立业主法团的一个重要目的。近年来，业主管理团体法人化的趋势愈加明显，公司法相关理念和原则的运用为建筑物区分所有权法律制度带来了新的生命力，同时也带来了公司治理中所固有的股东搭便车、代理成本等问题，[6]须在建筑物区分所有权法律制度中予以完善和解决。

业主管理团体如同其他团体组织，其须有执行机构即委员会处理日常事务以及执行其作出的决定。为体现业主自治的建筑物管理理念，委员会从业主中选任。因建筑物管理具有专业性，作为业主代表的委员并非都能

---

〔1〕 陈华彬：《建筑物区分所有权》，中国政法大学出版社2011年版，第254－269页。

〔2〕 陈华彬：《建筑物区分所有权》，中国政法大学出版社2011年版，第269－291页。

〔3〕 高富平认为，业主在区分建筑物上存在自然联结，即每个业主与其他业主的物业在结构上和功能上联结在一起，各专有物业离不开对共有部分的利用；而且存在契约上的法律联结，即业主在购买各自物业时共同签署了一份公共契约，即业主公约，这公约使他们之间建立了一种法律上的权利义务关系，并因此构成一个业主团体。参见高富平：《物权法专论》，北京大学出版社2007年版，第391－392页。

〔4〕 BMSMA和BMO均有明确要求业主管理团体须完成政府部门的指示及命令的相关规定。

〔5〕 ［1978］HKLR 235.

〔6〕 参见［美］杰弗里·N.戈登、马克·J.罗主编：《公司治理：趋同与存续》，赵玲、刘凯译，北京大学出版社2006年版，第272页。

胜任建筑物的管理工作。因此，各法域均允许有资质的管理人（包括个人和公司）受业主管理团体的委托，从事区分建筑物的日常管理，提供更为专业的服务。建筑物管理由此形成了业主、业主管理团体、委员会及管理人的多重复杂法律关系。

中国香港、新加坡非常注重完善建筑物管理方面的法律规定，两地立法均以法条甚至附表的形式详细列明业主管理团体及其委员会的组织形式和运行方式，明确业主管理团体、委员会、管理人的具体权力、职责、功能及义务，建立清晰和稳定的法律关系，以此加强建筑物管理及维护共同生活之秩序。简言之，委员会是业主管理团体的执行机构，无独立的法律地位和诉讼主体资格，委员会以业主管理团体的名义行事，产生的行为后果由业主管理团体以及有责任的委员承担。管理人受业主管理团体的委托，代行委员会全部或部分职责，管理人的行为后果由业主管理团体承担，管理人有过错的，自行承担责任。两地非常注重法律的可操作性，政府希望通过立法引导业主加强建筑物的管理和实现业主自治。相较而言，中国内地并不注重建筑物管理方面法律的可操作性和指引性，不利于业主参与区分建筑物的管理。

一、业主管理团体

“我们生于组织之中，通常也死于组织之内，而介于生死之间的生活空间，也由组织填满”。〔1〕“没有一个社群的观念，个人权利就无法长期生存”。〔2〕虽然唐晓晴认为“是否采取权利的三重结构理论与法律是否处理

〔1〕［美］理查德·H.霍尔：《组织：结构、过程及结果》，张友星、刘五一、沈勇译，上海财经大学出版社2003年版，第4页。

〔2〕［美］丹尼尔·贝尔：《社群主义及其批评者》，李琨译，生活·读书·新知三联书店2002年版，第1页。

或足以处理分层所有人之间的复杂关系并无必然联系”，[1]但管理团体的出现及由此形成的团体关系，无疑比共有关系更为持久和稳定，为业主权利行使提供了更好的保障。

业主管理团体由全体业主组成，是业主行使成员权的载体。陈华彬认为，凡具有共有部分的维护与管理、实施业主规约中规定的职权、维持建筑物生活秩序、实现不动产价值的保值和增值等类似功能的，均可统称为业主管理团体。[2]业主管理团体在香港称为业主立法法团（the owner's corporation），在新加坡称为分层所有权计划管理团体（the management corporation of strata title plan）。认为“内地业主大会是全体业主的意思机构，类似股份有限公司的股东会”[3]的观点抹掉了组织与意思机构的区别，意思机构依附于组织，正如股东会依附于公司，如果将业主大会认定为意思机构，那么业主作为一个整体组织在立法上将不复存在。因此本书同意业主大会不是一个会议，而是“自治组织”和“管理机构”的观点，[4]业主大会即为中国内地的业主管理团体。[5]其他国家的称谓也多有不同，美国称为所有人协会（homeowners association），英国称为共同持有协会（commonhold association），日本称为住宅区建筑物所有权人团体等。尽管各国称谓不同，但均系业主自治管理机构。西方国家的区分所有权不

〔1〕 唐晓晴：《澳门分层所有权制度论略》，载蔡耀忠主编：《物权法报告》，中信出版社2005年版。

〔2〕 陈华彬亦使用业主管理团体的称谓。参见陈华彬：《建筑物区分所有权》，中国法制出版社2011年版，第205页。本书也认为，业主管理团体的称谓极为适当，“管理”体现了业主组织的功能及作用，“团体”体现了业主的集合性。

〔3〕 陈华彬：《业主的建筑物区分所有权——评〈物权法草案〉第六章》，载《中外法学》2006年第1期。

〔4〕 参见全国人大常委会法制工作委员会民法室主编：《〈中华人民共和国物权法〉条文说明、立法理由及相关规定》，北京大学出版社2007年版，第115页。孟强认为，中国物权法上的业主大会不仅是业主共同聚会、共同议事的会议形式，而且还是一种业主的组织形式，实际上就是业主团体。这就类似于全国人民代表大会不仅仅是一种会议形式，而且还是一种组织形式，是一种国家权力机构。参见孟强：《论业主大会的诉讼主体资格》，载《政治与法律》2009年第8期。

〔5〕 吴国平认为，业主团体是业主大会和业主委员会的上位概念，（参见吴国平：《论业主团体法律地位的确立》，载《北方法学》2008年第5期。）但《物权法》并未再规定业主大会的上位概念，因此，无法从物权法体系中推论出业主大会之外的其他业主团体。

动产的设计在一定程度上与国家观念是契合的，如其可以自行选举出管理人员、制定具有执行力的管理规约、自行征缴管理费用、对建筑物进行自治管理等。〔1〕故Peter M. Dunbar认为，由区分建筑物组成的社区就是一个微缩的“国家”或一个民主的小型社会（sub-society），具有“准政府”（quasi-government）的性质。〔2〕

（一）业主管理团体的成立

业主管理团体的成立是业主对区分建筑物进行自治管理的基础。其成立的难易程度在一定程度上体现了立法者对业主自治行为的倡导及支持的力度，也影响着业主管理团体成立之后的功能发挥。

1.中国香港

中国香港早期区分建筑物业主管理团体的名称为业主大会，并设立业主委员会作为其日常执行机构，其名称及内涵与中国内地现行规定非常近似。BMO颁布后，业主管理团体更名为业主立案法团，以管理委员会作为其日常机构。早期设有业主大会的区分建筑物业也可以申请成立业主立案法团，法团一经成立，即可取代业主大会，管理委员会亦直接取代业主委员会。〔3〕业主法团的成立须由管理委员会向土地注册处处长申请。〔4〕因此，其成立包括委出管理委员会和向土地注册处处长申请注册法团两个程序。

管理委员会的委出有三种方式：

第一，业主自行委出管理委员会。管理委员会通过业主会议产生，会

---

〔1〕 Katharine Rosenberry认为，从其职能上看，建筑物区分所有权人组织具有准政府实体的性质，其权利义务和责任都与市政府相似：建筑物区分所有权人组织和市政府一样都要制定工作计划和预算，都是将权利赋予选任的人员行使，建筑物区分所有权人组织和市政府都可以对违反管理文件规定的行为予以处罚，而且都可以修改管理文件。

〔2〕 Peter M. Dunbar, *The Condominium Concept*, 10th Edition, Pineapple Press, 2007, p.195.

〔3〕 BMO, s34K.

〔4〕 BMO, s7(1).

议召集人可以是公契管理建筑物的人、公契授权召开该会议的任何其他人或由总共拥有份数不少于5%的业主委任的一名业主。[1]召集人须在业主会议日期至少14天前，向所有业主发出会议通知，指明会议日期、时间和地点以及拟在会议上提议委出管理委员会。[2]召集人作为会议主席主持会议，会议上如获参会业主过半数票通过且有总份额30%以上业主支持，即可委出管理委员会。[3]

第二，向主管当局申请委出管理委员会。土地管理处处长可在总共拥有总份额不少于20%的业主申请下，命令由其所指定的业主召开业主会议，以委出管理委员会。被指定的人即为会议召集人及主席，在业主会议上，业主以过半数票通过决议，委出管理委员会。[4]

第三，向土地审裁处申请委出管理委员会。土地审裁处可在总份额不少于10%的业主、主管当局或获授权人员申请下，指定某一业主召开业主会议，以委出管理委员会。在业主会议上，业主以过半数票通过的决议委出管理委员会。[5]

业主会议召开的法定人数为10%的全体业主，法定人数与份额无关，仅关乎业主人数。[6]1个业主拥有多个单位及多个业主共同拥有1个单位，均记为一名业主。[7]在投票计算上，除公契另有规定外，业主1份额等于1票，[8]只计算出席会议的业主的份额，无须理会没有出席会议的业主，也无须理会空白或无效票以及弃权票。[9]

---

〔1〕 BMO, s3(1).

〔2〕 BMO, s3(3)(4).

〔3〕 BMO, s3(2).

〔4〕 BMO, s3A.

〔5〕 BMO, s4(11)(a).

〔6〕 BMO, s5B：BMO中提述业主的某个百分率之处，须解释为提述业主总人数的该百分率，而无须理会他们在建筑物的总分割份数中的拥有权的百分率；而并非解释为总共拥有该百分率的份数的业主。

〔7〕 BMO，附表11。

〔8〕 BMO, s3(9a).

〔9〕 BMO, s2B.

业主法团注册。以上方式委出的管理委员会，须在28天内向土地注册处处长申请将各业主注册成为法团。[1]如未按期申请注册，管理委员会秘书构成犯罪，每日处100港币的罚款。[2]管理委员会递交的申请书应符合指明的格式并须包括以下内容：①拟成立法团的名称；②建筑物名称及地址；③法团拟用作注册办事处的地址；④管理委员会主席及秘书的姓名及地址。[3]同时，申请书须附有以下文件：①有关建筑物的公契副本一份；②如已向主管当局申请，主管当局命令副本一份；③如已向审裁处申请，审裁处命令副本一份；④证明管理委员会依法委出的决议书或其他文件的副本一份，该文书须经该次会议主席核证确认；⑤管理委员会主席或秘书作出的依法选举声明书及每一名委员的陈述书。[4]

如土地注册处处长认为管理委员会的申请符合法律规定，则核准注册成立业主法团，一份公契所涉之区分建筑物只可成立一个法团。法团的名称一般为“××业主立案法团”，其他并非由业主组成的团体不允许使用“业主法团”之名称。[5]法团备有公章，以法团印章盖印时须同时由管理委员会主席及秘书签署认证，方可产生法律效力，法团还须在中国香港有注册办事处。[6]

自注册之日起，全体业主即成为法人团体，以法团的名义起诉和应诉，且在BMO的规定范围下，和其他团体法人一样，可进行及容受一切其他作为及事务。[7]

2.新加坡

新加坡业主管理团体在分层所有权计划申请书注册之日成立。

---

〔1〕 BMO, s 7(1).
〔2〕 BMO, s12(3).
〔3〕 BMO, s7(2).
〔4〕 BMO, s7(3).
〔5〕 BMO, s35.
〔6〕 BMO, s8.
〔7〕 BMO, s8(2)(a).

分层所有权注册计划申请由开发商提出，须满足以下条件：(1)分层所有权注册计划申请依据所指定的表格填写；(2)分层所有权计划被首席(土地)测量员依《界限和测绘法》[1]批准；(3)分层所有权计划申请应当显示整块土地的份额、每个单位的份额(不包括产权独立不属于分层所有权计划的单元)，以及包括其他政府部门所要求的文件；(4)1976年4月15日以后的分层所有权计划，其中的份额划分计划应先由建筑专员许可。[2]申请如果被批准，分层所有权计划将被作为注册申请的合同，土地注册部门会为分层所有权计划分配一个系列号码。

区分建筑物的业主从分层所有权计划申请书注册之日起，成立管理团体。[3]管理团体的名称一般为"第××号分层所有权计划管理团体"。[4]2005年4月1日BMSMA生效时，新加坡引进了附属管理团体的概念。如果分层所有权计划中包括有限共有财产，附属管理团体在分层所有权计划注册时一并成立。[5]如果管理团体成立后，经过业主会议决定将部分共有财产指定为有限共有财产，附属管理团体则作为该有限共有财产的管理机构成立，[6]其名称一般为"第××号分层所有权计划××号附属管理团体"。[7]如果一个分层所有权计划中，既存在管理团体，又存在附属管理团体，这样的管理模式被称为双层管理体制(Two-tier Management Corporation Scheme)。双层管理体制并不只适用2005年之后建立的区分建筑物，之前的建筑物也可以选择适用双层管理体制。[8]管理团体的成立具有法定性，而附属管理团体的成立具有任意性。[9]

---

〔1〕 The Boundaries and Survey Maps Act(Cap.25).

〔2〕 LTSA, s9.

〔3〕 LTSA, s10A(1).

〔4〕 BMSMA, s24(1)(c).

〔5〕 LTSA, s10A(2).

〔6〕 LTSA, s10A(2).

〔7〕 BMSMA, s79(1)(c).

〔8〕 BMSMA, s76(2).

〔9〕 BMSMA, s24(1)(2), s79(1)(b).

3．中国内地

中国内地法律并没有将设立管理团体作为业主的一项法定义务，业主人数较少且经全体一致同意，也可不设立业主大会等机构。[1]在业主怠于设立业主大会的情形下，政府部门也少有督促之行为。管理团体采取筹备成立的方式，与中国香港有一定的相似性，但由筹备组取代召集人筹备会议工作。符合成立业主大会条件[2]的区、县房地产行政主管部门或者街道办事处、乡镇人民政府应当在收到业主提出筹备业主大会书面申请后60日内，负责组织、指导成立首次业主会议筹备组。[3]筹备组由业主代表、建设单位代表、街道办事处、乡镇人民政府代表和居民委员会代表组成，筹备组成员人数应为单数。其中业主代表由街道办事处、乡镇人民政府或者居民委员会组织业主推荐，[4]人数不低于筹备组总人数的一半。筹备组组长由街道办事处、乡镇人民政府代表担任。[5]筹备组应当自组成之日起90日内完成筹备工作，组织召开首次业主大会会议。[6]业主大会自首次业主会议表决通过管理规约、业主大会议事规则，并选举产生业主委员会之日起成立。[7]业主委员会办理备案手续后，可持备案证明向公安机关申请刻制业主大会印章和业主委员会印章。[8]

4．业主管理团体成立的难易度比较

在中国香港，成立业主法团被认为是业主的一项权利，[9]公契及其他

[1] 《物业管理条例》第10条。

[2] 根据2009年中华人民共和国住房和城乡建设部印发的《业主大会和业主委员会指导规则》第8条的规定，已交付的专有部分面积超过建筑物总面积50%时，视为满足成立业主大会的条件。建设单位应当按照物业所在地的区、县房地产行政主管部门或者街道办事处、乡镇人民政府的要求，及时报送筹备首次业主大会会议所需的文件资料。

[3] 《业主大会和业主委员会指导规则》第9条。

[4] 《业主大会和业主委员会指导规则》第11条。

[5] 《业主大会和业主委员会指导规则》第10条。

[6] 《业主大会和业主委员会指导规则》第15条。

[7] 《业主大会和业主委员会指导规则》第15条。

[8] 《业主大会和业主委员会指导规则》第34条。

[9] BMO，s34J 规定业主有成立法团及处理事务的权利。

协议如有阻碍业主成立法团之内容，则属无效。[1]在新加坡，成立业主管理团体属于开发商的法定义务，[2]相关法律条文不得被解释为有碍业主管理团体的设立。[3]在中国内地，业主大会设立属于业主可选择之行为。[4]综观三个法域，在新加坡，成立业主管理团体是开发商的法定义务，业主无须参与业主管理团体的建立，不存在业主成立管理团体难之问题，而中国香港和中国内地业主需要自行推动业主管理团体的成立。在业主管理团体成立的问题上，相比中国香港，中国内地立法存在以下缺陷：

一是行政部门定位错误。在中国香港，原则上首次业主会议由业主自行召开，如果业主不能有效召开首次业主大会或无法在会议上委出管理委员会之时，可请求政府部门协助。政府部门的工作限于指定会议召集人，此外不介入业主的会议议程。在中国内地，《民法典》第277条虽然规定"地方人民政府有关部门、居民委员会应当对设立业主大会和选举业主委员会给予指导和协助"，但实际操作中，首次业主会议仍然由政府部门主导，而非指导。主要体现为政府部门选出筹备组成员，组长由政府人员担任，筹备和召集会议。业主并无独立召开首次业主会议及选举业主委员会之权利，在业主大会的成立过程，立法并没有体现出业主自治的原则。李永然建议，业主大会的成立，政府应将指导代替干预，最适当的办法就是通过设定透明的规则，由业主自行决定。[5]

二是法律规定含糊且不易操作。在首次业主会议召开问题上，法律、

---

〔1〕 BMO，s34J（1）公契或其他协议的条文的实施，并不妨碍任何建筑物的业主根据本条例注册为法团，而任何此等条文，亦属作废及无效。BMO，s34J（3）公契内任何与会议法定人数有关的条文，如使达致法定人数实际上不可行，或事实上不能达到，因而有效力阻止或阻挠任何业主或管理建筑物的人在会议上考虑与建筑物的管理有关的事务，即属作废及无效。

〔2〕 BMSMA，s24.

〔3〕 BMSMA，s24（4）.

〔4〕《民法典》第277条规定："业主可以设立业主大会，选举业主委员会。业主大会、业主委员会成立的具体条件和程序，依照法律、法规的规定。地方人民政府有关部门、居民委员会应当对设立业主大会和选举业主委员会给予指导和协助。"

〔5〕 李永然：《物业管理法律问题研究》，中国政法大学2005年博士学位论文，第170页。

行政法规至少存在以下含糊和不足之处：首先，开发商交付的专有面积占全部面积50%以上的小区才具备筹备业主大会的条件，[1]该条款没有解决开发商长期未交付房屋之问题，以致各省市作了变通规定，造成立法上的失调；[2]其次，因缺少份额登记，业主专有面积占比问题经常引发争议；最后，没有明确哪些业主有资格向政府部门申请筹备设立业主大会。含糊性的规定为业主与开发商之间的纠纷埋下了隐患。

三是会议召开及形成决议难。在中国香港，首次业主会议召集具有多样性，既可以自行召集，也可以申请政府部门或土地审裁所指定召集人。会议法定人数降低至10%的业主人数，摆脱了开发商对会议的控制，降低了首次业主会议召开的难度。同时，业主会议引入公司会议制度，会议决议由参会人员作出，非参会人员以及投无效票、弃权票的票数，不计入总票数，会议通过决议较为便利。

在中国内地，成立业主大会属于业主共同决定事项，需由专有部分面积占比三分之二以上的业主且人数占比三分之二以上的业主参与表决。[3]如果开发商占有1/3的专有部分面积而其不出席会议或不参与表决，则无法召开业主大会以及无法选任出管理委员会。有报告显示，业主大会成立的最大阻力来源于开发商。[4]开发商之所以能施加那么大的影响，正是法律的缺陷所致。

中国内地业主决议模式沿袭了《民法典》有关共有物的处分原则，[5]

---

〔1〕《业主大会和业主委员会指导规则》第8条。

〔2〕 2008年《郑州市物业管理条例》第11条中对于业主大会的成立条件作了如下规定：商品房屋出售并交付使用建筑面积占总建筑面积50%以上的；商品房屋出售并交付使用建筑面积占总建筑面积30%以上50%以下的，且首套房屋交付使用已满十二个月的；商品房屋出售并交付使用建筑面积占总建筑面积不足30%，但首套房屋交付使用已满二十四个月且业主总数在三十人以上的。

〔3〕《民法典》第278条。

〔4〕 陈幽泓、曹吉丁、孙紫岚：《北京物业小区调查报告（二）》，载《现代物业·新业主》2009年第2期。

〔5〕《民法典》第301条规定："处分共有的不动产或者动产以及对共有的不动产或者动产作重大修缮的，应当经占份额三分之二以上的按份共有人或者全体共同共有人同意，但共有人之间另有约定的除外。"

意在追求大多数人的意思表示，以期达到决议内容的实质正义。中国香港则重在追求业主达成协议的便利性和可行性，即便形成的决议并不一定能代表或体现多数人的意志。本书认为，在业主会议的制度设计上，须同时考虑会议的便利性和实质正义性；如果纵容怠于行使管理权的业主，过分追求实质正义而导致决议无法形成，事实上也剥夺了愿意参与管理的业主之权利，造成更大的不正义。

综上所述，在业主管理团体成立事项上，新加坡模式为最优选择，如果未能选择新加坡模式，那么，也应该借鉴中国香港的立法经验，在会议召集上给业主更多的选择，同时减少会议法定人数，降低业主管理团体成立的难度。

（二）管理团体的法律地位及诉讼主体资格

在中国香港，业主法团自注册之日起，具有法人资格，且与其他团体法人一样，拥有相应的民事行为能力。[1]在新加坡，管理团体拥有自己的印章，享有诉讼主体资格，可以就其参与签订的合同、与共有部分相关的事务、业主共同承担责任的事务等情形起诉或应诉，亦具有与职责相符的民事行为能力。[2]两地的管理团体是稳定的法律主体，其权利及义务不受业主人员以及委员会人员变动之影响。在中国内地，《民法典》《物业管理条例》等均未明确业主大会的法律地位及诉讼主体资格。

1.业主大会的法律地位

梅夏英认为，业主大会符合非营利法人的特点，其基于建筑物或小区的管理、维护和适度的民事交往而设立。[3]夏永全认为业主大会基本具备了取得法人资格的形式条件：（1）依法成立；（2）有自己的名称、组织机构

〔1〕 BMO，s8（2）（a）.

〔2〕 BMSMA，s24（1）（b）and（2）.

〔3〕 梅夏英：《民法典编纂中所有权规则的立法发展与完善》，载《清华法学》2018年第2期。

（业主委员会为执行机构）和场所；（3）有自己管理的财产和经费。[1]本书认为，法人资格属于法律赋予的人格，无明确的法律赋权，业主大会法人说的观点实难成立。主流观点认为，业主大会属于《民事诉讼法》第51条规定的“其他组织”。[2]也有学者引述《最高人民法院关于适用〈中华人民共和国民事诉讼法〉的解释》第52条关于“其他组织”的定义，[3]以业主大会欠缺登记程序、无明确负责人[4]以及缺乏独立的财产[5]等原因为由，否认业主大会为“其他组织”的法律地位。

主张业主大会性质系法人或其他组织的学者主要基于务实上的考虑，只有认定业主大会具有法人或其他组织的地位，才能赋予其相应的诉讼资格，才能发挥其在建筑物管理中的职能。反对的观点实质上是批判立法上的欠缺，导致业主大会陷于困境。本书亦认为，鉴于中国内地只赋予自然人、法人及其他组织诉讼能力，[6]在立法完善之前，至少应承认业主大会具有其他组织的法律地位，以便其行使职权。

建筑物区分所有权域外立法的演进围绕着所有者个人和团体间利益

---

〔1〕 夏永全：《〈物权法〉视角下的业主大会与业主委员会——以法的可诉性为中心》，载《河北法学》2007年第5期。

〔2〕 参见江平：《中华人民共和国物权法精解》，中国政法大学出版社2007年版，第105-106页。王利明教授也持此观点。参见王利明主编：《最高人民法院建筑物区分所有权、物业服务司法解释原理精解·案例与适用》，中国法制出版社2010年版，第55页。

〔3〕 《最高人民法院关于适用〈中华人民共和国民事诉讼法〉的解释》第52条规定：“民事诉讼法第四十八条规定的其他组织是指合法成立、有一定的组织机构和财产，但又不具备法人资格的组织，包括：（一）依法登记领取营业执照的个人独资企业；（二）依法登记领取营业执照的合伙企业；（三）依法登记领取中国营业执照的中外合作经营企业、外资企业；（四）依法成立的社会团体的分支机构、代表机构；（五）依法设立并领取营业执照的法人的分支机构；（六）依法设立并领取营业执照的商业银行、政策性银行和非银行金融机构的分支机构；（七）经依法登记领取营业执照的乡镇企业、街道企业；（八）其他符合本条规定条件的组织。”

〔4〕 夏永全：《〈物权法〉视角下的业主大会与业主委员会——以法的可诉性为中心》，载《北方法学》2007年第5期。

〔5〕 孙丽、吕云凤：《〈物权法〉中值得商榷的问题——以有关业主共同意思表示的规定为视角》，载《北京政法职业学院学报》2007年第2期。其主要观点为根据原《物权法》第79条的规定，建筑物及其附属设施的维修资金系业主共有，并非归属于业主大会，不能视为业主大会之财产。

〔6〕 《民事诉讼法》第51条。

的平衡而展开，体现了个人本位向团体本位转变的趋势，[1]由此也产生了管理团体法人化的共同趋势，在将来的中国内地立法中，业主大会也应沿着法人化的方向前行。[2]本书认同业主大会法人化的发展趋势，主要理由为：中国内地建筑物管理还处于初级阶段，其主要功能限于日常管理维护及服务，而发达国家的建筑物管理已朝综合性规划经营发展，并以此提高物业的使用及交换价值；[3]随着业主大会功能的增强及职能的增加，其亦将对独立法人地位以及更广泛的民事能力有着更强的渴望，法律对此亦应有所回应。联合国欧洲经济委员会《转型国家住宅类建筑物区分所有权制度指南》就明确指出，为了切实保障业主共有部分权益，业主协会必须具备能够进入合同关系的身份、起诉与应诉的资格以及在市场上集资的能力等，建议业主协会应当依法注册登记为一个法律实体。[4]

2.业主委员会的诉讼主体资格

《民法典》肯定业主有权请求人民法院撤销侵犯其权益的业主大会决定或业主委员会决定，[5]从字面理解，业主大会和业主委员会至少具有被告的诉讼主体资格。业主委员会相比业主大会更容易"看得见、摸得着"，业主委员会的诉讼主体资格成了司法实践优先考虑的问题。大陆早期建筑物区分所有权制度研究受中国台湾地区影响较甚，台湾地区学术通说认为，管理委员会对内执行公寓大厦管理事务，对外代表业主团体，能以自己的名义代表业主团体为各种交易，具有当事人的资格，亦具备诉讼主体资格，[6]该学说亦成为立法体例。[7]受此影响，大陆学者在讨论业主委员

〔1〕 王珉：《建筑物区分所有权中的成员权行使研究》，2014年复旦大学博士学位论文。

〔2〕 陈华彬：《建筑物区分所有权》，中国法制出版社2011年版，第213页。

〔3〕 丘茂林、朱平贵等：《大楼设施管理制度之调查研究（一）》，载《1994年台湾地区第七届建筑研究成果发表会论文集》，第651-658页。

〔4〕 陈鑫：《业主自治：以建筑物区分所有权为基础》，北京大学出版社2007年版，第163页。

〔5〕《民法典》第280条。

〔6〕 温丰文：《论公寓大厦管理委员会——兼论管理负责人》，载《法令月刊》第48卷第10期；陈忠五主编：《新学林分科六法·民法》，台北，新学林出版股份有限公司2008年版，第246页。

〔7〕 中国台湾地区"公寓大厦管理条例"第35条。

会的法律地位，主要有三种观点："社团法人说"、"非法人组织说"[1]、"其他组织说"[2]。"其他组织说"被最高人民法院所接纳，其于2003年8月20日作出《关于金某新村业主委员会是否具备民事诉讼主体资格请示一案的复函》，认为业主委员会符合"其他组织"条件，对涉及住宅小区全体业主公共利益的物业管理纠纷，业主委员会以自己名义作为原告提起诉讼；2005年8月15日又作出《关于春某花园业主委员会是否具有民事诉讼主体资格的复函》批复，认为业主委员会根据业主大会的授权对外代表业主进行民事活动、与他人发生民事争议的，可以作为被告参加诉讼，所产生的法律后果由全体业主承担。由此，业主委员会的诉讼主体资格得以确立。应注意的是，中国台湾地区和大陆有关建筑物区分所有权的立法体例不一，中国台湾地区采取"二元论"，其并不承认业主的成员权，即不存在业主团体组织，为管理上的便利，只能赋予管理委员会相应的诉讼能力和民事权利能力。而大陆采取"三元论"，业主大会系业主管理团体，业主委员会仅系业主大会的内设机构，故大陆的业主委员会不能与中国台湾地区的管理委员会相提并论，盲目借鉴。

学界仍存在只有获得业主大会决议的授权，业主委员会才得以全体业主的名义提起诉讼的观点，[3]此观点亦出现于地方性司法文件[4]及案例

---

〔1〕 刘兴桂、刘文清：《物业服务合同主体研究》，载《法商研究》2004年第4期。

〔2〕 夏善胜：《物业管理法》，法律出版社2003年版，第134页；王利明持否定观点，认为法律法规并没有要求业主委员会进行登记，因此业主委员会不能取得非法人组织这一民事主体资格。参见王利明：《民法总则》，中国人民大学出版社2017年版，第224页。

〔3〕 参见朱岩、高圣平、陈鑫：《中国物权法评注》，北京大学出版社2007年版，第282页。在此问题上，各国规定不一：德国《住宅所有权法》要求只有基于住宅所有权人的决议的授权，管理人才得以全体住宅所有权人的名义为诉讼上的主张；法国《住宅分层所有权法》中则直接赋予管理者以"代表业主团体为诉讼上一切行为"的权利。参见刘保玉、孙超：《论业主委员会的法律地位——从实体法与程序法的双重视角》，载《政治与法律》2009年第2期。

〔4〕 如在《上海市高级人民法院关于业主委员会行政诉讼主体资格问题的解答》(2006年7月24日)中，法院认为："……在审查业主委员会的起诉材料，决定是否立案受理时，应当对以下问题严格审查：(1)依法召开小区业主大会；(2)提交经物业管理区域内全体业主所持投票权三分之二以上通过的业主大会决议；(3)业主大会决议中对诉讼费用如何承担有明确决议。如业主委员会起诉时未提交上述有关材料的，人民法院应告知其限期提交。逾期不提交的，则以诉讼主体不适格不予受理。"

中。在海淀区希某小区物业管理委员会诉北京希某物业管理有限公司物业纠纷案[1]中，法院认为，业主委员会向法院提交的业主大会会议纪要未表明业主委员会诉请的内容属于业主会议形成的决议，故业主委员会未取得业主大会的合法授权，无权提起本案诉讼。中国香港和新加坡均认为委员会当然有权就与共有部分相关的事项以管理团体的名义提起诉讼，无须再经管理团体授权。本书认为，考虑到中国内地业主大会召开难、达成协议难的实际情况，应通过立法明确管理委员会的起诉范围，而不需再对管理委员会提起诉讼时提出授权要求。

3.业主大会的诉讼主体资格

诉讼真正永恒的生命基础在于它的公正性，诉讼平等被视为实现诉讼公正的必由之途，甚至被作为诉讼公正的形式标志。[2]如要体现业主大会行为的公正性，则须让其接受法律程序的监督和评价，故业主大会的诉讼主体资格不容回避。近年来，越来越多的学者意识到具备团体资格和诉讼资格的应该是业主大会而非业主委员会。[3]业主委员会取代业主大会具有法律地位和诉讼主体资格，有悖于建筑物区分所有权业主管理团体与其执行机构的基本理论。司法实践承认业主委员会的诉讼主体地位客观上对业主大会的诉讼主体资格的认可构成了障碍，其他国家也不存在同时承认管理团体及委员会诉讼主体资格的立法体例。最高人民法院有过反思，其在2008年6月16日发布的《最高人民法院关于审理建筑物区分所有权纠纷案件具体应用法律若干问题的解释（征求意见稿）》中尝试规定在业主委

〔1〕 一审：北京市海淀区人民法院（2003）海民初第19246号民事判决书；二审：北京市第一中级人民法院（2004）一中民终第1418号民事判决书。

〔2〕 李祖军：《简论诉讼权利平等原则》，载《西南政法大学学报》2002年第2期。

〔3〕 梅夏英：《民法典编纂中所有权规则的立法发展与完善》，载《清华法学》2018年第2期；孟强：《论业主大会的诉讼主体资格》，载《政治与法律》2009年第8期；薛源：《论建筑物区分所有权人组织的法律性质》，载《河北法学》2007年第3期；刘宇：《业主委员会法律地位之思考》，载《法学杂志》2009年第9期。

员会怠于行使权利的情况下，业主大会可以作为原告提起诉讼，[1]但该条款被正式出台的司法解释所舍弃。之后的司法解释未再讨论业主大会的诉讼主体资格问题。在2014年于某以业主大会选举成立业主委员会程序违法为由行使业主撤销权纠纷案[2]中，成立业主委员会是业主大会的行为，但法院仍将业主委员会而非业主大会列为被告。司法承认业主委员会而否定业主大会诉讼主体资格的错误做法，还将持续相当长的时间，有待将来的立法修正。

（三）业主管理团体的职责

1. 中国香港

业主法团在注册成立时起，享有BMO项下的权利，承担相应的义务，[3]主要负有以下职责：(1)使公用部分和法团财产维持良好合用的状况，并保持清洁；(2)在公职人员或公共机构行使法律所赋权力，命令或要求就共有部分进行某项工作时，遵照办理；(3)执行法律规定或公契载明有关建筑物控制、管理、行政事宜的责任。[4]

为确保管理团体的运行，业主团体还负担以下职责：(1)设立基金。设立常用基金(general fund)为法定要求，用以支付法团根据BMO或公契规定行使权力或执行职责的费用，以及支付建筑物作为一个整体所应付的地税、保险费、各种税项及其他与建筑物管理有关的支出。[5]法团还可设立备用基金(contingency fund, or sinking fund)，以供用作任何预算之外或

〔1〕《最高人民法院关于审理建筑物区分所有权纠纷案件具体应用法律若干问题的解释(征求意见稿)》第13条规定："业主共同权益受到侵害、妨害或者可能受到妨害的，原告的诉讼主体资格按照下列方式确定：(一)已经选举出业主委员会的，为业主委员会；(二)没有选举出业主委员会，或者业主委员会怠于行使权利的，为业主大会或者业主。有关业主共同权益的生效裁判，对全体业主具有约束力。其诉讼利益归属于全体业主。"

〔2〕江苏省扬州市邗江区人民法院(2013)扬州民初字第0929号民事判决书。

〔3〕BMO, s8(2).

〔4〕BMO, s18.

〔5〕BMO, s20(1).

紧急事项的开支，以及在常用基金不足以支付各类支出时，用作付款。[1]（2）开立和维持一个有利息的账户，用于建筑物的管理，管理所得的一切款项应存入该户口。[2]（3）进行投保。法团须就有关建筑物的公用部分及业主法团的财产与保险公司订立第三者风险保险单，并须保持该保险单有效。[3]每笔保险单不得少于1000万港币。[4]法团还可就上述财产向保险公司投购火险及其他保险，并保持各项保险有效，保额以能使财产恢复原状所需款额为准。[5]（4）对建筑物进行安全检查。业主团体需遵守《建筑物管理及维修操作守则》，[6]对超过30年的建筑物进行法定强制检查，每10年须聘请专业人员作一次安全方面的检查；业主法团收到政府部门的通告，必须在5个月内（特殊情况可以再延期6个月）聘请有资质的人士完成建筑物的检查以及必要的维修。[7]

2.新加坡

BMSMA所规定的业主管理团体的职责主要包括：（1）有为所有业主的利益而对共有部分进行管理、控制的权力和义务；[8]（2）对共有部分进行妥善的维护使其处于良好状态并进行必要的修理；[9]（3）办理保险；[10]（4）执行业主会议有关安装、新建、移除、改善、更换、改变用途等提升或改善共有部分的决议；[11]（5）执行政府部门有关共有部分维修等指示或命

---

〔1〕 BMO, s20(2).

〔2〕 BMO, s20(3)(4).

〔3〕 BMO, s28(1)(2)为建筑物共有部分购买保险是管理委员会的重要义务，如违反该规定，管理委员会的每名委员即属犯罪，一经定罪，可处第5级罚款，除非能证明该罪行既非在他同意亦非在他纵容下犯的；以及他已尽了应尽的一切努力以防止该罪行发生。

〔4〕《建筑物管理（第三者风险保险）规例》。

〔5〕 BMO, s28(3).

〔6〕 BMO, s2A.

〔7〕 Code of Practice on Building Management and Maintenance，第一个版本是2000年，新的版本是2008年。

〔8〕 BMSMA, s29(1)(a).

〔9〕 BMSMA, s29(1)(b).

〔10〕 BMSMA, s29(1)(c).

〔11〕 BMSMA, s29(1)(d).

令;[1](6)支付土地的租金;[2](7)根据政府相关部门、法庭等要求提供信息记录,[3]根据业主、按揭受益人等的书面要求,提供有关房产信息、会议记录、财务信息等;[4](8)依法召开业主周年会议,选举更换理事会成员;[5](9)建立管理基金和备用基金,[6]管理基金相当于中国香港的常用基金,设立备用基金是中国香港BMO建议性条款,而新加坡则是强制性的法律规定;(10)根据管理的需要厘定业主一定时期的管理费用,但一般不超过12个月;[7](11)追缴业主的管理费用;[8](12)聘请专门人员对每年的财务状况进行审计等。[9]

管理团体在承担共有部分的维修、改善等管理职责时,极易引起与业主之间的纠纷,法庭在多个案件中明确了法律条文的具体含义。在Jacklin & Ors v. Proprietors of Strata Plan No 2795案[10]中,法庭认为,对于损害的共有部分,维修是管理团体的法定义务而非自愿选择,管理团体不能就共有部分的损害置之不理。在Burns v. National Goal Board案[11]中,法庭认为,“修理”(repair)一词的理解不应仅限于将共有部分恢复到原有的状态,还可以使共有部分处于一种更为完好的外观或使用状态,本案在共有部分维修过程中加装防水层并没有脱离“修理”的词义。在Proprietors of Strata Plan No 30324 v Margiz Pty Ltd.案[12]中,法庭认为,更换整个空调系

〔1〕 BMSMA, s29(1)(e).

〔2〕 BMSMA, s29(1)(f).

〔3〕 BMSMA, s29(1)(g).

〔4〕 BMSMA, s47.

〔5〕 BMSMA, s29(1)(h).

〔6〕 BMSMA, s38(1)(4).

〔7〕 BMSMA, s39(1).

〔8〕 BMSMA, s40.

〔9〕 BMSMA, s43.

〔10〕 [1975]1 NSWLR 15.

〔11〕 1957 SC 239 at 246.

〔12〕 (1993)32 NSWLR 294-297.

统超出了“修理”的范畴。[1]改善是否包括新建在实践中也存在争议，在Travis v Proprietors of Strata Plan No 3740案[2]中，法庭认为，在共有部分土地上兴建游泳池属于改善共有部分的范畴。

3.中国内地

依据《民法典》及《物业管理条例》的规定，业主大会主要负有以下职责：(1)制定和修改业主大会议事规则；(2)制定和修改管理规约；(3)选举业主委员会或者更换业主委员会成员；(4)选聘和解聘物业服务企业或者其他管理人；(5)使用建筑物及其附属设施的维修资金；(6)筹集建筑物及其附属设施的维修资金；(7)改建、重建建筑物及其附属设施；(8)改变共有部分的用途或者利用共有部分从事经营活动；(9)有关共有和共同管理权利的其他重大事项。[3]对于第9项的内容，最高人民法院解释为“业主大会依法决定或者管理规约依法确定应由业主共同决定的事项”。[4]《业主大会和业主委员会指导规则》与之相比，业主大会职权多了“制定物业服务内容、标准以及物业服务收费方案”一项内容。[5]

4.三法域的比较

中国内地业主大会的职责主要涉及共有部分的管理，这与中国香港、新加坡基本一致。须注意的是，该项职责在新加坡和中国香港均为法定义务，[6]中国内地如需要加强建筑物的维修及管理，亦应作此理解。制定和修改业主会议议事规程在中国内地属于业主大会的职能，在中国香港、新加坡则属于立法的范畴。将业主会议议事规程交由业主会议决定，对缺少

〔1〕 在新加坡，区分二者的意义在于，如果是“维修”，其动用的是常设基金，如果是更换，应动用的是备用基金；而且前者属于理事会可决定的事项，后者可能需要经业主大会讨论。

〔2〕 (1969) 90 WN (Pt1) (NSW) 711.

〔3〕《民法典》第278条，《物业管理条例》第11条。

〔4〕《关于审理建筑物区分所有权纠纷案件具体应用法律若干问题的解释》第7条。

〔5〕《业主大会和业主委员会指导规则》第17条。

〔6〕 Southern Ever Trading v. Incorporated Owners of Joy Garden案中，因业主法团未对电梯产生的噪声问题及时修理而被业主起诉，法庭认为法团未妥善履行职责。[2004] 4 HKC 134 (CA).

建筑物管理经验的中国内地业主而言并非权利而是负担，且其所设立的议事规程也很难体现规范性及公正性，易引发争端。中国内地的业主大会相比中国香港和新加坡，还欠缺一项对共有部分投保的职责。在早期的中国香港，建筑物因施工、共有部分坠落等原因造成第三方损害的情形并不罕见，责任最终由全体业主承担，高昂的医疗费用让众多业主不堪重负，居住于区分建筑物等于冒着不可预测之风险。为减少业主负担费用的不确定性，中国香港政府要求业主团体必须就建筑物共有部分投保第三者风险，如违反则管理委员会所有成员即构成犯罪并面临处罚。[1]鉴于共有部分所可能引发的第三者风险对业主安居乐业的重要影响，中国内地对此应引起重视。

综上所述，在中国内地业主大会职责确定上，本书提出三点建议：一是将建筑物的维修及维护作为业主大会的法定职责；二是将制定和修改业主会议议事规程剔除，该事项直接由法律规定；三是业主大会负有对建筑物投保火灾险和购买第三者险的义务。

（四）业主管理团体的权力及限制

管理团体的职责及权力有一定程度的交集，不易区分，本书此处管理团体的权力系指管理团体为行使其职责，法律或管理规约所赋予其享有的权力。

1.中国香港

在中国香港，业主法团拥有两项基本权力：(1)业主会议可通过有关公用部分的控制、管理、行政事宜或有关该等公用部分的翻新、改善或装饰的决议，而该决议对管理委员会和全部业主均具约束力；[2](2)在不影响管理委员会正常履职的情形下，业主会议可决议撤换管理委员会的任

---

〔1〕 BMO, s28(1)(2).

〔2〕 BMO, s14(1).

何委员(租客代表委员除外)。[1]在涉及共有部分的事项上,法团有如下酌情决定权:(1)为共有财产管理的需要雇用员工并支付薪酬;(2)经业主会议批准向管理委员会主席、副主席、秘书及司库支付津贴;(3)支付薪酬聘请会计师,以审计法团账簿及年度收支表和资产负债表;(4)支付薪酬聘请经理人或其他专业机构、专业商号或专业人员,由其代表法团执行法团相关职责或权力;(5)购买、租赁或以其他方式获取动产,作为公用部分的设施,以供业主享用;(6)在公用部分设置并保养草地、园圃及游乐场;(7)对公用部分进行翻新、改善或装饰工程(视属何情况而定);(8)就业主有共同权益的其他事务,代业主行事。[2](9)在业主欠缴费用且有公契规定的情况下,将业主土地权益出售或作押记登记。[3]BMO虽规定管理人可以行使第9项权力,但在Incorporated Owners of Kingsford Industrial Centre v. Austria Property Management案[4]中,法庭认为,即便满足条件,此项权力亦只应由业主法团行使,而不能由管理人行使。对业主单位的强制拍卖实际上构成对业主专有部分及成员权利的强制驱逐或剥夺,由业主法团行使该权利体现了司法的谨慎性。John Mixon认为:"一旦一个人变成了房屋所有者,利益平衡就会改变。他的金钱和情感已经卷入房产中,从而驱逐变得比刚开始的排斥要残酷得多。因此只有在该房主继续存在会显著而持续伤害到整体建筑物时,驱逐才能得到允许。"[5]

2.新加坡

在新加坡,业主管理团体在履行职责过程中,主要享有以下权力:(1)为履行职责的需要而与他人订立相关的合同。[6](2)业主如果不能完

---

〔1〕 BMO, s14(2)(3),如果业主会议撤销委员过多,以至于委员数量小于法定的数量时,该撤销决议则不能生效。

〔2〕 BOM, s18(1)(2).

〔3〕 BOM, s19.

〔4〕 [1997]3 HKC 735.

〔5〕 John Mixon, Apartment Ownership in Texas, Cooperative and Condominium, 1 House. L. Rev. 226, 1963-1964, p.261-262.

〔6〕 BMSMA, s29(2)(a)(b).

成有关部门要求的工作，或基于过失等原因没有履行法定管理规约要求的事务，管理团体有权执行，[1]相关费用可以向业主追缴。[2](3)因管理、维修共有财产及执行相关部门命令等情况时进入业主单位。[3](4)就共有部分的管理制定管理规约。[4](5)经业主会议通过决议，可以将共有部分交由特定业主使用。[5](6)可以将共有部分进行出租、抵押、转让等。[6](7)可以为土地等共有部分设定地役权。[7](8)业主欠缴管理费用，在符合下列条件时：①经业主会议特别决议（special solution)；②在报纸上公告6个星期；③业主没有提起相关的诉讼，可以拍卖业主的房屋优先偿还。[8](9)因业主过失或过错造成共有部分损害的，管理团体在维修后可向该业主追偿。[9](10)除非法律及管理规约明确禁止，管理团体有权允许业主就专有部分安装防盗网等安全设施。[10](11)有权对建筑专员的决定申诉等。[11]

3.中国内地

与中国香港及新加坡相比，中国内地法律法规赋予业主大会的权力很少。虽然《民法典》有“业主大会和业主委员会，对任意弃置垃圾、排放污染物或者噪声、违反规定饲养动物、违章搭建、侵占通道、拒付物业费等损害他人合法权益的行为，有权依照法律、法规以及管理规约，要求行为人停止侵害、消除危险、排除妨害、赔偿损失”[12]的规定，但目前业主大会并

---

〔1〕 BMSMA, s30(1)(2).

〔2〕 BMSMA, s30(3)(4).

〔3〕 BMSMA, s31.

〔4〕 BMSMA, s32，除本条规定外，对共有部分的法定规约还规定在Building Maintenance (Strata Management) Regulations 2005附表2当中，该附表对共有部分的管理、清洁等方面提出了21项的法定要求。

〔5〕 BMSMA, s33.

〔6〕 BMSMA, s34.

〔7〕 BMSMA, s35.

〔8〕 BMSMA, s33.

〔9〕 BMSMA, s30(5)(6).

〔10〕 BMSMA, s37A.

〔11〕 BMSMA, s52.

〔12〕《民法典》第286条第2款。

无明确的法律地位和诉讼主体资格，也缺少政府部门的行政协助，法律亦未对业主不履行业主大会的决议规定惩罚性后果，业主大会的权力实质上难以实现。

4.管理团体的权力限制

业主管理团体对建筑物维护管理、维护费用数额享有决定权、规则制定权和执行权，可以对业主的生活质量和财政状况产生重大影响。[1]因此，对其进行限制具有必要性和正当性。铃木禄弥也指出："业主之间的相互关系，比单纯的相邻人或单纯的共有人相互之间的关系更加密切、复杂，人数也更为众多，因此有对该团体予以规制的必要。"[2]一般而言，管理团体的权力行使受到以下限制：

一是不能超出法律及管理规约所授权的范围。这是管理团体行使权利应有之义，中国香港和新加坡有类似的规定。在Yu Chau Yeung v. The Incorporation Owners of Yee Hong Building案[3]中，业主法团在收取费用后允许第一层的业主在屋顶安装天线，顶层的业主认为业主法团此项许可违反法律及公契。法庭认为，在公契没有明确授权的情况下，屋顶作为共有部分只能用于公共用途，业主法团无权授权其他业主用于个人用途。中国内地将业主法定权利范围限制在"物业管理相关的决定"范围之内，[4]如超出此范围之行为，均系自始无效之行为。[5]此举虽能有效防止业主大会滥用职权，但"物业管理范围"还需在法律上进一步确定，而且限制有过窄之嫌疑，如能像美国《公寓所有权法》表述为"为了管理建筑物所必要

[1] 薛源：《区分所有建筑物自治管理组织制度研究》，对外经济贸易大学2005年博士学位论文，第5-6页。

[2] 陈华彬：《建筑物区分所有权》，中国法制出版社2011年版，第258页。

[3] LDBM 76/1995.

[4] 《物业管理条例》第19条规定，业主大会不得作出与物业管理无关的决定，不得从事与物业管理无关的活动。

[5] 崔建远：《物权法》，中国人民大学出版社2009年版，第221-222页。

的一般权利”,[1]则更能适应业主自治的发展需要。

二是权力限于业主具有共同利益的事项。管理团体由全体业主组成,代表全体业主的共同利益,这并无疑义。《业主大会和业主委员会指导规则》也表明,业主大会代表和维护物业管理区域内全体业主在物业管理活动中的合法权利。[2]管理团体能否在特定情形下代表部分业主行使一定的行为,中国香港和新加坡的司法实践有所不同。中国香港法院在Jikan Development Ltd. v. Incorporation Owners of Million Fortune Industrial Centre案[3]中指出,业主共同权益指所有业主的共同利益,而非部分业主的利益,故业主法团不能代表部分业主起诉。在新加坡MCST Plan No 1938 v. Goodview Properties Pte Ltd.案[4]中,管理团体代表其中的24名业主(业主总数为615名)提起诉讼,新加坡高等法院一审否定管理团体代表部分业主起诉的行为。上诉庭认为,在BMSMA第116条中,立法者并无意图去要求业主在任何时候均须一致行动,且如果这样规定,并无任何好处;假设存在开发商作为业主的情况,如果管理团体因开发商之行为拟提起诉讼,而开发商不予同意,那么是否意味着管理团体永远无法就此提起诉讼。上诉庭得出的结论是管理团体在特定情况下,可以代表部分业主提起诉讼。本书认可新加坡的司法观点,应承认管理团体具有代表部分业主诉讼的权利,否则无从协调业主与开发商之间的矛盾。因业主团体并非代表某个业主的利益,故对管理团体代表单个业主起诉的行为应予否定。[5]

---

〔1〕 C. G. Van Der Merwe, International Encyclopedia of Comparative Law, Volume Ⅵ, Property and Trust, Chapter 5, Apartment Ownership, 1994, p.151.

〔2〕《业主大会和业主委员会指导规则》第2条。

〔3〕(2003)HKCFAR 446,[2004]1HKLRD 181(CFA).

〔4〕[2000]4 SLR 576.

〔5〕 在此问题上,也有相反规定,如美国所有人协会还有权代表单个单元所有者对在销售区分所有权单元的过程中出现的欺诈提起请求。(Residential Bd. of Managers of Zeckendorf Towers v. Union Square-14th Street Associates, 190 A. D. 2d 636.)

5.管理团体的责任限免

管理团体的责任限免，在BMO和BMSMA上并无明确规定，但司法实践可以提供一些参考。

在新加坡和中国香港，管理团体不对其成立之前发生的事情主张权利或承担义务。在Hang Yick Properties Management Ltd. v. Incorporated Owners of Winner Building案[1]中，管理人向业主法团主张其成立之前的管理费用，法庭认为，业主法团和之前的管理人之间并无合同关系，不应就其成立之前的债务承担责任，本案的责任主体是全体业主，而非业主法团。在Koo Sun Yiu v. Victorison Delivery Ltd. & Ors案[2]中，原告因业主法团成立之前在建筑物内受伤，起诉了业主法团及其他业主，法庭同样认为业主法团不应就其成立之前的事情承担责任。

管理团体应否承担责任应视其是否合理履行职责，与最终结果无涉，管理职责不能等同于保险性质。在McDonalds Restaurants（Hong Kong）Limited v. The Incorporated Owners of Sing Shing Building案[3]中，麦当劳餐饮公司因水管爆裂导致浸泡损失而起诉业主法团。中国香港法院认为，业主法团在收到水管堵塞的通知后，已经快速采取了维修的措施，但仍不能阻止污水的流出，业主法团已履行其公共财产维修管理的义务和尽到了小心行事的责任，不应对麦当劳的损失承担赔偿责任。

（五）双层管理体制

双层管理体制是新加坡建筑物区分所有权的一个重要内容，其体现了区分建筑物管理的灵活性、公平性和精细化，是业主高度自治的体现。中国香港和内地在立法中并未涉及双层管理体制。

---

〔1〕［1999］3 HKC 574;［1999］CPR 39.

〔2〕［1996］4 HKC 152.

〔3〕See Malcolm Merry, *Building Management in Hong Kong*, LexisNexis, 2016, p.80.

1.双层管理体制的内涵

新加坡双层管理体制中存在两个管理层级，第一层为一个主管理团体(main management corporation)，第二层为一个或多个附属管理团体，[1]二者均具有法人资格以及诉讼主体资格。[2]附属管理团体由对有限共有财产具有特定利益的业主组成，负责与其相关的有限共有财产的管理，自行承担费用；其他共有部分（主要是立法禁止约定为有限共有部分[3]）仍由主管理团体管理，费用由全体业主负担。[4]有限共有财产所涉及的业主具有双重身份，其既是主管理团体的成员，有权参与主管理团体召开的业主会议并进行投票；同时又是附属管理团体的成员，参与附属管理团体的管理活动。在一个分层所有权计划中，管理团体的成立具有法定性，而附属管理团体的成立是任意的，是否设立双层管理体制主要取决于开发商或业主的意愿。附属管理团体也有自己的理事会，与管理团体相比，仅欠缺再次区分共有财产的权力，其他有关附属管理团体及其理事会人员组成、职能、权利、运行规则等规定均适用管理团体之规定。[5]附属管理团体业主费用负担=（业主份额÷有限共有部分份额）×有限共有部分的费用支出。[6]

2.双层管理体制产生的原因

在一个区分建筑物中，如果存在不同的利益群体，其很难就同一事项形成有效决议。例如在商住混用的建筑物中，商家业主对商场设施的改善具有利益，而住宅业主因不具有利益很难同意为此支付费用。双层管理体制允许具有不同利益的业主群体独立管理与其利益相关的财产，尽可能平衡不同业主群体之间的利益诉求。[7]双层管理体制意图使业主在管理费用

---

〔1〕 Teo Keang Sood, *Strata Title in Singapore and Malaysia*, LexisNexis, 2015, p.221.
〔2〕 BMSMA, s24(1)(2), s79(1)(b).
〔3〕 详见第三章“二、共有部分”的内容，BMSMA, s2。
〔4〕 BMSMA, s79(4)(d), s24(3).
〔5〕 BMSMA, s29(3)(4).
〔6〕 BMSMA, s81.
〔7〕 Teo Keang Sood, *Strata Title in Singapore and Malaysia*, LexisNexis, 2015, p.221.

负担上更加公平，而且解决业主间因为利益分化而导致的业主会议无法形成决议的问题。[1]双层管理机制还可以使业主能够将其所缴纳的管理费用集中用到其关注的事项，并可减少单层管理机制下不同业主因利益分化产生的纠纷，增强业主投资及入住的吸引力。[2]新加坡政府也阐明了其立法理由：双层管理体制目的不是要分化业主以及增加管理团体的数量，背后的立法精神是依据共有部分的清晰界线，区分不同业主的利益，以便业主更加灵活地管理区分建筑物。[3]

双层管理体制主要适用于以下四种区分建筑物：(1)商住混用型；[4](2)非住宅类型，可区分为商店和办公楼区域；[5](3)非住宅楼，物理上可以区分成不同的区域，但每个区域应至少包含5000平方米以上的建筑面积；[6](4)住宅区内有不同的住宅类型，比如安装电梯的区域和未安装电梯的区域等。[7]

3.双层管理体制存在的问题

双层管理体制确实给业主提供了更为公平合理的分配模式，鼓励业主参与区分建筑物的管理，但其至少存在以下的问题或困难：[8]

一是财产界限难以划清。双层管理体制要求对有限共有部分与共同共有部分作出清晰的划分，而实践中财产界限难以划清，这会造成主管理

---

〔1〕 Van Der Merwe, C. G, *Two-Tier Governance for Mixed-Use and Large-Scale Sectional Title Schemes*, South African Law Journal, Vol. 125, Issue 3, p.581 (2008).

〔2〕 Van Der Merwe, C. G, *Two-Tier Governance for Mixed-Use and Large-Scale Sectional Title Schemes*, South African Law Journal, Vol. 125, Issue 3, p.590 (2008).

〔3〕 新加坡国家发展部部长(Minister of National Development)在2008年BMSMA修订二读时的发言。转引自Van Der Merwe, C. G, *Two-Tier Governance for Mixed-Use and Large-Scale Sectional Title Schemes*, South African Law Journal, Vol. 125, Issue 3, p.582 (2008)。

〔4〕 BMSMA, s77(1)(a).

〔5〕 BMSMA, s77(1)(b)(i).

〔6〕 BMSMA, s77(1)(a)(ii).

〔7〕 BMSMA, s77(1)(c).

〔8〕 Teo Keang Sood, *Strata Title in Singapore and Malaysia*, LexisNexis, 2015, p.224.同时见Van Der Merwe, C. G, *Two-Tier Governance for Mixed-Use and Large-Scale Sectional Title Schemes*, South African Law Journal, Vol. 125, Issue 3, p.590–591 (2008)。

团体与附属管理团体的职责范围混乱，引发纠纷。在同一区分建筑物多个附属管理团体之间，有限共有财产的界限划分以及职责界定亦存在困难。

二是双层管理体制运行困难。双层管理体制比单层管理体制多了一层级的管理机构，这必然需要更多的志愿者参与区分建筑物的管理。而各国对参与管理的志愿者一般采取低薪酬或无薪酬的方式，也缺少其他激励志愿者的机制，无法长期维持志愿者的工作热情。如果找不到足够多的志愿者，那么双层管理体制将面临无人管理之困境。

三是不同类型及标准的管理模式可能造成混乱。在双层管理体制中，各附属管理团体拥有制定管理规约的自主权，其可以制定与主管理团体不一致的规约条款，不同附属管理团体之间也可能在管理费用等方面采取不一样的标准，这会造成管理上的混乱。如果业主之间相互攀比，将进一步增加管理上的困难。

四是管理费用增加。双层管理体制客观上需要更多的管理人，区分建筑物的总体管理费用会有所增大，业主分摊部分亦会增加。而且管理工作也比单层管理体制更加繁重。〔1〕

五是削弱业主的凝聚力。建筑物区分所有权以促进全体业主福祉为目的。为了实现这一目的，业主权利必须受到限制，放弃某种程度的自由选择，将部分权利交给业主管理团体。〔2〕业主的凝聚力源于共同的利益追求，而有限共有财产的区分和附属管理团体的建立势必造成业主权利的异化，不利于形成和谐社区。

六是有违业主管理团体简洁化的原则。区分建筑物的管理体制属于业主的自治体制，复杂的制度设计无疑对业主提出了更高的要求，在一定程度上会形成业主参与管理的障碍，有违管理体制应当“最大限度简洁”

〔1〕 主管理团体与附属管理团体自行制作以及向政府管理部门出具的文书会有一定的重复性，如财务记录、会议记录等。

〔2〕 戴萍：《不动产区分所有权法律制度比较研究》，对外经贸大学2010年博士学位论文，第34页。

的原则，[1]其运行有赖于业主具备较高的自治能力，具有一定的局限性。

正因为存在上述问题，实际上采用双层管理体制的建筑物数量不多，截至2014年5月26日，新加坡仅有30余个建筑物采取了此种管理模式。[2]Teo Keang Sood认为，其适用数量少并不代表制度的失败，其在公平分担费用以及减少业主不必要的纠纷等方面仍具有积极意义。[3]Van Der Merwe也高度认同双层管理体制，其甚至建议南非在立法中加入双层管理体制的内容。[4]

4.对中国内地的借鉴

从新加坡立法经验上看，区分有限共有部分及建立双层管理体制主要限于商住等混合建筑（社区），该类建筑物所涉业主具有类型化的特征，有着不同的利益诉求且难以调和。中国内地也存在混合建筑（社区）的管理问题。不可否认，双层管理体制能够兼顾不同业主的利益，做到管理的精细化，但双层管理体制实施存在客观上的困难，而且双层管理体制不可避免会对业主形成分割，减少团体的凝聚力。在中国内地，目前业主自治参与的人员有限，自治能力有待进一步提高，业主会议及委员会会议的运行还不够规范，尚未具备普遍适用双层管理体制的条件。考虑到中国区域发展的不平衡，以及不同区域、不同建筑物之间业主自治能力上存在明显区别，引入双层管理体制，丰富业主的自治选择也未尝不可。

从各国立法上看，区分有限共有财产的国家甚多，但少有采用双层管理体制，这说明有限共有财产的划分与成立双层管理体制之间并无必然的联系。混合建筑（社区）中对业主影响最大的因素是共有部分的使用和管理费用的负担。Lundquist认为，单层管理体制并非一无是处，其具有运行

---

〔1〕 Eva M. Fatenko, Mixed Use Condominiums, 242-OCT N.J. Law, p.31.

〔2〕 Source from Building and Construction Authority, Singapore.

〔3〕 Teo Keang Sood, *Strata Title in Singapore and Malaysia*, LexisNexis, 2015, p.223.

〔4〕 C. G. Van der Merwe & Graham Paddock, *Two-Tier Governance for Mixed-Use and Large-Scale Sectional Title Schemes*, South African Law Journal, Vol. 125, Issue 3, p.582 (2008).

成本低、权力构架清晰、管理高效等优点，挖掘单层管理体制的优点并进行适当改造，便可适应混合建筑（社区）的管理要求；[1]关键是在于合理界定有限共有部分和分配各类业主的管理费用。[2]如果能将部分业主单独使用的共有部分界定为有限共有部分，并由该部分业主自行管理使用并负担管理费用，亦可取得类似双重管理体制的效果。Lundquist还建议，为有效管理各类业主所在的区域，该区域的业主可建立附属委员会，执行讨论该区域的事项和执行业主会议的决议。[3]在拥有多栋楼房的住宅小区，高富平提出业主小组治理的理念，即每栋楼共用设施、共用部位上都有相对独立性，类似有限共有财产的概念，每栋楼可以成立一个业主小组，对该楼宇共同事务进行决策。[4]此观点有上海市的实践基础，《上海市住宅物业管理规定》允许在拥有两幢以上房屋的业主管理区域，以幢、单元为单位成立业主小组。[5]

本书亦认为，中国内地在目前尚不具备普遍适用双层管理体制的情形下，可以通过上述方式加强混合建筑（区域）的管理。即在立法中增加有限共有部分的分类，允许各类业主自行管理该区域的共有部分，决定相关事项，并自行负担费用。最理想的情形是，开发商设立区分建筑物时，便对有限共有部分进行划分，并制定各区域业主管理费用的详细负担方案。

---

〔1〕 Lundquist & John B, *Mixed Use Condominiums under the Minnesota Uniform Condominium Act*, William Michell Law Review, Vol. 10, p.101（1984）.

〔2〕 Lundquist & John B, *Mixed Use Condominiums under the Minnesota Uniform Condominium Act*, William Michell Law Review, Vol. 10, p.102（1984）.

〔3〕 Lundquist & John B, *Mixed Use Condominiums under the Minnesota Uniform Condominium Act*, William Michell Law Review, Vol. 10, p.102（1984）.

〔4〕 高富平：《物权法专论》，北京大学出版社2007年版，第392-393页。

〔5〕《上海市住宅物业管理条例》第35条规定："同一物业管理区域内有两幢以上房屋的，可以以幢、单元为单位成立业主小组。业主小组由该幢、单元的全体业主组成。业主小组应当履行下列职责：（一）推选业主代表出席业主大会会议，表达本小组业主的意愿；（二）决定本小组范围内住宅共用部位、共用设施设备的维修、更新、改造和养护；（三）决定本小组范围内的其他事项。业主小组议事由该业主小组产生的业主代表主持。业主小组行使前款规定职责的程序，参照本物业管理区域业主大会议事规则执行。"（该规定于2004年通过，2010年修订、2018年和2021年两次修正）

这也要求中国内地建立区分建筑物的设立登记制度，加强区分建筑物的物权公示效力。

二、委员会

中国香港、新加坡和中国内地的业主管理团体，均有日常执行机构，中国香港称为管理委员会（management committee），新加坡在分层所有权制度下称为理事会（the council或executive committee），中国内地称为业主委员会。[1]三地委员会均由首次业主会议选举产生，负责区分建筑物的日常管理，执行业主管理团体决议，但具体的组织形式和运行方式有所不同。

（一）委员会的人数

1.中国香港

BMO对管理委员会的委员人数有明确的规定：如建筑物的单位少于50个，委员人数须至少3人；如建筑物的单位在50个和100个之间，则委员人数须至少7人；如建筑物的单位多于100个，则委员人数须至少9人。业主可依此决定管理委员会的委员人数，如果存在租客代表，则管理委员会须至少包括1名租客代表。[2]

2.新加坡

BMSMA规定，理事会人员不能超过14人，[3]法律虽未明言最少人数，但一般不少于3人，分别承担主席、司库及秘书之职位。如果业主管理团体人数不超过3人，理事会应包含所有的业主。[4]如果业主管理团体仅有1名

〔1〕 为便于称呼，本章采“委员会”作为通用名称；但在特指的区域下，仍使用其法域所赋予的名称。

〔2〕 BMO附表2，s1。

〔3〕 BMSMA，s53（1）.

〔4〕 BMSMA，s53（2）.

业主，该业主的行为视同理事会的决议。[1]

3.中国内地

业主委员会由5—11人单数组成。[2]只有一个业主的，或者业主人数较少且经全体业主一致同意，决定不成立业主大会的，由业主共同履行业主大会、业主委员会职责。[3]

（二）委员会成员及任期

1.中国香港

管理委员会须选出一名主席、秘书和司库，还可选举出副主席，其中秘书和司库可以从非委员的业主中产生，但主席和副主席均须同时为管理委员会成员。[4]主席的权利主要与会议有关，如指定会议的期间、主持会议辩论及进程等，副主席在主席缺席的情况下代行主席之权利；秘书负责委员会的日常工作以及会议事项，司库主要负责财务。[5]管理委员会成员在空缺的时候，可以召开业主会议（包括业主临时会议）补选委任成员，任期至下一次换届时间。如未召开业主会议，可以由管理委员会临时从业主中补选，但任期仅至下一次业主大会。[6]如补选主席或副主席，则只能从管理委员会成员中补选。[7]业主周年会议隔届重新选举，不论是业主周年会议选举还是后来补选的委员，都需卸任，但可重新当选。[8]Incorporated Owners of Finance Building v. Bright Hill Management Consultants Co Ltd.[9]和Incorporated Owners of Alliance Building v. Elegant Fund

---

〔1〕 BMSMA，s53（3）.
〔2〕 《业主大会和业主委员会指导规则》第31条。
〔3〕 《物业管理条例》第10条。
〔4〕 BMO附表2，s2。
〔5〕 BMO附表2，s2。
〔6〕 在该次业主会议中选举出委员。
〔7〕 BMO附表2，s6。
〔8〕 BMO，附表2，s5（1）。
〔9〕 ［2002］4 HKC 33.

Investment Ltd.[1]两个案件明确了如下原则：管理委员会成员任期届满后，如果业主法团怠于举行业主会议重新选举，任期届满的成员仍可继续行使权利，直到新的一届管理委员会选出为止。案件反映的司法理念是：委员选举的程序瑕疵应让位于建筑物须有人管理和维护的客观要求。

2.新加坡

理事会由主席、秘书、司库各一人及若干委员组成，其中主席、秘书及司库又称为“执事人员”(office bearers)，其工作职能与中国香港类似，但“执事人员”须从理事会成员中选出，[2]这点与中国香港有所区别。主席、秘书和司库三个职位不能兼任。[3]

理事会成员在每一次的周年业主会议都须重新选举，原来的委员均可重新当选，[4]但司库不能连任超过3届。[5]法律虽规定理事会委员只能在周年业主大会上选举产生，[6]但实践中认可临时业主大会选举或解聘委员的效力，这主要是避免因理事会人员空缺而影响建筑物的管理。在MCST Plan No 460 v. Goldhill Properties (Pte) Ltd. & Ors案[7]中，部分业主要求理事会主席召开临时业主大会选举委员但未得到同意而成诉，法院认为，临时业主会议同样具有选举委员的权力，主席无权拒绝召集会议。在Jayasoorich v. MCST Plan No 983案[8]中，分层所有权局同样认可临时业主会议罢免理事会成员的效力。

3.中国内地

业主委员会由5—11人单数组成，[9]含主任、副主任各一名，成员实行

〔1〕[2005] HKCU 146 (unreported, LDBM 191/2004, 31 January 2005).

〔2〕BMSMA, s55(3) a and b.

〔3〕BMSMA, s55(7).

〔4〕BMSMA, s53(6).

〔5〕BMSMA, s53, 9B.

〔6〕BMSMA, s53(4).

〔7〕[1991] 3 MLJ 247.

〔8〕同样可见Jayasooriah v. MCST Plan No 983案。

〔9〕《业主大会和业主委员会指导规则》第31条。

任期制，每届任期不超过5年，可连选连任。[1]委员出现空缺时，应当及时补足，委员候补办法由业主大会决定或者在业主大会议事规则中规定；委员人数不足总数的1/2时，应当召开业主大会临时会议，重新选举业主委员会。[2]法律及行政法规未对主任、副主任及其他委员的工作职能作具体分工，但明确所有成员都具有同等的投票权。[3]相比较而言，委员候补办法在中国香港和新加坡由法律直接规定，主要是为了给业主更为明确的指引和减少争议，中国内地由业主大会规定委员候补办法，反而增加了业主自治的困难。此外，中国内地业主委员会成员的5年任期远超中国香港（2年）及新加坡（1年）的规定，任期时间长虽便于开展工作，但容易滋生腐败等损害业主利益之情形，也容易加深业主与业主委员会之间的矛盾。

（三）委员的资格及丧失

1.中国香港

委员资格要求。在中国香港，处于破产状态的人，或曾于过去5年内在中国香港或其他地方因犯罪被判处超过3个月而又不得以罚款代替的监禁（无论是不是缓刑）的人，无资格被选任为管理委员会委员。[4]

委员停任情形。委员有以下情况须停任：（1）丧失资格的委员；（2）因精神或身体上的疾病而致丧失行为能力；（3）未经管理委员会同意而3次以上连续缺席管理委员会会议；（4）以书面形式辞职；（5）以租客代表身份而获委任的人，不再是建筑物单位的占用人；（6）不再具有业主身份；（7）法团依决议撤去其职务。[5]如果管理委员会成员因卸任等原因空缺较多，特别是在缺少主席、司库等重要人员的情况下，除可重新选任外，还可向土

---

〔1〕《业主大会和业主委员会指导规则》第32条。
〔2〕《业主大会和业主委员会指导规则》第46条。
〔3〕《业主大会和业主委员会指导规则》第32条。
〔4〕 BMO附表2，s4（1）。
〔5〕 BMO附表2，s4（2）。

地注册处或土地审裁处申请指定管理人。[1]

2.新加坡

委员资格要求。理事会成员可以是21岁以上的业主或非个人业主(如公司业主)提名的人。[2]Si-Hee Kok Chun & Anor v. Ramesh Ramchandami案[3]确认业主配偶可以当选理事会成员,其他家庭成员能否获此权利尚无案例。以下人员无参选资格:(1)在选举日前3天,未清缴建筑物管理费用及相关费用的业主;[4](2)处于破产状态的业主[5]。如果是商住混用的区分建筑物,各类型的业主至少有一名当选。

委员资格丧失。以下情形终止委员资格:(1)三次未经理事会允许而缺席会议者;(2)欠下BMSMA项下的款项且超过3个月;(3)不当行为、玩忽职守、不能妥当履行职责;(4)丧失业主资格;(5)经业主会议表决免职。[6]

3.中国内地

委员资格要求。业主委员会委员应当是物业管理区域内的业主,并符合下列条件:(1)具有完全民事行为能力;(2)遵守国家有关法律、法规;(3)遵守业主大会议事规则、管理规约,模范履行业主义务;(4)热心公益事业,责任心强,公正廉洁;(5)具有一定的组织能力;(6)具备必要的工作时间。[7]在任职资格上,中国香港及新加坡都关注业主是否具备正常的经济状况,以减少业主成为委员利用职权谋取个人利益的可能性。中国内地设定的选任标准,缺少客观性且难以核实。

〔1〕 See Smart Wealth Asia Pacific Ltd v. The Incorporated Owners of Kelly Court(unreported, LDBM 251/2013, 31 December 2013);余永生与薄扶林道35号业主立案法团案[2013] HKCU 27(unreported, LDBM 239/2012, 3 January 2013)。

〔2〕 BMSMA, s53(6).

〔3〕 [2006]2 SLR 59.

〔4〕 BMSMA, s53(7)a-c.

〔5〕 BMSMA, s53(9).

〔6〕 BMSMA, s54(1)(2).

〔7〕《业主大会和业主委员会指导规则》第31条。

委员资格丧失。委员资格自行终止的情形：(1)因物业转让、灭失等原因不再是业主；(2)丧失民事行为能力；(3)依法被限制人身自由；(4)法律、法规以及管理规约规定的其他情形。[1]由业主委员会1/3以上委员或者持有20%以上投票权数的业主提议，业主大会或者业主委员会根据业主大会的授权，可以决定是否终止其委员资格的情形：(1)以书面方式提出辞职请求；(2)不履行委员职责；(3)利用委员资格谋取私利；(4)拒不履行业主义务；(5)侵害他人合法权益；(6)因其他原因不宜担任业主委员会委员。[2]法律虽规定委员在不履行委员职责和不履行业主义务的情形下，可以终止其任职，但并未给出明确的标准，不利于实际操作。在此问题上，可参考中国香港及新加坡“三次未经委员会同意而未出席会议”以及“欠缴管理费用三个月以上”等具体标准。此外，委员是自愿性且无薪酬的工作，委员提出辞职应属于自行终止资格之情形，而不应再交由业主大会或业主委员会讨论决定。

(四)委员的薪酬

在中国香港，管理委员会的主席、副主席、秘书及司库可以获取薪酬，BMO为此设定了上限：单元数不多于50个的，上述人员薪酬上限为每月600港币；单位数在50—100，薪酬上限为900港币；单位数多于100的，薪酬上限为1200港币。[3]为管理委员会重要成员支付薪酬是中国香港建筑物区分所有权法律制度的一个特征，薪酬不高但具有象征性，意味着业主认可管理委员会的法律地位，也是对重要成员所付出努力的尊重和肯定，有利于调动业主参与建筑物管理的积极性。上述人员是否领取薪酬并不改变其所承担的相应职责。新加坡和中国内地对委员是否支付薪酬无相应规

[1] 《业主大会和业主委员会指导规则》第43条。
[2] 《业主大会和业主委员会指导规则》第44条。
[3] BMO附表4。

定，应认定为委员不享有薪酬待遇。

（五）委员的责任限免

1.中国香港和新加坡

在BMO和BMSMA框架下，委员会均不是责任承担的主体，其责任由管理团体或委员个人承担。在中国香港，管理委员会如违反法律规定，推定所有委员均构成犯罪，均须承担个人责任，比如未为共有部分投保第三者险，[1]未妥善存备业主法团财务资料等。[2]如管理委员会的行为给业主或第三人造成损失的，业主法团承担责任。[3]新加坡未采用推定所有委员构成犯罪的立法模式，侧重于委员个人责任，委员须为个人违法行为担责。[4]

为保障委员行使权力，BMO和BMSMA均规定了委员免责条款。在中国香港，委员如真诚地以及以合理方式行事，则无须为履行职务所作出的行为或造成的错误承担个人法律责任，相应责任由业主法团承担。[5]在管理委员会违反法律规定的情形下，委员如证明该罪行既非在他同意亦非在他纵容下所犯，且其已尽了一切努力以防止犯该罪行，可以免责。[6]新加坡同样以真诚和勤勉原则作为委员履职的要求，[7]同时要求委员不得利用其职权直接或间接为自己或他人谋取利益。[8]在Re Steel & Ors and the Conveyancing（strata Titles）Act 1961案[9]中，法庭解释了委员的行事标准：被告（理事会委员）应认识到其为了所有业主的共同利益而行使职权，

---

〔1〕 BMO，s28（2）.

〔2〕 BMO，s27（1）.

〔3〕 BMO，s29A.

〔4〕 BMSMA，s61（3）（a）and（b）.

〔5〕 BMO，s29A.

〔6〕 BMO，s28（2）.

〔7〕 BMSMA，s61（1）.

〔8〕 BMSMA，s61（2）.

〔9〕 （1968）88 WN（Pt 1）（NSW）467，citing from Teo Keang Sood，*Strata Title in Singapore and Malaysia*，LexisNexis，2015，p.372.

应去权衡履职行为中所蕴含的利益与责任的冲突，并证明其并非为了自身的利益而行使权力。理事会委员还被要求披露利害关系：如果某个合同或事务与其有直接或间接的利害关系，其应在理事会会议前声明，且不参与该合同或事项的讨论、决议及投票。[1]在Sum Lye Heng v. MCSTP No 2285 & Ors案[2]中，法庭认为，原理事会主席在理事会会议前已声明其系SCMS公司股东的身份，并被记录在会议记录之中，而且其已向各理事会成员发送私人邮件说明情况，并向建筑专员说明其身份，故已经妥当履行了利害关系披露的法律义务。

在委员的责任承担上，中国香港和新加坡的立法虽未明示，但其实质上引入了公司法的商业判断原则。商业判断原则的雏形可以追溯到美国1829年路易斯安那州最高法院审理的Percy v. Millaudon案。该案在判断董事是否违反勤勉义务的主观和客观标准时分别借鉴了侵权法上的"普通人的审慎"和信托法上的"受托人义务"，但仍采用"实体性审查"。[3]在1984年Aronson v. Lewis案[4]后，商业判断规则才正式被法院和学界承认及引用，该案对商业判断原则定义为："公司董事在知悉的基础上，本着诚信、并诚实相信所采取的行为符合公司最佳利益的一种假定。"[5]商业判断原则在区分所有权机制上的运用，限制了法院对委员会成员行为的审查范围，即法院仅限于审查该委员行为是否得到授权，是否以诚信方式行事以及是否为了业主管理团体的合法利益而行事；如果没有证据证明委员有不诚信、欺诈、自我交易的行为或其他不正当行为，则阻却对委员行为的合

---

〔1〕 BMSMA, s60(1)a and b.

〔2〕 [2003]4 SLR(R)553.

〔3〕 丁丁:《商业判断规则研究》，吉林人民出版社2005年版，第11页。

〔4〕 473 A. 2d 805, 812(Del. 1984).

〔5〕 中国内地学者对"商业判断原则"解释为：公司的内部事务，应当由公司董事和管理部门自己去管理；只要他们作出决定时抱有良好的动机，其决定是符合通常的管理程序的，股东就不能对他们起诉，即使他们的决定被证明是错误的。参见戴萍:《不动产区分所有权法律制度比较研究》，对外经济贸易大学2010年博士学位论文，第128页。

理性司法审查。商业判断原则在鼓励业主参与区分建筑物的自治管理，减轻责任负担等方面具有积极意义。

2.对中国内地的借鉴

因业主委员会是业主大会的内设机构，其不应该成为责任承担主体，委员行为所产生的后果应由业主大会或委员自行承担。中国内地没有明确委员履职的要求，无法为业主委员会及委员的履职提供明确指引和划定清晰的界限。引入商业判断原则，将真诚、勤勉作为业主委员会及委员的行事标准，确有必要。同时，对于商业判断原则亦应有所限制，其有两个主要理由：一是商业判断原则基于公司的逐利性而诞生，鼓励管理人员不因投资及经营风险而畏缩不前，而物业管理主要在于维护物业保值和稳定，物业管理行为所包含的商业性因素很小，二者有较大的区别，委员在处理事项上应比公司管理人员更具有保守性和谨慎性；〔1〕二是即便出于善意，也存在侵害业主合法权益的可能，假定大多数委员为正直而善意的，在该规则的保护下，委员会的有害决议或行为将很难被推翻，〔2〕故应给予业主必要的救济。王珉建议将合理性审查作为商业判断原则的限制及辅助，即在确定某个有效和可执行的默示权力或职责是否存在时，通常应评估该权力或职责是否为合理且必要的，而非任意且多变的。〔3〕商业判断原则主要采取“形式性”判断标准，侧重于对委员行为动机的判断，有利于保护和鼓励委员行使职权；合理性原则偏向于对行为本身进行“实质性”审查，其目的是为业主提供对于武断、反复无常的规则的保护，使法院能够抑制多数业主通过规则不公平地影响少数业主权益的行为。本书认为，就司法实践角度而言，商业判断标准是主观标准，在具体认定上存在一定的

---

〔1〕 张巍：《略论集群住宅业主团体之自治规范的有效标准——以美国法与日本法之比较研究为中心》，载梁慧星主编：《民商法论坛》第2卷，法律出版社2005年版，第78页。

〔2〕 王珉：《建筑物区分所有权中的成员权行使研究》，复旦大学2014年博士学位论文，第145-146页。

〔3〕 王珉：《建筑物区分所有权中的成员权行使研究》，复旦大学2014年博士学位论文，第145页。

困难，合理性原则具有一定的客观性，通过对业主委员会及其委员的行为进行合理性审查，亦利于倒推其行为的动机，是否具有善意、是否已尽到勤勉和真诚义务等，故以"商业判断原则为主，合理性原则为辅"的审查标准，较为适合中国实际。此外，还须辅于行为利益的判断，即判断委员行为是为了自身利益还是全体业主的共同利益。同时，因业主委员会采用集体表决的方式，在业主委员会违法事项上，可参照中国香港推定全体委员违法的模式，除非个别委员能证明其已尽责履职；对于未经业主委员会讨论而委员单独所作之行为，由委员承担个人责任为宜。

（六）委员会与管理团体之间的关系

1.法律地位及诉讼主体资格

在中国香港，管理委员会代表业主立案法团行使法团所具有的职责和权力，[1]其不具有独立的法律地位。在Fourth Management Committee of the Incorporated Owners of Hanley Villas v. Second Management Committee of the Incorporated Owners of Hanley Villas & anor案[2]中，法庭认为，管理委员会相当于公司的董事会，没有独立的法人资格和诉讼主体地位，现今的管理委员会无权起诉先前的管理委员会，如果涉及业主法团的利益，应由业主法团作为诉讼主体。在Fidelity Realty Ltd. v. Management Committee of the Incorporated Owners of Hang Chiang Building案[3]中，法庭认为，如果业主与管理委员会委员之间产生纠纷，其应起诉委员而非管理委员会。即便BMO将管理委员会作为某些法律程序的主体，但在Incorporation Owners of Kwai Wan Industrial Building v. Kwai Fung Industrial Ltd.[4]等案件中，法庭一直声明，BMO并未赋予管理委员会独立

〔1〕 BMO, s29.

〔2〕 LDBM 73/2004.

〔3〕 [2005] 1 HKLRD 309.

〔4〕 LDBM 208/2002.

的诉讼主体资格。新加坡理事会是业主管理团体的内设机构，不能以自己的名义行事，其决定被视为业主管理团体的决定。[1]因此，理事会亦不具备独立的法律地位及相应的诉讼主体资格。

中国内地的情况有所不同，如前所述，业主委员会虽系业主大会的执行机构，但最高人民法院认为其具有“其他组织”的法律地位，可以作为诉讼主体。业主大会与业主委员会在法律上未体现出从属性。

2.职权范围

委员会权力来自法律及管理团体制定的管理规约的授权。

中国香港业主法团的职责及权力，由管理委员会代表法团行使及执行，[2]这是管理委员会的基本定位。同时，BMO赋予管理委员会具有一定程度的独立性，明确将基金的厘定、[3]业主缴款的追讨、[4]法团账目的管理、[5]进入业主单位[6]等权力交由管理委员会实施。因此管理委员会能以自己的名义自主作出某些行为或决定，这在Incorporation Owners of Golden Crown Court v. Chow Shun-Yung案[7]中得到了验证，法庭认为，管理委员会的行为并非均需要经业主会议同意后才实行。管理委员会独立行使某些权力，主要考虑的是权力行使的便利性，而不是认为其具有独立的法律地位。管理委员会行使权力受《供应品、货物及服务采购操作守则》[8]的制约：如果合同标的超过20万港币或管理费用年预算的20%，管理委员会无权决定，须采取招标的形式，由业主会议决定是否接受该标书。但两种情况无须招标：一是有关供应品、货品或服务与某供应商当时提供

[1] BMSMA, s58(1).
[2] BMO, s29.
[3] BMO, s21(3).
[4] BMO, s22, s26.
[5] BMO, s27.
[6] BMO, S40.
[7] HCA 4322/1986.
[8] BMO, s2A; Code of Practice on Procurement of Supplies, Goods and Services, 由田土厅发布。

给法团的供应品、货品或服务属同一种类；二是管理委员会按照业主会议决议指明的条款及条件向该供应商取得有关供应品、货品或服务，而非以招标承投方式取得。[1]当然，业主法团也可以通过制定管理规约限制管理委员会的权力。

与中国香港相比，新加坡的理事会缺少独立性，其完全依附于业主管理团体，其决定视同业主管理团体的决定。[2]理事会的职权范围受业主管理团体和法律的双重限制：首先，理事会不能对BMSMA等法律规定应经业主会议讨论的事项作出决定，[3]也不能就影响超过1/3份额业主利益的事项作出决定。[4]其次，理事会的职权范围由业主管理团体通过业主会议决定，业主管理团体可以移除理事会对特定事项的权利，交由业主会议决定。[5]而且无论理事会是否履职，均不影响业主管理团体行使法律以及管理规约所赋予的权力。[6]因此，建筑物实际由业主管理团体而非理事会掌控。

在中国内地，业主委员会由业主大会依法选举产生，履行业主大会赋予的职责，执行业主大会决定的事项，接受业主的监督。[7]业主委员会本质上是业主大会的执行机构，但目前业主委员会被赋予了本应由业主大会享有的法律地位和诉讼能力。业主委员会执行业主大会的决定事项，履行下列职责：(1)召集业主大会会议，报告物业管理的实施情况；(2)代表业主与业主大会选聘的物业服务企业签订物业服务合同；(3)及时了解业主、物业使用人的意见和建议，监督和协助物业服务企业履行物业服务合同；

---

〔1〕 BMO, s20, s2A.

〔2〕 BMSMA, s58(1).

〔3〕 详见有关业主会议决议部分的内容，除一般多数决议的事项，管理团体可以授权理事会决定之外，其他方式决议的事项，则必须由业主会议讨论决定。

〔4〕 BMSMA, s58(3).

〔5〕 BMSMA, s59.

〔6〕 BMSMA, s58(2).

〔7〕《业主大会和业主委员会指导规则》第3条。

(4)监督管理规约的实施;(5)业主大会赋予的其他职责。[1]

3. 中国内地业主大会与业主委员会关系的构建

业主大会和业主委员会经常作为法律的并列主体,如"业主大会或者业主委员会的决定,对业主具有约束力。业主大会或者业主委员会作出的决定侵害业主合法权益的,受侵害的业主可以请求人民法院予以撤销"[2]等,二者主次地位不清。加之业主委员会具有业主大会所不具备的"其他组织"的法律地位和诉讼主体资格,造成了业主大会的虚化,二者关系亟须理顺。

首先,应明确业主委员会是业主大会的内设执行机构。只有业主大会具有独立的法律地位和诉讼资格,业主委员会的法律地位及诉讼资格应被撤销。业主委员会应以业主大会的名义行事,其产生的法律后果由业主大会承担。

其次,合理划分业主委员会的权力行使范围。业主委员会的权力界定既要体现鼓励业主委员会进行管理之原则,又要防范业主委员会权力过大,缺乏监督而可能产生的腐败。目前,业主之间、业主与业主委员会之间的信任还未充分培养,在业主自治文化还未确立的情况下,对业主委员会的权力应加以限制。在此方面可以借鉴新加坡的立法,明确两条原则:一是法律规定由业主会议讨论的事项,业主委员会不能越权行使;二是明确业主大会有权通过管理规约决定业主委员会的管理权限。法律和管理规约未涉及之事项,为便于实质发挥业主委员会的管理职能,应推定为业主委员会之权力所在。

最后,明确业主委员会在一定范围内从事民事行为的能力。业主委员会空有法律地位和诉讼资格,但其民事行为能力非常欠缺,除了能够代表业主与物业服务企业签订合同之外,法律未再规定其具有其他对外民事权

---

〔1〕《物业管理条例》第15条。

〔2〕《物权法》第78条。

利。如果业主委员会的所有行为都须经业主大会讨论决定，则其工作效率无法保障。因此，应通过立法概括授权业主委员会可在特定范围（比如单项费用不超过5万元）内以业主大会的名义直接对外签署合同和从事民事活动，单个行为无须再经业主会议授权。

（七）委员会的解散

业主可以解散管理委员会是中国香港的特有制度，如果业主不愿意负担管理委员会的费用或不满意管理委员会的工作，可以在业主周年会议中委任一名管理人，然后议决解散管理委员会，该决议书必须由会议主席签署确认，并在会议日期后14日内送交土地注册处处长，否则不能生效。管理人应履职至委出新的管理委员会或业主法团委任新的管理人。[1]新加坡和中国内地并无此制度，理事会或业主委员会一经选任，在业主管理团体存续期间，业主不能决议解散管理委员会。因委员会系管理团体的日常执行机构，BMO和BMSMA均规定在管理团体解散时，委员会同时解散。中国内地并无业主团体的终止及解散机制，对业主委员会的解散无相关规定。

三、会议制度和管理规约

业主基于其成员身份，通过参与业主会议、订立管理规约、选任业主委员会委员以处理共同事务等方式行使权利。[2]管理团体与委员会均通过会议制度达成决议，实现管理。无论是业主周年会议还是临时业主会议，均须经一定程序，由特定召集人召集，其所作的决议方可产生法律上的效力；若无此程序，则只视为业主之间的偶然集会，其所通过的协议不具有

---

〔1〕 BMO, s30.
〔2〕 参见温丰文:《论公寓大厦住户生活秩序之维护》，载《东海大学法学研究》2005年第23期。

法律效力。[1]委员会会议与之类似。管理规约作为业主团体的自治性文件，本质上亦属于业主会议决议，在建筑物的管理中起到至关重要的作用。业主会议决议不仅对业主具有约束力，依业主会议决议的内容，对建筑物的承租人、占用人等亦具有约束力。[2]

在业主会议决议的性质上，存在不同的学说观点。共同行为说认为，决议是方向相同的两个以上意思表示合致成立的共同行为；[3]特殊多方法律行为说认为，决议行为系区别于共同行为的特殊多方法律行为；[4]意思形成说认为，决议行为是社团意思形成行为，决议并不调整参与制定决议的人之间的关系，而旨在构筑他们共同的权利领域或者他们所代表的法人的权利领域，[5]在重大问题上，在作出对外行为之前，还必须先在内部形成社团的意思。[6]本书认为，会议决议并不要求业主之间达成一致意见，共同行为说存在明显缺陷；特殊多方法律行为说在一定程度上能够弥补共同行为说的缺陷，但忽视了决议背后所代表的团体意识；在“三元论”的理论框架下，意思形成说更能解释业主会议决议的性质。

（一）业主会议

业主会议为全体业主为决定建筑物共同事务及所涉之权利义务所举行的会议。[7]中国内地立法及学界对区分建筑物管理中的会议制度缺少关注，会议制度至少有如下重要意义：（1）其系业主、管理团体及委员会行使

〔1〕参见温丰文：《论区分所有权人会议》，载《法令月刊》1999年第11期。

〔2〕陈华彬：《业主的建筑物区分所有权——评〈物权法草案〉第六章》，载《中外法学》2006年第1期。

〔3〕参见［日］我妻荣：《新订民法总则》，于敏译，中国法制出版社2008年版，第229页；王泽鉴：《民法总则》，北京大学出版社2009年版，第209页；刘得宽：《民法总则》，中国政法大学出版社2006年版，第166页。

〔4〕参见龙卫球：《民法总论》，中国法制出版社2001年版，第436页；朱庆育：《民法总论》，北京大学出版社2013年版，第133页。

〔5〕［德］卡尔·拉伦茨：《德国民法通论》（下册），王晓晔译，法律出版社2003年版，第433页。

〔6〕［德］迪特尔·梅迪库斯：《德国民法总论》，邵建东译，法律出版社2000年版，第841页。

〔7〕林永汀：《区分所有权人会议》，台北，世潮出版有限公司1999年版，第18-19页。

权力的主要方式；(2)其为业主参与建筑物管理提供了有效的途径；(3)其为管理团体及其委员会是否合法行使权力的重要判断依据；(4)会议程序有其独立的价值和含义，法律关注决议行为的程序正义，决议是否有效不取决于行为人的意思表示是否真实，在一定程度上取决于决议程序是否合法；[1](5)公开、透明、严谨的会议程序有助于达成建筑物管理的实质正义；(6)符合程序的会议决议更易被业主接受，从而有效减少业主与管理团体及委员会之间的争议。

中国香港和新加坡高度重视业主会议，将业主会议视为管理团体达成决议的唯一途径。中国内地允许未参加会议的业主通过书面方式表达意见，[2]淡化了业主会议的程序性，不利于业主参与建筑物的管理。

1.法定人数的基本法理

会议讨论的事项涉及全体业主的共同利益，由全体业主共同讨论决定是理想之情形。但实际生活中，并非每个业主都有时间或愿意参与共同管理，要求所有业主参与会议表决的做法并不现实。同时，为了体现会议的民主性，需要确定一定比例的业主参加会议才能确保会议的有效性。因此，业主会议制度首先需要确定会议的法定人数，即会议召开所需的最低业主人数。近年来，业主会议法定人数的要求呈现降低的趋势，特别是在业主人数众多的区分建筑物中。[3]比如中国香港规定为10%，[4]美国规定为20%，[5]澳大利亚新南威尔士州规定为25%[6]等。

业主会议法定人数的规定实质上是赋予部分人（不一定是大部分人）

---

〔1〕 参见戴建庭、白明刚：《单方法律行为、合同、决议的瑕疵分析和责任比较》，载《东方法学》2012年第4期。

〔2〕 《物业管理条例》第12条规定“业主大会会议可以采用集体讨论的形式，也可以采用书面征求意见的形式”。

〔3〕 Van der Merwe & Cornelius G, *The Democratization of Proceedings at General Meetings in Strata Title or Condominium Schemes*, US-China Law Review, Vol. 9, p.150(2012).

〔4〕 BMO附表3，s5(1)。

〔5〕 UCIOA of 1994(amended 2008)s. 3-109(a).

〔6〕 New South Wales Strata Schemes Management Act(1996), Act 138.

管理共同事务的权利，其源于罗马法的共有制度。依据罗马法的规定，"一共有人不行使其权利时，其他共有人即可行使其全部"〔1〕；"每个共有人对共有物均享有完整的权利"〔2〕。共有制度本身并未要求所有的共有人必须作出意思表示，才能实现共有物的管理，在部分共有人怠于行使权利时，其他共有人可以就共有物作出决策，这也是为了保护每一个共有人利益，便于物的使用而形成的法律制度。

业主会议法定人数的界定存在不同的立法体例，主要有业主人数和财产价值两种标准。以业主人数达到一定比例作为会议法定人数的有中国香港、德国〔3〕、瑞士〔4〕等，也有将单位数量作为业主法定人数的计算方式，如马来西亚。〔5〕财产价值又有多种形式，分为业主份额（如新加坡）、单位价值（如法国〔6〕）、面积比例（如日本〔7〕）等。也有采取业主人数和财产价值双重标准，如中国内地。一般而言，以业主人数作为法定人数有利于小业主的保护，更能体现民主性以及团体成员之间的地位平等；以财产价值作为标准，则倾向于尊重和保护财产权利，拥有较多财产的业主对会议是否能召开具有更强的影响力。为避免少数大业主操控会议决定，某些法域对业主人数和业权份额的计算作出一定限制，例如拥有多个单位的业主仍视为一个业主，无论份额多大，最多计为20%等。〔8〕法定人数的标准界定涉及共有财产管理正当性、效率性以及其他影响性因素。

正当性包括两个方面：一方面，全体业主对共有部分均具有管理权，参与决议的业主数量越多，决议的正当性就越强；另一方面，就共有财产

---

〔1〕 周枏：《罗马法原论》（上），商务印书馆1994年版，第335页。

〔2〕 黄风：《罗马私法导论》，中国政法大学出版社2003年版，第210页。

〔3〕 德国《住宅所有权法》第25条。

〔4〕 《瑞士民法典》第712条。

〔5〕 The Malaysian Strata Titles Act of 1985, Act 318.在投票上也称为"一户一票"。

〔6〕 按照专有部分的价值与建筑物的总价值之间的比例确定，法国《住宅分层所有权法》第22条。

〔7〕 日本《有关建筑物区分所有等之法律》第38条。

〔8〕 中国台湾地区"公寓大厦管理条例"第29条规定："任一区分所有权人之区分所有权占全部区分所有权五分之一以上者，其超过部分不予计算。"

而言，每个共有人均有使用和管理的权利，如果法定人数的要求过高导致实际上无法集会或难以集会，这势必剥夺了希望参与管理的业主的管理权利，从而导致非正当。因此，不能单纯以业主人数的多寡作为制度正当性的唯一标准，而应该在确保会议能够正常召开的前提下，尽可能增加业主的参与人数。效率性包括会议召开的效率性以及会议决议的效率性。一般而言，法定人数与会议效率成反比，如追求效率，在法律制度上应尽量降低法定人数的下限。

会议法定人数的标准并非纯粹的法律问题，与政府导向、业主参与度等因素相关。如果行政权力的参与度高，业主自主管理的空间便会缩小，立法倾向于对法定人数有较高的要求；如果行政参与度低，区分建筑物主要由业主自主管理，则需要降低法定人数，提高效率。就业主参与度而言，如果业主具备较好的民主意识和自主管理的能力，其会倾向于参与自主管理，即使规定较高的法定人数，也不容易流会，反而会使会议更能彰显多数业主的意志。反之，如果业主参与度不高，却规定较高标准，最终的结果便可能是业主无法有效召开会议及参与管理。

2.法定人数的具体要求

中国香港在业主会议法定人数上采取业主人数的单一标准。一般会议（general meeting）一年仅召开一次，故也称业主周年会议。业主周年会议的召集人为管理委员会，其须在法团注册成立之日起15日内召开第一次业主周年会议，其后的周年会议须在不早于前一次周年会议12个月和不晚于15个月内召开。〔1〕如会议议程涉及解散管理委员会，业主会议的法定人数须为业主总人数的20%；如属其他情况，业主会议的法定人数须为业主总人数的10%。〔2〕总人数不少于5%的业主可以要求召开临时业主会议（extraordinary general meeting），管理委员会主席须在收到要求后14日

〔1〕 BMO附表3，s1（1）。
〔2〕 BMO附表3，s5（1）。

内，就业主所指明的事宜召开法团的业主大会，并在收到要求后的45日内举行业主会议。[1]管理委员会在认为适宜的情况下，也可召开业主临时会议，[2]业主临时会议的法定人数与业主周年会议的法定人数规定一致。在U Wai Investment Co Ltd. & Anor v. Au Kok Tai & Ors案[3]中，拥有份额超过5%的一个业主（原开发商）要求管理委员会召开业主会议而被拒绝。法庭认为，有权请求会议召开的条件是业主人数，与业权份数无关。

在新加坡，第一次业主周年会议由开发商召集，此后的周年会议由理事会召集，会议的周期为不早于前一次周年会议12个月和不晚于15个月。[4]业主周年会议的法定人数无特别要求，如果在会议指定时间的半小时内，有2个以上的业主到场，会议视为具备法定人数，可有效召开；[5]甚至，如果仅有理事会主席到场，也视为有效会议。[6]总份额20%以上的业主或总人数25%以上的业主可以要求理事会召开临时业主会议，理事会应在6个星期内召开会议。[7]会议的法定人数为总份额的30%的业主。[8]如果理事会延迟召开会议超过14日，总份额50%的业主可自行召开会议，产生的费用由业主团体承担。[9]新加坡业主周年会议是依法律必须召开的会议，其免受法定人数的限制；[10]临时业主会议为业主要求所召开，为平衡不同业主之间的利益，受法定人数的限制。

在中国内地，首次业主周年会议由筹备组召集，并选举产业业主委员

〔1〕 BMO附表3，s1（2）。

〔2〕 BMO附表3，s1（2）。

〔3〕 [1997]4 HKC 200.

〔4〕 BMSMA，s27（1）.

〔5〕 BMSMA附表1，s3（3）。

〔6〕 BMSMA附表1，s11。

〔7〕 BMSMA附表1，s3（3）。

〔8〕 BMSMA附表1，s3（2）（a）。

〔9〕 BMSMA附表1，s14（3）。

〔10〕 新加坡此种方式提高了会议效率，但也被批评缺乏民主性。See Van der Merwe & Cornelius G, *The Democratization of Proceedings at General Meetings in Strata Title or Condominium Schemes*, US-China Law Review, Vol. 9, p.155（2012）.

会。之后的业主大会分为定期会议和临时会议。[1]业主会议可以采用集体讨论的形式，也可以采用书面征求意见的形式，[2]但应当由专有部分面积占比三分之二以上的业主且人数占比三分之二以上的业主参与表决。[3]

在三种情况下，可以召开业主临时会议：(1)经专有部分占建筑物总面积20%以上且占总人数20%以上业主提议；(2)发生重大事故或者紧急事件需要及时处理的；(3)业主大会议事规则或者管理规约规定的其他情况。[4]临时会议的法定人数与定期会议法定人数一致。

与中国香港和新加坡相比，中国内地业主会议法定人数采用人数和面积的双重标准，所需的门槛过高，导致很多业主大会即便成立，摆设意义也大于实质意义，无法在建筑物管理中起到重要作用。2003年的《业主大会规程》曾规定业主会议的法定人数为1/2投票权的业主，[5]但《业主大会和业主委员会指导规则》取代《业主大会规程》后，未保留该规定。《民法典》制定后，业主大会的法定人数从《物业管理条例》所规定的专有部分占比过半数的业主且占总人数过半数的业主提升至专有部分面积占比三分之二以上的业主且人数占比三分之二以上的业主，进一步增加了会议召开的难度。[6]

3.会议通知

业主因缺乏时间、个人意愿等原因，其不可能参加所有会议，但其可能选择参加有利益关系或所感兴趣的会议。会议通知是确保业主知道会

〔1〕《物业管理条例》第13条。

〔2〕《物业管理条例》第12条。

〔3〕《民法典》第278条。

〔4〕《业主大会和业主委员会指导规则》第21条。

〔5〕《业主大会规程》第15条规定："业主大会会议可以采用集体讨论的形式，也可以采用书面征求意见的形式；但应当有物业管理区域内持有1/2以上投票权的业主参加。"《业主大会规程》于2010年被《业主大会和业主委员会指导规则》取代，现已失效。

〔6〕《民法典》第278条，《物业管理规定》第12条。

议召开的时间以及需讨论的事项，以便业主作出是否参加会议的决定。[1]会议通知同时具有限定业主会议讨论事项之作用，非会议通知列明事项，不得在业主会议上讨论和表决。

在中国香港，会议通知须由管理委员会秘书于会议日期前最少14日送达每名业主及租客代表。送达方式包括：当面送交、寄往最后为人所知的地址或将通知留在业主单位或信箱内。秘书还须在法团会议日期至少14日前，在建筑物的显眼处展示会议通知。[2]会议通知应当指明会议日期、时间和地点及会议拟讨论的议题或事项。[3]在景翠苑业主法团决议被宣告无效案[4]中，法庭宣告会议决议无效的原因为业主会议通过决议的事项未包含在会议通知中。

新加坡会议通知的要求与中国香港基本一致，[5]但不同的议题所需的通知时间不同，有14日和21日等。中国内地对召开业主大会会议通知时间是会议前15日，但未规定通知的具体方式及内容。[6]

4.会议主席

在中国香港，业主会议的主席为管理委员会主席，负有主持会议的职责，如果主席缺席，由副主席组织会议，如无副主席或也缺席，则在业主中推选一人主持会议。[7]如赞成和反对的票数相同，则会议主席除原有的普通票一票外，另可投决定性的一票。[8]

在新加坡，业主会议的主席为业主管理团体的主席，其被要求出席每

---

〔1〕 C. G. Van der Merwe, *The General Meeting of the Sectional Titles Act Compared to the Wohnungseigentumerversammlung of the German Wohnungseigentumsgesetz*, Stellenbosch Law Review, Vol. 7, Issue 3, p.269 (1996).

〔2〕 BMO附表3，s2。

〔3〕 BMO附表3，s2。

〔4〕 LDBM，485/2001.

〔5〕 BMSMA附表1。

〔6〕《物业管理条例》第14条。

〔7〕 BMO附表3，s3（1）。

〔8〕 BMO附表3，s3（4）。

一次业主会议，在主席缺席的情况下则需从与会人员中推选出一人作为会议主席。[1]主席拥有审议会议议题的权利，其如果认为某项议题可能与法律或法定管理规约相冲突，可将该提案移出会议议程。[2]投票结果由主席宣读。[3]

中国内地未对会议主席作出特别规定。

5.议题及表决

只有列入会议通知的议题才能在业主会议上讨论。表决权的法理及立法体例与法定人数具有相似性，也存在人数决、财产价值决及混合决的不同标准。财产价值决体现了对业主财产权利的尊重及保护理念，受到多数国家的青睐，正如温丰文所言："区分所有权虽具有人法的要素，但其本质仍不失为物权之一种，因而决议若单纯以人头数为准，很可能造成专有部分较少的多数人支配专有部分较多的少数人，有失情理之平。"[4]王利明则认为人数决能防止资产多数所产生的"暴政"。[5]为平衡业主财产权和保护少数业主的利益，多数国家采用财产价值决为主，兼顾人数决的决议模式。业主决议旨在维护共同利益，特定继受人亦属团体成员，无论其决议前还是决议后加入，均有义务遵行。[6]

在中国香港，业主周年会议的议题由管理委员会依照BMO规定的管理事项提出，业主临时会议的议题由管理委员会或请求召开会议的业主提出。会议决议根据业主份额（1份额等于1票）决定，采取过半数票决定的原则。如赞成和反对的票数相同，则会议主席有权投出决定性的一票。[7]

---

〔1〕 BMSMA附表1，s6。

〔2〕 BMSMA附表1，s4。

〔3〕 BMSMA附表1，s10。

〔4〕 温丰文：《论区分所有建筑物之管理》，载《法学丛刊》第147期。

〔5〕 王利明主编：《最高人民法院建筑物区分所有权、物业服务司法解释原理精解·案例与适用》，中国法制出版社2010年版，第128页。

〔6〕 温丰文：《论公寓大厦规约》，载《法令月刊》1999年第47期。

〔7〕 BMO附表3，s3，s5。

业主可以亲自到场投票，也可委托他人代为投票，委托书需提前48小时提交管理委员会审议。[1]如果同一份额由多个业主共有拥有，需由共同委托的代表投票，或以先投票的业主为准。[2]有两个例外情形采取双重份额标准：一是业主法团解聘公契管理人时，须与会代表过半数票通过，且得到总份额50%以上的业主的支持；[3]二是委出管理委员会时，须与会代表过半数票通过，且得到总份额30%以上的业主的支持。[4]

在新加坡，理事会成员的选举、下一年度管理费用的厘定、业主管理团体的下一年度预算、指定具体的财务审计人、界定应由业主会议决定的事项等均为业主周年会议的法定提案。[5]每位业主都有权以书面的形式向理事会提出其所希望在业主周年会议上讨论的事项。[6]业主临时会议的提案由请求召开的业主或理事会提出。

在理事会成员的选任上，新加坡采取一户一票的投票方式，以单位数量计算投票权，无须理会业权份额，以过半数参会票通过。[7]在Seng Really and Development Pte Ltd. v. MCST Plan No 2344案[8]中，大会主席要求举手投票，但原告拥有几套单位，举手表决无法体现其投票权，认为表决方式违法。该意见得到了分层所有权局的支持。在其他事项中，投票权以业主份额为准。允许业主委托他人代为投票，但受托人不能代表超过2个单位（或2%的单位，以最高者为准）的业主，且需在48小时前送理事会审议。[9]以业主份额表决的方式有6种，除属于“一般多数”表决所涉事项之外，其他方式表决的事项只能由业主会议表决决定，理事会不拥有决

---

〔1〕 BMO附表3，s4。

〔2〕 BMO附表3，s5。

〔3〕 BMO附表7，s7（1）。

〔4〕 BMO，s3（2）.

〔5〕 BMSMA附表1，s1（3）。

〔6〕 BMSMA附表1，s12（1）。

〔7〕 BMSMA附表1，s8。

〔8〕 [2002] SGSTB 1.

〔9〕 BMSMA附表1，s17。

定权。[1]

"一般多数"(ordinary solution)表决要求,在业主会议召开前14日公示提案,与会业主份额过半数有效票通过。[2]

"特别多数"(special solution)表决要求,在业主会议召开前21日公示提案,与会业主份额75%有效票通过;[3]适用于以下事项:(1)将土地或单位转约定为共有部分;[4](2)将共有部分作1～3年的租赁;[5](3)合并两个或多个单位间的共有部分;[6](4)就区分建筑物的管理、使用等制定管理规约;[7](5)制定管理规约确定业主就共有部分享有1～3年的独占使用权;[8](6)减少或退还维修费用;[9](7)出售业主单位以回收其所欠的管理费用;[10](8)为业主利益增加或提升共有部分设施;[11](9)在前期管理期间改变或建造共有部分的结构;[12](10)投保事项的决定。[13]

"90%决议"(90% solution)表决要求,在业主会议召开前21日公示提案,与会业主90%的份额有效票通过,[14]适用于以下事项:(1)制定管理规约确定业主对共有部分享有3年以上的独有使用权;[15](2)将共有部分转让或作3年以上的租赁;[16](3)允许业主采取增加其建筑面积的方式。[17]

---

[1] BMSMA附表1, s5。
[2] BMSMA, s2(2).
[3] BMSMA, s2(3).
[4] BMSMA, s34(3)(a)-(c).
[5] BMSMA, s34(2)(a).
[6] BMSMA, s34(5).
[7] BMSMA, s32(3).
[8] BMSMA, s33(1)(b).
[9] BMSMA, s41(9).
[10] BMSMA, s43(3)(a).
[11] BMSMA, s29(1)(d).
[12] BMSMA, s50.
[13] BMSMA, s71(1)(c).
[14] BMSMA, s2(5).
[15] BMSMA, s33(1)(c).
[16] BMSMA, s34(1)(a).
[17] BMSMA, s37(2).

“一致决议”(unanimous resolution)表决要求,在业主会议召开前21日公示提案,业主会议中获得与会业主有效票的一致通过,主要适用于业主管理团体为一块土地赋予或负担地役权的情形。[1]

“综合决议”(comprehensive resolution)表决要求,在业主会议前21日公示提案,在会议结束的12个星期内获得90%的与会业主的有效票份额通过。[2]该决议与90%决议的形式相似,但不是当场投票,而是在12个星期内投票,业主有更多的考虑时间。主要适用于:(1)在共有部分发生改变导致个别单位使用共有部分增多的情形下,以其他计算方式替代按业主份额分担管理费用及其他费用;[3](2)将共有部分界定为有限共有部分并成立附属管理团体,将单层管理体制转变更为双层管理体制;[4](3)改变共有部分与有限共有部分,或有限共有部分之间的界限;[5](4)解散或终止附属管理团体。[6]

“合意决议”(resolution by consensus)表决要求,在业主会议前21日公示提案,在会议结束的12个星期内获得全体业主份额通过。[7]与前5种表决方式不同,此种决议计算全体业主份额,而非与会业主份额。主要适用于:(1)采用其他方式取代份额收取管理基金和备用基金;[8](2)对区分建筑物不投保火灾险、雷电险及爆炸险;[9](3)终止业主管理团体。[10]

中国内地采用面积和业主人数相结合的计票方式,制定和修改业主大会议事规则、制定和修改管理规约、选举业主委员会或者更换业主委员会

---

[1] BMSMA, s35(1).
[2] BMSMA, s2(6).
[3] BMSMA, s41(6).
[4] BMSMA, s78(1).
[5] BMSMA, s78(6)(7).
[6] BMSMA, s84(2).
[7] BMSMA, s2(7).
[8] BMSMA, s41(8).
[9] BMSMA, s70(1).
[10] BMSMA, s84(1).

成员、选聘和解聘物业服务企业或者其他管理人、使用建筑物及其附属设施的维修资金、有关共有和共同管理权利的其他重大事项，应当经参与表决专有部分面积过半数的业主且参与表决人数过半数的业主同意；但涉筹集建筑物及其附属设施的维修资金、改建、重建建筑物及其附属设施改变共有部分的用途或者利用共有部分从事经营活动三个事项，须经参与表决专有部分面积四分之三以上的业主且参与表决人数四分之三以上的业主同意。[1]此外，业主将住宅改变为经营性用房的，除遵守法律、法规以及管理规约外，应当经有利害关系的业主一致同意。[2]

6.会议记录

在中国香港，每次业主会议的会议记录，须由管理委员会秘书保存，在会议结束的28日内，至少连续7天展示于建筑物显眼处。[3]管理委员会保留会议记录的时间不少于6年。如租客代表、业主及相关权利人书面要求法团向他提供会议记录的副本，秘书可以收取合理的复印费，但无权拒绝提供。[4]新加坡法律要求会议记录须明确记载会议的时间、地点、与会业主的姓名、与会代理人姓名、表决结果及形成的决议等内容；[5]同时规定理事会应保存好会议记录，并根据业主或相关人员的需要提供。[6]中国内地也要求业主委员会做好业主大会会议记录，[7]相关会议决议应向业主公布。[8]

7.中国香港、新加坡的业主会议制度对中国内地的启示

中国香港近年来成立了BMO检讨委员会，对条例实施情况进行全面

〔1〕《民法典》第278条。
〔2〕《民法典》第279条。
〔3〕BMO附表3，s6。
〔4〕BMO附表3，s6A。
〔5〕BMSMA附表1，s10A。
〔6〕BMSMA，s47.
〔7〕《物业管理条例》第14条。
〔8〕《业主大会和业主委员会指导规则》第36条。

检讨，也涉及业主决议事项的反思。2014年11月民政总署发布了《〈建筑物管理条例〉第344章检讨咨询文件》，该文件提出如下建议：(1)为减少大型维修或翻新工程所引发的纠纷，建议将讨论此议题的业主会议法定人数从10%提升至20%，决议所需票数从过半数票提升至75%，会议通知时间由14日提升至21日；(2)为便于成立法团，委出管理委员会需拥有总份额30%业主的支持减少至20%；(3)减小终止公契管理人的难度，将决议需拥有总份额50%业主支持减少至30%。从总体上看，香港特区政府除重大工程事项外，还是希望进一步降低业主达成决议的难度，增强业主自治的能力，此改革方面对中国内地应有所启示。

建筑物区分所有权法律制度，其不仅需要明确业主、管理团体以及委员会之间的权力边界，还需要为其权力行使确立具体的原则和程序。业主会议是业主参与区分建筑物管理的最主要的途径，会议制度的欠缺则会阻却业主行使区分建筑物管理的权力。中国香港、新加坡的建筑物区分所有权法律制度之所以行之有效，得益于其法律所设定的会议制度。中国内地建筑物区分所有权法律的完善，须将完善会议制度作为其重要内容，本书就以下几个方面提出建议：(1)会议程序由立法详细制定，业主会议不再享有会议程序的制定权。(2)坚持严格的会议程序，会议决议正当性源自会议程序正当性，故须严格坚持会议召集、会议通知、会议表决等方面的程序。(3)降低业主会议召开的法定人数要求。业主周年会议和业主临时会议的法定人数均采取业主人数的单一标准，以避免业主会议受开发商控制，法定人数可限制在30%～50%为宜。(4)区分不同事项，采取不同的表决方式。在物业服务企业的选任、解聘的表决中，采取人数决；其他事项表决，采取财产决，即以业主专有面积占总面积的比例(或份额)为依据。(5)降低会议表决的要求。表决时仅统计参会的有效票，未参与会议的投票权、会议无效票及弃权票均应排除在票数统计之外。一般事项经过会议半数有效票通过，特别事项经会议2/3有效票通过。(6)在建立份额制度之后，用份额制度替代面积比例。

8.业主人数增多以及科技的发展对传统表决方式带来的挑战

会议制度在中国香港和新加坡都有着较长的历史，早期的区分建筑物所涵盖的业主人数不多，业主集会难度较小，会议制度有效保障了业主决策的程序性和正当性，对建筑物管理起到了重要的作用。随着城市人口的增多，土地稀缺的矛盾日益突出，出现了众多高层建筑和人口密度大的社区。[1]业主人数的增加，使得集会变得困难，同时很多社区也面临集会场所不够、会议秩序维持难等问题；如果严格依照会议通知的程序，委员会秘书将不堪重负。对此，中国香港的解决思路有两条：一是将更多的权力赋予管理委员会行使，减少对业主会议表决的需求；二是降低会议法定代表的人数，保持集合的可能性。这两种方法在解决问题的同时，也招来了批评：首先，管理委员会职权的扩大，意味着业主直接参与管理的机会降低，同时也无法保证委员行事的中立性、合理性，无法消除腐败的隐忧；其次，业主法定人数的大幅降低，使业主会议变成了一小部分人的会议，会议决议越来越难以代表全体业主的共同利益，其群体性和正当性正在流失。因此，有必要寻求新的决议途径，应对业主人数增多对建筑物管理带来的挑战。

科技的进步和网络的普及，也提供了业主决议的新的途径。只有借助科技力量，才能使日益失控的建筑物管理制度回归正轨。本书建议由政府组织开发建筑物的管理软件（手机App），每个区分建筑物聘请专业人员完成业主资料及建筑物资料的输入，可包括如下内容：(1)每个单位具有一个账户，显示业主的名称，以及建筑物的总份额及单位所占据的具体份额；[2](2)设立业主会议提议栏目，每个业主都可以提出会议议题并阐明主要理由，同意该提议的业主在系统中点击同意，系统自动生成同意该提

[1] 在北京、上海等大城市，都已出现涵盖数千单位的住宅小区，居住人口亦以万计。

[2] 在未建立份额制度的情况下，可以以面积比例替代份额标准。

议的业主人数以及份额，按照人数及份额的排列顺序，人数和份额多的提议自动置顶，达到一定比例（如10%）的议题自动移到待投票区域；（3）业主委员会具有提出业主会议议题的权力，该提议不受业主人数或份额的限制；（4）设立业主投票栏目，待有效议题达到一定数量，业主委员会发布投票通知和截止日期（投票期间可由法律或管理规约规定），时间截止后，由系统自动生成参与投票的人数，以及所代表的业主人数和份额；（5）设定业主周年会议栏目，规定会议的法定议题，业主在规定的时间内表决；（6）整个系统对业主处于公开状态，业主可以审查提议以及决议的正当性；（7）业主委员会负责系统的管理以及会议记录的保存，并执行有效的业主决议。当然，在业主人数不多的建筑物，采取传统的会议制度便可满足建筑物管理之需要。

如能采用网络会议取代现实的业主集会，业主参与建筑物管理的难度将会降低，也能减轻委员会的工作。在此基础上，可适当提高法定人数的比例，使业主决议更能代表全体业主的利益和意志。在全体业主能够比较顺畅地达成决议时，委员会的权力也应作相应限缩，将更多的事项交由业主决定。同时，决议方式的改变，也可为更加细致的管理体制（如双层管理体制）施行提供有利条件。

在新的决议方式出现并取代传统的业主会议程序前，中国香港和新加坡规范的会议程序，仍值得中国内地借鉴，以实现集会的可行性和决议的正当性。

（二）委员会会议

1.基本规定

中国香港、新加坡及中国内地，委员会都采取集体决议制。

在中国香港，管理委员会会议须至少3个月举行一次，主席可随时召集会议。会议举行前7日，管理委员会秘书须向各委员发出会议通知，载明会议议程。会议由管理委员会主席主持，如主席缺席，则由副主席主持，如副主席缺席则委任一个委员作为本次会议主席，会议主席在票数相同的情况下，有权投出决定票。[1]管理委员会会议应有过半数的委员出席，作出的决定经出席会议委员过半数同意。[2]管理委员会须作会议记录，在会议结束的28日内，在建筑物显著位置向业主至少连续7日公开决议内容。[3]

新加坡理事会的会议规则与中国香港的基本类似，[4]其会议通知时间较短，仅为3日，且没有主席具有决定性投票权的规定。为增强会议透明度，业主有权列席管理委员会会议，旁听管理委员会的会议讨论以及了解决议形成的过程，但未经允许不能在会议上发表意见。[5]为了落实此规定，要求管理委员会或管理人须在会议开始前24小时将会议信息张贴在公告板上。[6]在KLH Enterprises Pte Ltd. & Chemech Industries Pte Ltd. v. MCSTP No1601案[7]中，新加坡分层所有权局认为理事会在开会时拒绝业主旁听，其通过的决议违法。

在中国内地，法律规定业主委员会应有过半数的委员出席，作出的决定必须经全体委员半数以上同意，且委员不能通过代理的方式发表意见。[8]此种规定不利于业主委员会达成决议，为减少决议形成的阻碍，在票数的计算上，不应计算未参加会议的委员，由与会委员过半数通过即可达成有效决议。

2.决议效力的认定

业主管理团体及其委员会的决议如果违反法律、法规或侵害业主合法

---

〔1〕 BMO附表2，s10。
〔2〕 BMO附表2，s10（2）。
〔3〕 BMO附表2。
〔4〕 BMSMA附表2。
〔5〕 BMSMA附表2，s5。
〔6〕 LTSA附表2，para4。
〔7〕 ［1994］STB No 31.
〔8〕 《业主大会和业主委员会指导规则》第38条。

权益的，业主可以挑战会议决议的效力，在此问题上，三法域无本质区别。在新加坡和中国内地，行政管理部门和法院均可审查会议决议的效力，〔1〕在中国香港，该权力只能由法院行使。对于纠纷性质，中国香港、新加坡认为是异议之诉，包含无效、可撤销、不成立等类型，由法院判断；中国内地在立法上是撤销之诉，即决议仅存在可撤销之情形。〔2〕例如在陈某等诉北京市丰台区南某大厦小区业主委员会业主撤销权案〔3〕中，法院认为，业主委员会无法证明《投票统计表》关于业主投票记载的真实性，业主大会决议可撤销。将“可撤销”替代决议的“无效性”，将导致不当法律后果：一方面，决议撤销的法律前提是决议有效，若将违法决议认定为有效但可撤销，违反一般法理；另一方面，撤销权受除斥期间限制，若撤销权人未在法定期间内行使撤销权，违法决议则可能成为有效决议。〔4〕为弥补法律逻辑的自洽性，建筑物区分所有权法律中应增加决议无效的认定规则，徐银波还建议增加决议不成立的认定规则。〔5〕

在决议的效力审查上，倾向实体正义者认为应视程序瑕疵是否侵害成员表决权及社团利益而认定其是否导致决议可撤销。〔6〕秉持程序正义者认为，程序具有和平、参与、自愿、公平、及时、人道、正统等独立价值，程序瑕疵之决议当然可撤销。〔7〕中国香港和新加坡在会议决议（特别是委员会会议决议）的审查上倾向于实体正义的立场，对于议事程序的瑕疵，法律

---

〔1〕《物业管理条例》第19条规定：“业主大会、业主委员会应当依法履行职责，不得作出与物业管理无关的决定，不得从事与物业管理无关的活动。业主大会、业主委员会作出的决定违反法律、法规的，物业所在地的区、县人民政府房地产行政主管部门或者街道办事处、乡镇人民政府，应当责令限期改正或者撤销其决定，并通告全体业主。”在新加坡，分层所有权局也可对会议决议进行审查。

〔2〕《民法典》第280条、《物业管理条例》第19条。

〔3〕北京市丰台区人民法院民事判决书，(2014)丰民初字第8253号。

〔4〕徐银波：《决议行为效力规则之构造》，载《法学研究》2015年第4期。

〔5〕徐银波：《决议行为效力规则之构造》，载《法学研究》2015年第4期。

〔6〕参见丁绍宽：《股东会瑕疵决议的效力研究》，载《法学》2004年第6期；黄学武、葛文：《股东会召集程序瑕疵与撤销——一则申请撤销股东会决议纠纷案评析》，载《法学》2007年第9期。

〔7〕参见陈醇：《意思形成与意思表示的区别：决议的独立性初探》，载《比较法研究》2008年第6期。

及司法持较为宽容的态度。在新加坡，理事会的行为及程序只要是出于善意，即便存在委员缺席、委员缺乏任职资格或存在任命上的缺陷等问题，均不影响理事会达成的决议。[1]在中国香港法院受理的The Incorporated owners of Blocks F1 to F7 of Pearl Island Holiday Flats v. Wong Chun Yee案[2]中，区分建筑物有上百个单元，管理委员会依法应有9名以上的委员，事实上业主大会选出10名委员，但其中2名委员因连续缺席3次已经停任，导致委员的人数低于法定不少于9名委员的要求，管理委员会也未曾补选委员。该案的争议焦点是管理委员会在少于法定人数(9人)的情况下，其作出的决议是否有效。法庭认为，管理委员会委员人数低于法定人数并不当然导致其无法作出有效决议，因管理委员会会议在50%委员出席的情况便可举行，[3]本案有7名委员出席会议，满足会议的条件，其通过的决议有效。对于影响业主实体权益的会议决议，法庭一般持否定态度。在Incorporated Owners of Chungking Mansions v. Shamdasani Murli Pessumal案[4]中，公契对管理费用的征缴有特别约定，管理委员会不顾该约定，作出依据业主份额征收新增管理费用的决议，被法庭宣告无效。

对于中国内地的会议决议审查，本书亦认可实体正义的倾向性立法，允许对程序性的瑕疵进行补救，既符合“比例原则”[5]，也有利于鼓励业主委员行使职权，避免委员因风险担忧而放弃对建筑物的管理。德国联邦最高法院也认为，如果委员无异议地接受了有关投票表决的书面记录，那么就应推定投票表决的过程遵守了程序规定……如果委员会应当经业主大会授权却在未经授权的情况下作出决定，在此情况下业主可以通过对投票

[1] BMSMA，附表2，s6。

[2] [2001] HKCU 1424.

[3] BMO附表2，s9。

[4] CACV 416/2002.

[5] 比例原则是德国宪法诉讼中非常重要的宪法性原则，在基本价值发生冲突之时用来平衡各方之间的利益。其中的“狭义比例原则”是指行为所造成的损害与所追求的成果应符合一定的比例，例如以毁坏一片森林的代价捕杀一只小鸟显然是不合理的。

结果或者决定内容的追认对会议瑕疵予以补救。[1]

（三）管理规约

建筑物区分所有权是财产法和团体法结合的产物，管理规约则为财产法和团体法的黏合剂，其通过意思自治，赋予了建筑物区分所有权法律制度更丰富的内容和生命力。采用管理规约来规范共同所有权人之间的关系以及建筑不动产的使用条件，是法国人在实践中总结出来的经验。[2]业主制定共同规约，并自觉遵守其中的规则，为共同建立和谐有序的生活小区创造了前提条件，也对财产保值和增值起到了极其重要的作用。管理规约又称业主公约、业主规约，是为了增进业主共同利益，确保良好生活环境而制定，并经业主大会决议的共同遵守事项；[3]是业主自主订立的，关于建筑物、宅基地、附属设施等管理和使用的规则；[4]不仅可为业主设定权利义务，还可规定日常生活需遵守的事项；[5]只要不违反强制、禁止性规定，不违背公序良俗或排除、变更区分所有权的实质，业主可自由为之。[6]管理规约如同公司的章程、国家的宪法，具有业主团体自治法规的性质，是业主团体的最高自治规则和业主基于意思自治精神而对小区物业管理所作出的自律约定。管理规约的内容一般包括业主之间的基础法律关系的事项、共同事务的事项、利害调节的事项、对违反义务者处置的事

〔1〕 参见《德国联邦最高法院民事裁判集》第49卷。

〔2〕 ［法］弗朗索瓦·泰雷、菲利普·森勒尔：《法国财产法》，罗结珍译，中国法制出版社2008年版，第778－779页。

〔3〕 温丰文：《论公寓大厦规约》，载《法令月刊》第47期。

〔4〕 ［日］渡辺晋.《最新区分所有法の解説》，住宅新报社2009年版，第260页。转引自齐恩平：《业主权释义和构建》，黑龙江大学2011年博士学位论文，第147页。

〔5〕 Teo Keang Sood, *By-Laws in Strata Scheme*, Singapore Journal of Legal Studies, Vol. 1, p.189 (2015).

〔6〕 温丰文：《建筑物区分所有权之研究》，台北，三民书局1992年版，第150－151页。大陆学者亦认为："以书面形式设定的业主公约，是依据私法自治原则衍生出来的规约自治原则而制定的，只要不违反法律的强制性规定，不违背公序良俗原则，不变更或排除区分所有权的本质，均可产生法律上的效力。"参见梁慧星：《中国物权法研究》（上），法律出版社1998年版，第405页。

项等内容。[1]

在管理规约的制定、修改和废止上，存在一致决和多数决的立法体例。德国采取一致决，[2]中国香港、新加坡和中国内地采取多数决原则。究其原因，采取一致决的国家将管理规约视为业主之间的契约，[3]故须全体同意；采取多数决的法域将管理规约视为团体法上的行为，[4]故多数同意即可。[5]为防止损害少数业主利益，管理规约的制定及内容变更时，对部分业主的权利有特别影响时，[6]应征得其同意，温丰文认为“此乃基于既得权不可侵原则与衡平之法理所为之规定”。[7]管理规约依其内容具有对人之效力及对物之效力，以特定人员为对象的管理规约，所涉人员及继受者均须受其约束；以特定物为对象的管理规约，所有使用者（无论是否为业主）均须遵守其规定。[8]

1.中国香港

公契的性质属于管理规约。因公契系开发商制定，为限制开发商的权利，BMO加入了法定公契条款[9]和与公契一致即加入的条款，[10]并通过要

〔1〕 陈华彬:《业主的建筑物区分所有权——评〈物权法草案〉第六章》，载《中外法学》2006年第1期。

〔2〕 德国《住宅所有权法》第10条第2项、第3项。

〔3〕 契约说认为，业主公约是住宅区全体业主之间的契约，“是全体业主意思表示的一致，是业主间的合同，但它不是单纯的债权合同”。参见[日]川岛武宜:《注释民法（7）物权（2）》，有斐阁昭和五三年版，第390页。

〔4〕 规约的性质，通说认为属于法律行为中的共同行为，见尹章华等:《公寓大厦管理条例解读》，台北，月旦出版股份有限公司1995年版，第112页。

〔5〕 陈华彬:《论区分所有建筑物的管理规约》，载《现代法学》2011年第4期。

〔6〕 比如将屋顶出租安装具有强辐射性的设施，可能对人体产生危害时，须征得顶楼业主的同意；又如将楼顶用作运动场所，如产生超出一般的噪音和振动，亦须经顶楼业主的许可，不得单纯以业主决议程序合法作为抗辩。

〔7〕 温丰文:《论公寓大厦规约》，载《法令月刊》第47期。

〔8〕 使用人受业主规约中有关使用事项之约束，对建筑物、基地或附属设施之使用方法，与业主负有同样的义务。参见温丰文:《论区分所有建筑物之管理》，载《法学丛刊》第147期。

〔9〕 BMO，s34E；BMO附表7。

〔10〕 BMO，s34F；BMO附表8，对于与公契一致则加入的条款，如果公契无相反规定，与公契一致则加入的条款便自动适用；但业主具有选择权，业主可凭借业主的决议，将该条文修订、删除。

求对公契进行备案审核等方式，保证了公契条款的基本公平。业主会议可以通过会议决议对公契进行修改，也可制定新的管理规约即住房规则，但其所规定的事项须有公契的授权，且不能与公契相冲突。中国香港未将管理规约的制定、修改和废止列入特别决议之事项，以业主会议过半数为要件。

2.新加坡

新加坡的管理规约分为法定管理规约和业主会议制定的管理规约。法定管理规约其性质为法律规定，BMSMA和《2005年建筑物维护（分层管理）法规》附表2均有大量的法定管理规约的条款。其内容其实已经非常详细，涵盖了建筑物管理以及生活秩序的主要内容。即便业主未通过业主会议制定管理规约，也不会对业主在区分建筑物内的共同生活造成大的影响。

正因为有详细的法定管理规约，BMSMA没有再赋予开发商制定管理规约的权利。在前期管理阶段，开发商代行业主管理团体理事会的职责，此阶段业主管理团体制定管理规约的行为受到严格的控制。[1]BMSMA允许业主通过业主会议决议的方式就共有财产的管理、使用及共同生活秩序制定管理规约，并在30日内将管理规约送建筑专员备案，[2]管理规约不能与法定管理规约及相关法律相冲突。与管理规约相关的决议属于一般多数决的范畴。[3]在KLH Enterprises Pte Ltd. & Chemech Industrics Ptc Ltd. v. MCST Plan No 1601案[4]中，法庭认为业主会议不能通过管理规约的形式将法律规定须由业主会议讨论决定的事项赋予理事会处置，此类管理规约系无效条款。

---

〔1〕 BMSMA, s49。

〔2〕 BMSMA, s32, s33；对于违反法律的管理规约，建筑专员可以发布命令予以撤销（BMSMA, s106）。

〔3〕 详见新加坡会议部分。

〔4〕 STB No 31 of 1994, reported in Strata Titles Boards Decisions Singapore: FT Law & Tax 449.

3.中国内地

开发商在房屋销售阶段制定的《前期物业管理规定》属于管理规约的范畴，在业主大会成立之前，业主并无撤销该规约的途径，无法抵御开发商利用管理规约对业主合法权益的侵蚀。法律虽赋予业主制定管理规约的权利，[1]但因业主大会成立难、通过决议难，也造成管理规约的缺位，没能很好发挥管理规约在建筑物管理中的应有作用。物业服务企业在管理过程中往往制定共有设施使用规则等规定，其属于应当由管理规约规定的内容，但因业主未能有效参与制定过程，其正当性也备受质疑。本书认为，管理规约可以通过以下途径完善：

一是借鉴中国香港的立法经验，规范开发商所制定的《前期物业管理规定》，即由政府部门制定模式化的范本，供开发商在制定时参考，同时由政府部门审核开发商所制定的《前期物业管理规定》，去除不合理之条款。齐恩平还提出了引入公力机关对开发商制定业主公约过程进行监督、为开发商制定的业主临时公约设定一定的有效期间（如2年），之后要求业主自行制定管理规约等建议。[2]

二是借鉴新加坡及中国香港的经验，制定法定规约条款。在业主大会和业主委员会运行不畅之情形下，中国内地可以借鉴中国香港制定法定公契条款以及新加坡制定法定管理规约条款的经验，先就区分建筑物的共有财产管理以及共同秩序的维持制定基本的规定，给予业主基本的生活秩序保障。同时保留业主大会制定管理规约的权利，可以在不违反法律规定及法定管理规约的范围内，制定更为完善的自治规则。

4.管理规约的审查标准

在业主权利限制方面，管理规约扮演着重要的角色。对于所有权行使的多重限制引起了关于区分建筑物法律的批评，过度限制的结果是业主并

〔1〕《民法典》第278条。

〔2〕 齐恩平：《业主权的释义与构建》，黑龙江大学2011年博士学位论文，第149页。

没有取得专业部分的所有权，仅取得了接近于英国法律租赁权的“模糊的东西”。[1]因此，管理规约的审查也备受关注。

美国加利福尼亚州上诉法院在Nahrstedt Lakeside Village Condominium Ass'n案[2]中，尝试用“合理性原则”（禁止那些尽管合法，却实际妨害或可能妨害业主平静、舒适地享用其不动产的权利）[3]对管理规约进行审查。尽管业主在购房时已知晓管理规约禁止养猫，法院在评估了相应限制的“合理性”之后认定养猫所产生的相关噪声、气味或其他情况皆不会对社区造成烦扰，因此认为限制并不合理，裁定业主可以继续养猫。加利福尼亚州最高法院否定了上述观点，认为上诉法院不应质疑管理规则的合理性，只有在异议方能够证明相关规则具有任意性，其负面影响远大于正面影响或违反了基本的公共政策时，法院才得以拒绝强制执行。加利福尼亚州最高法院同时认为，个人的财产权服从于业主团体的集体决策及相关法律的限制，是建筑物区分所有权法律关系的一个重要特征，对于合理性的审查，应以集群住宅整体为基础作出判断。[4]

中国内地在管理规约的审查中，并未引入“合理性原则”，司法审判也未能妥善处理此类纠纷。在南通新某通物业管理有限责任公司诉裴某物业管理合同纠纷案[5]中，《前期物业管理合同》明确规定小区统一不得封闭阳台、改变立面。业主因外界嘈杂等原因封闭了阳台，物业管理公司起诉业主拆除封闭物而成诉。法院认为，协议中对业主封闭阳台的限制属于

---

〔1〕 C. G. Van De Merwe, *The Adaptation of Institution of Apartment Ownership to Civilian Property Law Structures*, 19 Stellenbosch L. Rev. 298（2008）, p.306.

〔2〕 878p.2 d 1275（Cal 1994）.

〔3〕 Carl B. Kress, *Beyond Nahrsted, Reviewing Restrictions Governing Life in a Property Owner Association*, UCLA Law Review, Vol. 42, p.852（1995）.

〔4〕 Wayne S. Hyatt & Susan F. French, *Community Association Law: Cases and Materials On Common Interest Community*, Carolina Academic Press, 1998, p.17.

〔5〕 一审：江苏省南通市崇川区人民法院（2006）崇民二初字第118号民事判决书；二审：江苏省南通市中级人民法院（2006）通中民二初字第190号民事判决书。一审和二审的判决结果一致。

格式化式条款，排除业主对阳台的专有支配权，依据《合同法》第40条[1]的规定该条款无效。法院同时认为，虽然封闭阳台不可避免地会对物业小区的整体和谐造成一定影响，但物业管理公司限制业主行使专有权并无法律依据，且侵犯了业主的正当权益，两者存在利益冲突。业主基于专有权而享有的居住利益比建筑物和小区整体美观的表层利益等次更高，也更为重大，法律应当优先保护业主对其专有权的正当行使。很显然，法院在审理该案时，并未将管理规约视为团体的意思行为，而是将之视为业主与物业管理公司之间的合同，以合同法的基本原理作出判断，未能深入考虑建筑物区分所有权法律关系的特殊性和拟保护的法益。

为妥善处理因管理规约而产生的纠纷，中国内地有必要引入合理性的判断原则。美国加利福尼亚州的两级法院在看待合理性原则时，立场并不相同，上诉法院立足于单个业主行为所产生的影响去考量规约的合理性，而最高法院则在整体业主利益的层面对合理性进行考量。本书认同美国加利福尼亚州最高法院的观点，在案件审查中，应尊重区分建筑物的特殊性以及全体业主利益的整体性，不应轻易质疑和否定管理规约的合理性。在King v. State Farm Ins案[2]中，法院亦表明一个观点：如果允许某一人不履行管理规约所规定的义务，将导致其他业主对于该文书执行的统一性与可预见性的期望落空。“不允许个人为了实现其需求的改变，破坏共同机制的整体性，无论这种变化多么值得称赞”，[3]这应成为处理区分建筑物纠纷的一个基本立场。此外，管理规约的变更还需坚持一个原则：如果规约变更给部分业主带来特别的不利益，则须得到遭受不利益者的同意才得以变更。[4]如此才能免除多数业主对少数业主不正当的权益迫害。

---

〔1〕《合同法》第40条规定：“格式条款具有本法第五十二条和第五十三条规定情形的，或者提供格式条款一方免除其责任、加重对方责任、排除对方主要权利的，该条款无效。”

〔2〕 2009 WL 324 1602, at ＊1(E.D La.2009).

〔3〕 sterling Village Condominium lnc. v. Breitenbach, 251 So. 2d 685, 688(4th DCA, 1971).

〔4〕 张巍：《略论集群化宅业主团体之自治规范的有效标准——以美国法与日本法之比较研究为中心》，载梁慧星主编：《民商法论丛》第32卷，法律出版社2005年版，第63页。

四、管理人

业主在区分建筑物管理上面临两个选择：一是业主自行管理建筑物；二是委托物业服务企业或者其他管理人管理。业主通过委员会行使建筑物的管理权，是业主自治的理想情况，但委员会成员都是义务性的，既非全职，无足够的时间和精力处理日常事务；也非专业人员，缺少建筑物管理的专业知识和经验，很难达到理想水平。特别是非住宅区分建筑物（如产权式酒店）和商住混合建筑物，因业主长期不在、租户的比重大等原因，更倾向于委任专业管理人。[1]相较而言，合格的管理人有以下优势：一是能够以专业的方式管理建筑物；二是有充分的时间，能专心处理管理事务；三是能够减轻委员会的工作，以便委员会集中时间和精力处理重大事务；四是具有一定的中立性，能够采取比较温和、宽容及公平、客观的态度执行职务，业主也较少质疑管理人与工作事务存在利害关系；五是管理人与业主发生争执时，管理委员会可以从中周旋，有利于化解争执；六是管理人可以分担业主团体的风险。[2]委任管理人的主要缺点是需要支付费用，这在一定程度上会增加业主的负担。

管理人一般指由业主管理团体委任从事区分建筑物日常管理，具备一定资质的人和公司。[3]管理人的权限视业主管理团体的授权而定，其一般为决策执行者而非规则制定者，不能做出损害业主生活或生活水平的行为或决定。[4]在中国香港，管理人又称经理人（manager），新加坡称为委托管

---

〔1〕 Chen Lei & C. G. Van Der Merwe, *Reflections on the Role of the Managing Agent in South African and Chinese Sectional Title（Condominium）Legislation*, Journal of South African Law, Vol. 1, p.22（2009）.

〔2〕 卢王徐律师事务所主编：《业主权责与大厦管理》，利文出版社2003年版，第97–98页。

〔3〕 Chen Lei & C. G. Van Der Merwe, *Reflections on the Role of the Managing Agent in South African and Chinese Sectional Title（Condominium）Legislation*, Journal of South African Law, Vol. 1, p.241（2009）.

〔4〕 Robinson, Strata Title Units in New South Wales, 1985, p.62.

理人(managing agent)。中国内地称为物业服务企业,[1]其权利源于物业服务合同的约定,[2]有别于中国香港和新加坡。

(一)管理人的委任

1.中国香港

管理人的委任有四种方式:(1)开发商委任,开发商委任的第一任建筑物管理人即公契经理人,其权责由公契和BMO规范。(2)业主法团委任。法团有权委任并向经理人或其他专业机构、专业商号或专业人员支付薪酬,由其代表法团执行法团依据BMO及公契所享有的职责或权力。[3](3)主管当局命令委任建筑物管理代理人。有管理委员会的建筑物如存在下列情形:①建筑物无人管理;②管理委员会未能很好履行法团的职责;③占用人或业主因前述情形而处于或可能处于危险境况,主管当局可命令该管理委员会在指定的合理期间内,委任管理人管理该建筑物,管理人应从主管当局在宪报上编制的从事建筑物管理业务的人员名单中选任。[4](4)审裁处命令委任建筑物管理代理人。如业主不能成立管理委员会且建筑物处于无人管理状态,业主可能因此而处于危险境况时,审裁处可根据主管当局的申请,命令位列名单上的业主作为召集人召开业主会议。[5]如业主会议无法委出管理委员会,也无法通过委任管理人的决议,则会议召集人可直接委任建筑物管理代理人。[6]

公契经理人任期不得超过2年,[7]其他经理人无任期规定。

---

[1] 《物业管理条例》2007年第一次修订时曾使用"物业管理企业"的名称,该条例在2016年再次修订时,将"物业管理企业"更名为"物业服务企业",以此突出业主的主体地位以及管理人的服务性。

[2] 《物业管理条例》第34条。

[3] BMO, s18,(2)(c).

[4] BMO, s40B.

[5] BMO, s40C(1).

[6] BMO, s40C(3A).

[7] LACOCM, 41(8)(a).

2.新加坡

管理人委任包括:(1)建筑专员指令开发商委任管理人。在前期管理阶段,开发商负有管理建筑物的职责,如果开发商的管理工作不能令建筑专员满意,其可在公报(Gazette)上刊登命令,指令开发商委任管理人管理及维护建筑物。[1]开发商在此阶段也可自行委任管理人。(2)业主管理团体委任。经业主会议多数决议通过,管理团体可以委任管理人。[2](3)理事会委任。如果理事会在最近一次业主会议中已经得到合法授权,在未召开业主会议的情况下,理事会可直接委任管理人。[3](4)分层所有权局委任。如果分层所有权局收到业主或按揭受益人的申请,认为有必要为全体业主利益的需要而委任管理人的,其可颁布命令。[4]

管理人如与建筑物的业主有直接或间接的联系,在任命之前须以书面形式披露其关系的性质。[5]这主要是防止管理人为个别业主牟利而非为全体业主服务,也有利于防止权力滥用及滋生腐败。管理人一般任期为3年,除非业主会议作出解任的决定。[6]开发商所委任的管理人任期不得超过前期管理期间,除非根据建筑专员的命令得以延长。[7]

3.中国内地

物业服务企业的选聘有两种方式:(1)开发商选聘。开发商在房屋销售阶段,可选聘物业服务企业,双方签订书面的前期物业服务合同。[8]开发商应遵循房地产开发与物业管理相分离的原则,通过招投标的方式选聘物业服务企业;投标人少于3个或者住宅规模较小的,经物业所在地的区、

---

[1] BMSMA, s19(4) and(7).

[2] BMSMA, s66(1)(a).

[3] BMSMA, s66(1)(b).

[4] BMSMA, s112(1).

[5] BMSMA, s66(1).

[6] BMSMA, s66(2).

[7] BMSMA, s49(1)(g) and s51(1).

[8] 《物业管理条例》第21条。

县人民政府房地产行政主管部门批准，可以采用协议方式选聘物业服务企业。[1](2)业主大会选聘。业主大会选定物业服务企业后，业主委员会应当与之订立书面的物业服务合同，对物业管理事项、服务质量、服务费用、双方的权利义务、专项维修资金的管理与使用、物业管理用房、合同期限、违约责任等内容进行约定。[2]

与中国香港及新加坡相比，中国内地在物业服务企业的聘任上缺少行政部门的协助，如业主不能自行管理建筑物，也不能达成聘请物业服务企业决议的情形下，建筑物的管理堪忧。另外，针对业主与物业服务企业矛盾突出、解聘难等现实问题，应参考新加坡的做法，规定物业服务合同的法定期间，1～2年为宜，[3]善良履职的物业服务企业可以连任。

（二）管理人的薪酬

1.中国香港

在中国香港，管理人的费用为固定薪酬。根据地政处《草拟大厦公契》的指引，如果建筑物是住宅或综合用途：单位不多于20个的，经理人的薪酬上限为全年管理开支的20%；20～100个单位，薪酬上限为15%；101个单位以上，薪酬上限为10%。纯商业用途，薪酬上限不超过15%。

2.新加坡

新加坡亦采用酬金制，管理人如果是业主管理团体通过业主会议委任的，应在会议上通过管理人的费用；[4]如果理事会根据业主会议的授权委任管理人，管理人的费用由理事会决定。[5]新加坡对管理人的薪酬上限无特别的约束或规定。

---

〔1〕《物业管理条例》第24条。

〔2〕《物业管理条例》第34条。

〔3〕在南非，管理人一年一续约，这也是为了加强对管理人的约束。Sectional Title Act, S39(1).

〔4〕BMSMA, s66(1)(a).

〔5〕BMSMA, s66(1)(b).

3.中国内地

学理认为,物业服务费用具有双重性质:一是对小区共有部分的维护以及为了改善小区之内的群居关系而支付的费用,是为了维护小区内业主的共同利益而产生的必要费用;[1]二是物业服务企业向小区业主按照其所付出的劳动所收取的对价。余方将之表述为,物业费有关的法律关系包括业主之间的法律关系以及业主和其他除了业主之外的人的法律关系;无论是第一种法律关系还是第二种法律关系,业主均须按照约定支付物业费。[2]但在实务中,物业服务费用的第一重关系被严重忽略,《物业管理规定》仅强调业主与物业服务企业之间的费用缴纳关系,导致了物业服务关系的定位错误。[3]

物业服务费用可以采取包干制或者酬金制等形式约定。包干制,是指由业主向物业服务企业支付固定物业服务费用,盈余或者亏损均由物业服务企业享有或者承担的物业服务计费方式。[4]酬金制,是指在预收的物业服务资金中按约定比例或者约定数额提取酬金支付给物业服务企业,其余全部用于物业服务合同约定的支出,结余或者不足均由业主享有或者承担的物业服务计费方式。[5]物业服务收费区分不同物业的性质和特点,实行政府指导价或市场调节价,具体定价形式由省、自治区、直辖市人民政府价格主管部门会同房地产行政主管部门确定。[6]在实践中,出于便于管理及计算物业服务费用等因素之考虑,采用包干制较多,酬金制较少。

从建筑物管理的角度上看,酬金制优于包干制。在酬金制下,物业服务企业的收入是固定的管理薪酬,其他费用支出都向业主委员会实报实

---

〔1〕 陈俊樵:《区分所有建筑物管理问题之研究》,中国台湾中兴大学法律学研究所1998年博士学位论文,第231页。

〔2〕 余方:《业主及其自治团体的法律地位确立问题探讨》,载《行政与法》2001年第10期。

〔3〕 在下文详述。本书认为,第一重的法律关系才是物业服务关系的本质特征。

〔4〕 实践中业主的负担为每平方米的服务价格×专有单元的建筑面积。

〔5〕《物业服务收费管理办法》第9条。

〔6〕《物业服务收费管理办法》第6条。

销，物业服务企业不存在薪酬之外的利益诉求，其可保证工作的中立性、客观性，从业主的利益出发作好建筑物的管理，尽到善良管理人的义务。而在包干制下，物业服务企业的收益并无保障，其利润有无及大小取决于其运营成本的高低。出于对利润的追求，物业服务企业倾向于提供最低限度的服务，不会主动压缩自己的利润空间提升服务质量，易造成对业主权益的漠视。简言之，在包干制下，物业服务企业的利润追求和业主的服务质量要求形成了利益冲突，极易衍生纠纷，也无法提升服务质量。此外，采取酬金制的法域，均要求管理人制作和保存完整的财务账目，以备业主、业主管理团体查阅以及审计部门的审计，[1]以此增强管理费用使用的透明度。在包干制下，管理人自负盈亏，自然无须向他人说明财务状况，提供财务凭证。具有较强的透明性，且不会产生管理人与业主的利益冲突，这是酬金制较包干制更受青睐的根本原因。

（三）管理人的地位及职权

1.中国香港

在中国香港，公契管理人享有公契所赋予的权力、职责及义务。管理委员会代表法团执行法团根据BMO或公契所赋予的职责或权力。[2]管理人须有管理委员会及其主席、秘书及司库的全部权力及职责。[3]可以看出管理人代行管理委员会的职权，其与业主立案法团构成委托关系。管理人须在委任或委任终止之日起7日内通知土地注册处处长。[4]管理人在行使职权过程中与法团或业主发生诉讼，无论胜负与否，均可向法团或业主要求补偿有关的诉讼费用以及相关开支。[5]

---

〔1〕 参见BMO，s27；BMSMA，s43，中国香港和新加坡均有此要求。

〔2〕 BMO，s29.

〔3〕 BMO，s32（1）.

〔4〕 BMO，s32（2）.

〔5〕 BMO，s34L.

2.新加坡

在新加坡，业主管理团体与管理人之间是委托关系，管理人的权力来自业主团体的授权，业主团体可以将权力、职责和功能授权管理人行使，但须以书面明确，[1]以下事项除外：(1)转委托的权力；(2)法律规定属于业主特别决议的事项；(3)法律规定应由业主会议讨论决定的事项。[2]依据上述规定，管理人可以被授予的最大权限其实是理事会(包括主席、司库及秘书)的所有权力、职责和功能。[3]即使业主管理团体作出了授权，也不妨碍理事会继续履行职责。[4]为加强管理人的行为效力，法律规定管理人依据授权所作的行为视为业主管理团体的行为，具有与业主管理团体相同的行为效力。[5]为加强管理人的保护，法律规定任何针对管理人所进行的行为视为对理事会主席、司库及秘书所作出的行为，承担相同的法律责任。[6]如果管理人系分层所有权局颁布命令而委任的，管理人还拥有该命令所赋予的职责。[7]

管理人被禁止从事以下行为：(1)不能以任何方式直接或间接方式说服、诱导业主放弃对理事会选举的投票权，不能以任何方式影响有关理事会的选举，[8]管理人如有此类行为，则构成违法；[9](2)管理人可以接受业主委托代为投票，但该行为不能与其有利害关系，不能直接或间接获取某方面实质利益，否则无效。[10]

---

[1] BMSMA, s67(1).
[2] BMSMA, s67(2).
[3] BMSMA, s67(3).
[4] BMSMA, s67(6).
[5] BMSMA, s67(7).
[6] BMSMA, s67(8).
[7] BMSMA, s112(1)(2).
[8] BMSMA, s68(1).
[9] BMSMA, s68(3).
[10] BMSMA, s68(2).

3.中国内地

《物业管理条例》将物业服务企业的职责及定位为依照物业服务合同的约定，提供相应的服务，并可为此收取费用。[1]物业服务企业未代行业主会议或业主委员会的职权，其权责由合同约定。物业服务企业在提供服务过程中受以下限制：(1)未经业主大会同意，不得改变物业管理用房、公共建筑和共用设施用途；[2](2)未经管理委员会许可，不得擅自占用、挖掘物业管理区域内的道路、场地；[3](3)可以将物业管理区域内的专项服务业务委托给专业性服务企业，但不得将该区域内的全部物业管理一并委托给他人；[4](4)不得在合同中约定免除物业服务企业责任、加重业主委员会或者业主责任、排除业主委员会或者业主主要权利等条款。[5]

学界对物业服务合同的性质存在争议。主流观点认为，物业服务合同应是委托合同，由业主委员会代表全体业主委托物业服务企业进行物业管理；[6]也有观点认为，物业服务合同不属于合同法上的有名合同，是一种无名合同。[7]《物权法》规定了业主自行管理和委托物业服务企业或者其他管理人管理两种模式，[8]由物业服务企业进行管理的模式显然属于《物权法》所称的“委托物业服务企业或者其他管理人管理”的行为，但《物业管理条例》在开发商和业主大会选取物业服务企业时，使用的是

---

〔1〕《物业管理条例》第35条。

〔2〕《物业管理条例》第37条和第49条。

〔3〕《物业管理条例》第50条。

〔4〕《物业管理条例》第39条，根据《最高人民法院关于审理物业服务纠纷案件具体应用法律若干问题的解释》第2条的规定，物业服务企业将物业服务区域内的全部物业服务业务一并委托他人而签订的委托合同为无效合同。

〔5〕根据《最高人民法院关于审理物业服务纠纷案件具体应用法律若干问题的解释》第2条的规定，此类条款为无效条款。

〔6〕参见陈华彬：《现代建筑物区分所有权制度研究》，法律出版社1995年版，第112页；钮丽娜：《物业服务合同的法律特征及相关案件的审理》，载《人民司法》2002年第8期；陈甦：《也谈“物业管理权”的性质》，载《民商法学》2002年第7期。

〔7〕参见夏善胜主编：《物业管理法》，法律出版社2004年版，第141-142页；马志：《物业管理合同基本问题探析》，载《法制与社会》2008年第31期。

〔8〕《物权法》第81条。

"选聘"而非"委任"一词，[1]行政法规和法律之间发生了背离。在《物业管理条例》的体例下，物业服务合同并不满足委托关系的特征：首先，物业服务企业的职能及定位，没有体现业主大会授权物业服务企业管理建筑物的内容。其次，物业服务企业如未能履行物业服务合同的约定，导致业主人身、财产安全受到损害的，应当依法承担相应的法律责任，[2]而非由业主大会承担，说明了物业服务企业是责任自负主体，即物业服务企业的行为并无委托行事之后果。最后，业主负有交纳物业服务费用的义务，[3]该义务与业主委员会无涉，[4]司法观点也认为物业服务企业与业主之间形成独立的法律关系。[5]因此，现阶段物业服务合同系委托合同的说法不能成立。

物业服务企业和业主作为合同相对方，双方具有权利义务上的对抗。徐海燕认为，如物业服务企业不能提供符合合同要求的服务，业主基于同时履行抗辩权享有不支付管理费用的权利。[6]这无疑将业主与物业服务企业推到了相互对抗的地位，同时也曲解了管理权本身的含义。在建筑物区分所有权中，管理费用是基于共有财产的管理以及共同生活秩序维持之需要所产生，缴纳管理费用是团体法上的义务，是业主对业主大会所负之义务，同时也是业主之间相互负有的义务。在业主大会与物业服务企业构成委托关系的前提下，物业服务企业仅作为业主大会的委托人收取费用，其与业主不构成合同上的关系。业主如欠缴费用，构成对业主大会所负之债务，由业主大会采取妥当的措施追缴。在中国香港和新加坡，业主欠缴管

〔1〕《物业管理条例》第21条和第34条。

〔2〕《物业管理条例》第35条。

〔3〕《物业管理条例》第41条。

〔4〕《最高人民法院关于审理物业服务纠纷案件具体应用法律若干问题的解释》第8条。

〔5〕 最高人民法院民一庭负责人就《关于审理建筑物区分所有权纠纷案件具体应用法律若干问题的解释》《关于审理物业服务纠纷案件具体应用法律若干问题的解释》答记者问时认为，业主虽然不是物业服务合同（包括前期物业服务合同）形式上的签订者，但其是物业服务合同项下权利义务的一方实际享有和承担者。从这个角度看，物业服务企业是和业主而不是与业主委员会建立的物业服务法律关系。

〔6〕 徐海燕：《区分所有建筑物管理的法律问题研究》，法律出版社2009年版，第314页。

理费用且符合特定条件时，业主管理团体有权申请出售业主专有单位以获得管理费用。

否定业主大会与物业服务企业构成委托关系，还会产生其他不良影响。物业服务企业作为合同相对方，摆脱了对业主大会及业主委员会的依附，[1]业主大会及业主委员会除了监督合同的履行情况，难以通过其他方式对物业服务企业进行监督和构成制约。在中国香港和新加坡，业主管理团体对管理人最大的制约来自财务审计，[2]如果否定双方构成委托关系，则业主大会及业主委员会无权对物业服务企业的财务情况进行审计，也无从得知业主缴纳的管理费用的实际使用情况，无法衡量业主的费用支出是否物有所值。同时，因建筑物由物业服务企业管理，业主依物业服务合同向物业服务企业缴纳管理费用，自然也无须再向业主大会另行缴纳费用。业主大会失去委托人地位之后，其亦失去了日常经费的收入来源。缺乏经费支持，业主大会及业主委员会履行职责变得更加困难。因此，只有在立法上将物业服务合同重新定位为委托合同，明确管理费用是业主对业主大会所负有的义务，才能解决业主与物业服务企业的对立关系，强化业主大会及业主委员会对物业服务企业的监督，使建筑物的管理回归正轨。同时，将物业服务企业视为业主大会的受托人，才能阐明物业服务企业权限之来源，才利于保障业主权利的实现以及培养善良的物业管理人。[3]

业主委员会与物业服务企业均为管理建筑物的公共事务而存在，二者权力和职能必然存在重叠和冲突，关系有待梳理。在中国香港，BMO明确管理人具有管理委员会及其主席、秘书及司库的全部权力及职责；[4]在管理人履职的情况下，业主委员会扮演咨询及监察之角色，也可通过业主会

---

〔1〕 在委托关系下，受托人须依委托人的指示行事。参见《合同法》第399条。

〔2〕 BMO, s27; BMSMA, s43.

〔3〕 徐海燕：《区分所有建筑物管理的法律问题研究》，法律出版社2009年版，第259-261页。

〔4〕 BMO, s32(1).

议决议的方式限制管理人的行为及权力。在新加坡，管理人拥有理事会的部分或全部权力，管理人履职并不影响理事会行使职权，[1]这也说明，管理人服从于理事会的管理。中国内地《物业管理条例》虽说明业主委员会监督和协助物业服务企业履行物业服务合同，[2]但未分清二者的主次关系。本书认为，应明确物业服务企业代行业主委员会的职能（或部分职能），才能合理解释物业服务企业的权利来源，而且应规定物业服务企业接受业主委员会的制约，业主委员会有权改变物业服务企业的相关决定，或就重要的事项召开业主会议讨论决定，这样才能避免物业服务企业滥用权力，损害业主的合法利益。

（四）管理人委任的终止

1.中国香港

在中国香港，业主委员会和管理人均可单方终止合同，但须履行必要的通知义务和给予必要的时间宽限，且无须为单方终止合同承担责任。管理人委任的终止存在以下方式：（1）管理人辞职。管理人如有辞职意图，须至少提前3个月书面通知管理委员会，如无管理委员会，则向全体业主发出该通知，并将其展示在建筑物内的显眼处。[3]通知期满后，管理人即可卸任。（2）业主法团终止管理人的委任。在业主会议中，与会代表过半数票通过，且获总份额不少于50%的业主支持，即可通过终止公契管理人任命的决议，在会议结束的14日内发出书面通知终止公契管理人的委任。[4]通知期不得少于3个月，如不遵守3个月的通知期，则须向管理人支付通知期内的报酬。[5]通知期届满，合同解除且无须给予补偿。非公契管理人的

---

〔1〕 BMSMA, s67(6).

〔2〕《物业管理条例》第15条。

〔3〕 BMO附表7, s7(6)。

〔4〕 BMO附表7, s7(1)。

〔5〕 BMO附表7, s7(2)。

合约若无终止合同条款，则适用上述规定。[1]业主法团终止管理人任职时，管理人无权提反对意见，业主法团也可不听取任何解释。[2]在Rich Fortress Limited and Others v. The Incorporated Owners of Beverly Garden and Others案[3]中，法庭认为，尽管业主法团终止管理人任职的原因值得商榷，但因业主对管理人已经丧失信心，继续委任是不切实际的。(3)如公契或委任协议中含管理人任期期限或合同解除条款的，可依该条款执行。

2.新加坡

在新加坡，管理人在合同期满时卸任，任期届满后的管理人可被重新选任。[4]业主管理团体可经业主会议过半数票通过作出终止任期的决议并通知管理人；如最近一次业主会议授权，理事会也可作出终止管理人任职的决定并通知管理人。[5]经建筑专员颁布命令委任的管理人，管理团体无权终止其任命。

3.中国内地

在中国内地，物业服务企业在合同期满后卸任。前期物业服务合同即便期限未满，但业主委员会与新的物业服务企业签订合同生效时，前期物业服务合同终止。[6]业主会议有权通过决议解聘物业服务企业，须经专有部分占建筑物总面积过半数的业主且占总人数过半数的业主同意。[7]在金某园社区业主委员会不服北京市昌平区某地区办事处撤销决定案[8]中，法院认为解聘物业服务企业的权力专属于业主大会，不能由业主委员会行使。

---

〔1〕 BMO附表7，s7(5B)。

〔2〕 方镇光:《建筑物管理法律精解》，香港大学出版社2007年版，第82页。

〔3〕 CACV 3104/2001.

〔4〕 BMSMA，s66(2).

〔5〕 BMSMA，s66(6)(7).

〔6〕《物业管理条例》第26条。

〔7〕《物业管理条例》第11条、第12条。

〔8〕 北京市昌平区人民法院行政判决书，(2011)昌行初字第90号。

物业服务合同的解除权是业主大会享有的单方解除权，物业服务企业并无此权利。[1]为便于业主解除物业服务合同，陈磊提出缩短物业服务合同的时限（如一年一签）、增加合同法定解除条款（如物业服务企业存在不诚信、欺诈等行为，或在严重侵害业主权益的情形下，业主可以解除合同）等建议。[2]在提前解聘物业服务企业是否需要赔偿或补偿的问题上，并无法律规定，本书认为，解聘物业服务企业系为全体业主共同利益所作出的决议，其不同于一般合同，如果以赔偿损失作为合同解除的前提，将极大限制业主此项权利的行使，加剧业主与物业服务企业之间的矛盾，故业主解除物业服务合同时无须承担违约或其他责任，无须进行赔偿或补偿。[3]为保护物业服务企业的利益，在立法中可借鉴中国香港3个月通知期的做法，给予物业服务企业适当的缓冲期，使其能够妥善处理合同终止后的附随义务，也可减少其缔结新约的时间及费用成本。

（五）管理人的履职要求及免责情形

在中国香港和新加坡，管理人接受业主团体的委任，行使类似委员会的管理职责。管理人类似业主的信托财产的受托人，一般情况下不视为一个独立的法律主体，[4]其与委员会委员负有类似的勤勉、忠诚义务。[5]在Severn Villa Ltd. & Ors案[6]中，法庭认为管理人并没有使人信服其为建筑

---

〔1〕 王利明主编：《最高人民法院建筑物区分所有权、物业服务司法解释原理精解·案例与适用》，中国法制出版社2010年版，第314页。

〔2〕 Chen Lei & C. G. Van Der Merwe, *Reflections on the Role of the Managing Agent in South African and Chinese Sectional Title (Condominium) Legislation*, Journal of South African Law, Vol.1, p.33 (2009).

〔3〕 王利明认为，除非合同特别规定，否则，业主单方解除物业服务合同须承担物业服务企业的损失。参见王利明主编：《最高人民法院建筑物区分所有权、物业服务司法解释原理精解·案例与适用》，中国法制出版社2010年版，第314页。

〔4〕 C. G. Van Der Merwe, *The General Meeting of the Sectional Titles Act Compared to the Wohnungseigentumerversammlung of the German Wohnungseigentumsgesetz*, Stellenbosch Law Review, Vol.7, p.264 (1996).

〔5〕 见本章有关委员会委员的履职要求及责任限免。

〔6〕 LDBM 223/2008.

物公众利益而非个人利益进行履职，管理人应对履职行为所产生的结果承担责任。

管理人的管理职责并非为绝对责任，适用商业判断原则，其履职行为合法性的判断侧重于行为，而非结果。在Lo Yuk Chu v. Hang Yick Property Management案[1]中，法庭认为管理人履行职责，并不能等同保险性质（确保任何公共设施不产生事故），管理人事实上也不应该负担不可能的义务，只要管理人采取了适当及谨慎的管理措施，便能免责。至于何种情形下可认为管理人采取了适当及谨慎的措施，则需个案认定。

因管理人具备较强的专业能力，在专业性事务的处理上，负有比委员会委员更高的注意义务和执业标准。在Gallium Development Limited & Others v. Winning Properties Management Limited & Others案[2]中，法庭认为管理人是专业的管理人员，在履职行为上应具备中立性，而且有高于一般人的衡量标准，执行业主法团的指示不能作为免责的事由。本案因管理人没有独立判断业主会议通过的决策是否违反法律规定，也没有征询专业人员法律意见，其执行业主会议的违法决议时存在疏忽，故应承担责任。

在中国内地，物业服务合同并没有体现出业主管理团体与物业服务企业之间的委托关系，其责任认定不适用“商业判断原则”。物业服务合同视为合同的一种，遵循合同法的基本原则，如物业服务企业提供的服务不符合合同之约定，则构成违约，依法承担违约责任。为更好地保护业主利益，最高人民法院认为物业服务企业所受的拘束不仅在于合同本身，还包括法律、法规以及相关行业规范确定的维修、养护、管理、维护等义务；此外，物业服务企业公开作出的服务承诺以及制定的服务细则，应当认定为

〔1〕 CACV 169/1996.
〔2〕 CACV 186/2003.

物业服务合同的组成部分。[1]

在建筑物中，物业服务企业除了履行共有事务管理职责，还担负一定的安保义务。对于私人财产的遗失，物业服务企业是否承担责任在中国内地存在争议。本书认为，物业服务企业管理与业主自行管理是建筑物管理的两种模式，虽然管理的主体不同，但责任亦有共通之处。在业主自行管理模式，业主委员会（或业主大会）对业主的私有财产遗失不负绝对责任，其应否承担责任在于其履职行为的适当性。该原则也应适用于物业服务企业，在没有特定合同条款的约束下，只要物业服务企业适当地履行管理职责，其对业主私有财物的遗失不承担责任，即对物业服务企业的责任承担应注重行为的合理性，而非以结果论。

（六）完善中国内地管理费用制度之建议

管理费用是建筑物管理的资金来源及保障，是物业管理机制运行的基础。综合上述分析，本书提出以下建议：

一是明确管理费用的范围。管理费用为实现建筑物的管理所需的一切费用，包括业主大会及业主委员会的运营费用、委托物业服务企业或相关人员从事建筑物管理及维护、修改、改善、改建及重建共有部分等各项费用、为执行业主会议决议所需的费用、执行法院及仲裁机构生效裁决支付的费用、履行政府行政命令产生的费用等。

二是明确业主大会与物业服务企业之间的关系为委托关系。物业服务企业接受业主大会的委托，从事区分建筑物的管理，代收管理费用。

三是管理人费用采取酬金制。物业服务企业的酬金上限为建筑物全年管理费用支出的10%。

四是加强欠付管理费用的惩罚措施。业主欠付管理费用构成对业主

---

〔1〕《最高人民法院关于审理建筑物区分所有权纠纷案件具体应用法律若干问题的解释》第3条。

大会的债务。对于欠付的管理费用，业主除支付欠费之外，每月还应支付违约金或罚金，业主欠费超2个月，不得当选业主委员会委员，不得在业主会议上行使投票权。[1]

五是业主委员会厘定每年度的管理费用，并由业主周年会议讨论决定。

六是物业服务企业制作和保存每年度的财务账目，保存时间不得少于5年，在业主和相关授权人员书目要求时必须提供。未委任管理人的建筑物由业主委员会制作和保存每年度的财务账户。

七是业主委员会每年聘请审计部门对管理费用使用情况进行审计，审计结果向全体业主公示。

建筑物区分所有权法律制度具有系统性，各项机制之间紧密关联。在完善一项机制时，必须考虑是否具备相关的辅助机制。管理费用机制的完善亦依赖于业主大会、委员会、会议表决、管理人等机制的完善。如若不能解决业主大会成立难之问题，其他措施都是空中楼阁，不具有可操作性。

---

〔1〕 新加坡将业主在业主大会召开时不欠缴管理费用作为业主享有投票权的基本前提。BMSMA附表1，s2(1)(a)。

第六章　建筑物区分所有权法律关系的终止

建筑物区分所有权具有丰富的法律内涵，其为业主的财产权利以及安居生活提供了法律上的保障。一般而言，业主在建筑物存续期间，不能主张对建筑物（及其土地）进行分割，仅能通过出售专有部分以达到退出建筑物以及业主管理团体之目的，建筑物区分所有整体关系依然得以保留，体现出权利以及法律制度的稳定性。但这种稳定性也是相对的，在特定的情形下也面临挑战。Kah Leng Ter作了形象比喻："业主在区分建筑物中的房子并非他的城堡，更何况这种城堡是建立在半空之中"。[1]

在"三元论"的理论框架下，建筑物区分所有权的产生既有物理性因素，即建筑物能被区分且为不同的业主所共有；也有人合性因素，即业主共同组成管理团体。物理性因素面临的挑战主要来自建筑物的寿命以及因意外事件对其造成的毁损。在建筑物坍塌的情况下，业主面临重建和放弃的选择，如果不能达成重建的协议，建筑物区分所有法律关系也将不复存在。建筑物也可能因公共利益或政府政策等原因被拆除。在人口密度高的城市，土地具有稀缺性，政府为了能够提供更多的住房，倾向于拆除原有的低层建筑，将土地用于开发高层建筑；政府也可能因城市改造或成片开发等需要，产生对区分建筑物所在土地的需求，亦可能通过相应的措

---

〔1〕 Ter Kah Leng, *A Man's Home Is Not His Castle- En Bloc Collective Sale In Singapore*, Singapore Academy of Law Journal , Vol. 20, p.49(2008).

施，拆除原有区分建筑物。人合性的因素更为复杂，随着社会的发展以及科技的进步，业主对居住及工作条件的需求也在提高。老旧的建筑物很难满足业主现代化生活之需求，但要提升建筑物的功能，往往需要投以巨资，资金最终要由所有业主分担。如果这样的投入成本过高，或不具有相应的性价比，业主可能会选择放弃原有建筑物，而寻求购买新的单位。在建筑物整体出售比单个单位出售更具有经济价值的情况下，[1]业主可能会谋求将建筑物整体出售，结束区分所有的状态。如果经过内部并购或第三人的购买，建筑物由多个业主转变为一个业主，人合性的因素也会消失。如果土地及建筑物的价值不高，建筑物亦可能被业主所舍弃，造成事实上的荒废，区分所有权的法律关系亦难维持。以上种种均可说明建筑物的区分所有权所依赖的物理性及人合性因素并非亘古不变，其有终止或消亡的可能。

考虑到现实的原因，大部分的国家在立法上普遍承认在建筑物毁损、建筑物权属归于同一业主或业主全体作出解散业主团体决议时，建筑物区分所有权法律关系终止。[2]普通法系国家也将建筑物的整体销售作为终止建筑物区分所有权法律关系的原因。[3]建筑物区分所有权法律关系终止后，遗留业主团体的债务负担、剩余共有财产分配等问题，均需要法律予以调整和规定。

在建筑物区分所有权法律关系的终止上，各法域所规定的条件以及程序有所不同。在中国香港，债权人申请业主法团清盘，以及因土地重新开发而强制出售建筑物是建筑物区分所有权法律关系终止的两种常见情形。

---

〔1〕 建筑物单位的单独出售很难体现土地价值，而整体出售则涉及土地的重新开发，具有更大的经济价值，故其出售的费用可能更高，比如新加坡建筑物集合出售的收益就高于建筑物单位的单独出售。

〔2〕 C. G. Van Der Merwe, International Encyclopedia of Comparative Law, Volume Ⅵ, Property and Trust, Chapter 5, Apartment Ownership, 1994, p.125.

〔3〕 C. G. Van Der Merwe, International Encyclopedia of Comparative Law, Volume Ⅵ, Property and Trust, Chapter 5, Apartment Ownership, 1994, p.131.

在新加坡，建筑物区分所有权法律关系变更和终止主要有业主申请法庭颁发命令、业主自行决议解散以及集合销售三种方式。

在中国内地，《民法典》和相关法律法规并未关注此问题，学界也鲜有讨论。中国内地缺少建筑物区分所有权法律关系变更及终止的规定，导致建筑物区分所有权法律关系未能形成一个完整闭环，造成整体制度上的残缺，亦不利于解决业主纠纷及保护业主权益。建筑物区分所有权法律关系的变更及终止，不仅涉及业主的自身权益，亦涉及土地的重新开发利用。完善区分建筑物法律关系终止规则，既是制度发展的内在要求，也可为城市发展、土地重新开发提供新的解决途径，同时对完善整个私有产权保护制度亦有重要作用。

鉴于建筑物区分所有权法律关系终止的不可避免性以及重要性，本章主要考察中国香港及新加坡的立法措施及司法实践，侧重阐述土地强制出售及集合出售制度对于土地重新开发利用的重要作用、意义以及对中国内地的可借鉴性。

一、中国香港建筑物区分所有权法律关系的终止

在中国香港，BMO并无建筑物区分所有权法律关系变更的内容，建筑物区分所有权法律关系终止的条款主要规定于业主法团清盘部分。第352章《分划条例》[1]以及第545章《土地（为重新发展而强制售卖）条例》[2]也部分涉及此问题。

（一）终止的原因

在中国香港，建筑物区分所有权法律关系的终止可能基于以下原因：

---

〔1〕 Partition Ordinance.

〔2〕 Land（Compulsory Sale for Redevelopment ）Ordinance.

(1)土地租期结束。中国香港的土地由政府出租，如果政府土地租期到期而没有续展，土地到期后政府则会收回土地，包括地上建筑物，这可能导致建筑物区分所有权的终止。(2)土地重新开发(redevelopment)。香港人口稠密，土地稀少，为保持城市的现代性以及解决居民住房、办公等需求，香港政府对土地的重新开发抱有积极的态度，制定了《土地(为重新发展而强制售卖)条例》。该条例的意义在于业主就出售建筑物不能达成一致时，在符合特定情况下，多数业主可以向法院申请出售建筑物的命令。(3)建筑物归属于同一业主。因商业利益以及土地重新开发等需求，业主如共同决定将区分建筑物出售给某一人，建筑物区分所有权即告终止。(4)基于土地分划的原因。一般而言，业主可通过出售单位的形式退出区分建筑物，但特别情况下，仍存在土地分划之可能。[1]在中国香港，建筑物区分所有权的基础还是土地的分权共有，依照《分划条例》，共有人或对土地财产有权益的人均可向法院申请将土地划分为若干幅，由一人持有或多人共同持有。[2]法院可以根据案件情况作出是否划分的命令，如法院认为土地分划有违权益人的整体利益，也可以作出出售土地的命令。[3]土地出售后，法院在解除财产的法律责任和扣除必要费用后，将余款分配给共有人。[4]如果区分建筑物所在的土地进行分划或出售，事实上会对原有的建筑物区分所有权法律关系造成变更或终止。(5)债权人申请业主法团清盘。如果业主法团不能清偿到期债务，债权人可以向法院申请业主法团清盘。[5](6)业主法团决议解散。对于业主法团能否决议解散，BMO并未明示。但BMO指明业主法团可根据《公司(清盘和杂项条文)条例》[6](香港

---

〔1〕 此类情况不多，一般仅限于少数共有人共同拥有土地之情形。

〔2〕 第352章《分划条例》第2条、第3条、第4条。

〔3〕 第352章《分划条例》第6条。

〔4〕 第352章《分划条例》第7条。

〔5〕 BMO, s32.

〔6〕 Companies (Winding Up and Miscellaneous Provisions) Ordinance.

法例第32章)第X部的条文(非注册公司清盘条款)进行清盘。[1]业主立案法团视为非注册公司,在三种情形下可进行清盘:①如公司解散或已停业,或只为将事务结束而继续营业;②如公司无能力偿付其债项;③如法院认为将公司清盘是公正公平的。[2]根据上述条文,业主法团可以经业主大会通过解散的决议并进行清盘,也可在无力偿还债务的情况下,依据法院的清盘命令进行清盘。业主法团进入清盘程序后,相应的法律行动或法律程序,均不得开始进行或继续进行,直至清盘程序结束。[3]

(二)终止的法律后果

如业主法团解散,业主从成员关系变为分权共有人关系。业主法团并非有限责任公司,全体业主须在业主法团清盘时为法团的债务承担无限责任,即业主须负共同及独立的法律责任,各按其拥有的份数出资,使法团资产的数额足以清偿债项及债务,[4]法庭可以选择由全体业主或个别业主偿付法团的全部债务。[5]业主法团在承担债务后,所剩余的财产按照公契确定的比例进行分配,如果公契无特别规定,则按业主份额进行分配,这与业主对共有部分费用承担的原则一致。

(三)债权人申请业主法团清盘

在Wong Tak Man Stephen v. Chang Ching Wai & Anor案[6]中,业主立案法团于2000年注册登记,在2007~2009年,聘请Chi Fu建筑公司翻新法团所在的建筑物,并为此欠下债务3,649,932港币。业主法团无法向业主

---

〔1〕 BMO, s33;该条文明确在适用《公司(清盘和杂项条文)条例》时,管理委员会委员适用公司董事的规定,业主适用公司成员的规定。

〔2〕《公司(清盘和杂项条文)条例》第327条第3项。

〔3〕 BMO, s34(3).

〔4〕 BMO, s34.

〔5〕 BMO, s17.

〔6〕 [2017] 6 HKC 226.

征缴费用和偿还债务，Chi Fu建筑公司于2009年11月9日向法庭申请业主法团破产清算，法庭于2010年1月13日向法团下达清算命令。法庭认为，在法团清算过程中，业主在法团所占的份额并不是其责任限制的依据，所有业主对法团债务既是共同的也是独立的（jointly and severally）。法庭最终判令两位业主向原告承担法团的所有债务，同时说明两业主在承担债务之后可向其他业主追偿。在Re The Incorporated Owners of Foremost Building案〔1〕中，法庭的观点是，清盘人在清盘过程中如果能够从业主处收取充足的费用用于偿还法团的债务，可以终止破产程序，使法团存续。

（四）因土地重新开发而强制出售

建筑物的整体出售涉及每一个业主专有部分的处分权利，原则上应取得全体业主的一致同意。但现实中，业主基于各种原因，比如对单位的估值不一、对建筑物存在特殊情感或对原有生活环境的留恋、个别业主无法联系等，很难达成一致的意见。如不能解决业主之间的争议，土地很难重新开发和利用。香港政府制定了《土地（为重新发展而强制售卖）条例》，以“业主多数决取代一致决”解决此法律顽疾。该条例对“重新发展”的定义为：就某地段而言，以新的建筑物取代先前坐落于该地段的建筑物，〔2〕即只要是以新代旧便视为重新发展，可见其适用之广泛。该条例鼓励开发商兴建新的建筑取代原有的旧建筑，维持社会发展的生机及活力。依据该条例的规定，在土地重新发展的情形下，拥有90%以上份额的业主（包括按揭受益人）即可向土地审裁所申请售卖土地（包括区分建筑物）。〔3〕如果建筑物所属路段较为特殊，行政长官会同行政会议以宪报公告的方式，可以将申请出售土地的业主份额降低，但不得低于80%。〔4〕在份

〔1〕［2005］3 HKLRD 509，［2005］4 HKC 67.

〔2〕《土地（为重新发展而强制售卖）条例》，s2。

〔3〕《土地（为重新发展而强制售卖）条例》，s3（1）。

〔4〕《土地（为重新发展而强制售卖）条例》，s3（5）（6）。

额计算时，仅计算申请出售的业主专有部分份额的比例，不得将公有部分份额计算在内。[1]赞同出售的业主在向土地审裁处申请土地出售时须将申请的文本送达该地段的每名反对出售的业主，并在建筑物显眼部分张贴公告，还须在中国香港至少各一份中文报章及英文报章上刊登公告。[2]土地审裁所在作出命令之前，须就争议进行聆讯，特别是听取少数反对业主之意见。[3]之后，土地审裁所可以作出出售少数业主份额、将土地整体拍卖或驳回多数业主申请等裁定。[4]如土地成功出售，少数业主土地份额出售的款项归其所有，但其应与多数业主共同分摊相应的费用，并对剩余款项进行分配。[5]土地出售命令的有效期为3个月，土地如未能在规定时间内售出，则相关裁定视为撤销。[6]

强制出售制度对少数反对业主专有部分的处分权利构成限制，中国香港法院在Director of Lands v. Yin Shuen Enterprises Ltd.案[7]中阐述了司法立场：香港政府有采取措施以实现土地最大价值的权利，此权利蕴含在中国香港的土地所有政策和制度当中，不论是在回归之前还是之后，业主仅是获得一定时期的土地租赁权，政府并未放弃处置土地的权利，且土地租赁的租契也包含政府此项条款，任何人都不得挑战政府的土地权利。对于多数业主申请土地出售事项的审查，在Oriental Generation Ltd. & Ors v. Ngo Luk Yung and Ng Sau Chun & Ors案[8]中，法庭认为应该主要考虑两个因素：一是建筑物的年限以及维修的情况；二是申请人是否采取了合理的手段与不同意出售土地的少数业主进行接触和协商。对于何为合理

---

〔1〕《土地（为重新发展而强制售卖）条例》，s3（7）（a）。

〔2〕《土地（为重新发展而强制售卖）条例》，s5（3）。

〔3〕《土地（为重新发展而强制售卖）条例》，s4。

〔4〕《土地（为重新发展而强制售卖）条例》，s4（c）。

〔5〕《土地（为重新发展而强制售卖）条例》，s10，s11。

〔6〕《土地（为重新发展而强制售卖）条例》，s5（4）。

〔7〕（2003）6 HKCFAR 1.

〔8〕［2016］HKCU 458.

手段接触，法庭在Capital Well Limited v. Bond Star Development Limited案[1]中给出的标准为：法庭只需根据现有的证据，去评价申请人向少数业主提供的赔偿（或报价）是否公平及合理；只要申请人向少数业主提供了公平及合理的报价，便满足了合理接触的要求。在Oriental Generation Ltd. & Ors v. Ngo Luk Yung and Ng Sau Chun & Ors案[2]中，法庭认为申请人提供的三份评估报告与法庭认为的价格非常接近，可得出申请人向少数业主提供的报价公平且合理的结论，故颁布对少数业主所拥有的土地份额进行公开拍卖的命令，所得价款归少数业主所有。

二、新加坡建筑物区分所有权法律关系的变更及终止

在新加坡，业主管理团体的组建、解散等事由主要由LTSA规定，新加坡在建筑物区分所有权法律关系变更及终止的规定上远比中国香港详细。建筑物区分所有权法律关系变更和终止主要有业主申请法庭颁发命令、业主自行决议解散以及集合销售三种方式。

（一）向法庭申请变更或终止

在区分建筑物坍塌或毁损时，业主可以向法庭申请变更或终止分层所有权计划，法庭在收到申请之后，可根据实际情况，作出变更或终止的命令。

1.变更申请

分层所有权计划中的土地和建筑物被毁损时，任何一个业主、按揭或抵押受益权人、管理团体均可向法院申请命令用于重建或继续使用（部分或所有）建筑物。[3]法院在发布命令前一般会安排听证，有权申请命令的

---

〔1〕（2005）8 HKCFAR 578,［2005］4 HKLRD 363.

〔2〕［2016］HKCU 458.

〔3〕LSTA, s77（1）(4）.

人、建筑专员、土地登记处、对区分建筑物保有权利以及保险公司等与区分建筑物有利害关系的人或组织均有权参加（即便没有收到法庭的传唤也可自己申请参加）。[1]根据案件情况，法庭可以选择作出如下命令：(1)以一个新的分层所有权计划替代原有的分层所有权计划；(2)重建建筑物的一部或全部；(3)业主将其剩余利益转移或交易给管理团体并从按揭或抵押关系中解脱；(4)管理团体对受损的区分建筑物中所获得的保险金进行分配；(5)管理费用的处理和负担；(6)平等正义地处理与此相关的其他事项。[2]

法庭如果认为申请人关于变更分层所有权计划的请求不可能实现，法庭可以根据其他申请人的申请或自己提议，将原来的变更申请作为分层所有权计划终止的事项处理。[3]在此过程中，建筑物的毁损程度可能会影响法庭的判断及最终处理结果。同样，法庭如果觉得申请人提出终止分层计划的申请不合适，其也可依其他申请人的申请或自己提议，将原先的终止申请事项作为变更申请事项处理。[4]

2.终止申请

申请人向法庭直接申请终止分层所有权计划时，法庭主要考虑以下因素：(1)LTSA的立法目的；(2)如果不准许是否会给部分业主带来不公平；(3)业主整体的权利和利益。[5]除此之外，法庭可能还会考虑区分建筑物的用途、年限、建筑物现状、毁损程度、恢复费用、多数业主的意愿等因素。法庭如果觉得终止的命令是公平且正义的，会作出准许的命令。为防止终止分层所有权计划损害个别业主或其他权利人的利益，法庭终止分层所有权计划的命令应包括如下内容：(1)出售或处置业主管理团体的财产；(2)业主管理团体的债务履行；(3)每个业主应就管理团体债务所分担的

[1] LSTA, s77(2).
[2] LSTA, s77(6)(a)-(f).
[3] LSTA, s77(8); s79.
[4] LTSA, s78(9A).
[5] LTSA, s78(1A)(a)-(c).

数额;(4)业主管理团体应承担的其他费用以及每个业主应分担的数额;(5)业主管理团体在清算过程的权力、责任及功能等;(6)业主投票权力;(7)与终止分层所有权计划相关的其他事项;(8)业主管理团体的清算。[1]法庭颁发终止命令时会指定一位中立且有资质的人作为清算人,负责业主管理团体的清算。业主管理团体和理事会将继续并行使有关清算事务的职责,直至清算结束。[2]

分层所有权计划终止的法律后果:(1)之前的业主不再是分层所有权计划的业主,而转为分权共有人(tenants in common);(2)原先的单元登记人转变为土地份额的登记人;(3)LSTA项下暗含的地役权消灭;(4)原业主有权转让其土地上的份额。分层所有权计划终止后,土地登记处取消原先的登记。[3]

(二)业主管理团体决议终止

业主管理团体可以通过合意决议(a resolution by consensus),作出终止分层所有权计划的决定。[4]业主决议作出的14日内,管理团体应在至少一份新加坡的报纸上公告,[5]同时应在30日内向分层所有权登记机关申请终止。[6]如果违反上述规定,管理团体和每个理事会成员均构成犯罪,并处以不超过1000新加坡元的罚款。[7]当终止分层所有权计划申请提交后,业主管理团体须根据公司法的相关规定指定一个清算人负责清算事项,[8]如果业主管理团体不予指定,业主或相关权利人可以申请法庭指定

[1] LTSA, s78(5)(a)-(h).
[2] LTSA, s81(11)(12).
[3] LTSA, s78(6)(a)-(d).
[4] BMSMA, s84(1).
[5] LTSA, s81(2)(a).
[6] LTSA, s81(2)(b).
[7] LTSA, s81(3).
[8] LTSA, s83.

清算人。[1]对于业主管理团体指定的清算人，业主会议可以以70%的决议撤换，但对于法庭指定的清算人，业主会议无权更换。[2]如业主会议以90%以上的有效票通过出售土地的决议，业主管理团体便须执行业主会议的决议。[3]在没有相反证据证明业主会议的表决存在虚假或其他问题的情形下，业主管理团体出售土地的行为视为有效。[4]业主对业主管理团体之前的债务以及应交的各项费用按份额比例承担，业主管理团体剩余资产由业主按原有份额分割。[5]

清算人完成清算事项后，业主、清算人或相关权利人应向法庭申请业主管理团体解散的命令，并在收到法庭命令的21日内提交土地登记部门和建筑专员，3个月后，业主管理团体解散。[6]无论是业主向法院申请终止分层所有权计划，还是业主自行达成终止分层所有权计划之决议，其法律后果都一致。

管理团体附属机构可以通过综合决议（comprehensive resolution）终止附属分层所有权计划，或决议将有限共有财产废除或变为共有财产，其结果也导致附属管理机构的终止，其权利义务由主管理机构承接。[7]

（三）集合出售制度

1.集合出售制度的由来

在业主会议决议终止分层所有权计划的情形下，业主可通过会议决议出售土地。在分层所有权计划存续期间，业主也可能基于建筑物老化或其他经济原因想要出售土地。如果全体业主能达成协议，土地出售不存在障

〔1〕 LTSA, s82(2).
〔2〕 LTSA, s82(4).
〔3〕 LTSA, s81(6).
〔4〕 LTSA, s81(6)(7).
〔5〕 LTSA, s81(13)(a)and(b).
〔6〕 LTSA, s82(9).
〔7〕 BMSMA, s84(2).

碍，但如果少数，甚至只要有1～2个业主的阻挠，便可使多数业主的努力付之东流。

新加坡的情况与中国香港类似，新加坡政府同样认为土地出售涉及公共利益，政府也希望通过出售旧的建筑物，实现重建及城市改造，不允许个别业主为私人利益而影响政府的土地利用及规划。〔1〕在此背景下，LTSA于1999年引入了土地集合出售制度。〔2〕该制度具有双重目的，一是促进优质土地的最佳使用，以便在土地稀少的新加坡建造更多优质房屋；二是改变以往土地销售严格和烦琐的制度，促进旧屋苑的复兴。〔3〕该制度主要功能在于，允许即便少数业主反对出售土地，多数业主仍可向分层所有权局提出出售土地的申请，由分层所有权局和法院作出最终判断。〔4〕集合出售制度体现了公共利益的考虑优先于个别业主财产权利的理念。新加坡2007年修订了LTSA有关集合销售的法律规定，增加了销售委员会运行规则、分层所有权局的职责、义务等内容，进一步加强了集合销售制度的透明度，完善了制度运行的程序标准和实质判断标准。〔5〕因该制度涉及政府土地利用的公共利益，也涉及业主私有财产权的强制剥夺，该制度一直致力于寻找二者的平衡。〔6〕

LTSA并没有言明是否将政府出资兴建的公共住房（HUDC Estates）列入集合销售的范围。〔7〕在Kok Chong Weng v. Wiener Robert Lorenz案〔8〕中，

---

〔1〕 See Singapore Parliamentary Debates (1997) Vol. 67 No. 18 at Col. 1830.

〔2〕 该法于1999年修订，修订版本于1999年10月11日生效。

〔3〕 Teo Keang Sood, *Collective Sales in Singapore*, Singapore Academy of Law Journal, Vol. 22, p.67 (2010). 法庭在审理Ng Swee Lang v. Sassoon Samuel Bernard ([2008] 2 SLR 597) 和Ng Eng Ghee v. Mamata Kapildev Dave ([2009] 3 SLR 109) 等案件中亦有申明。

〔4〕 Teo Keang Sood, *Collective Sales in Singapore*, Singapore Academy of Law Journal, Vol. 22, p.67 (2010).

〔5〕 Ter Kah Leng, *A Man's Home Is Not His Castle- En Bloc Collective Sale In Singapore*, Singapore Academy of Law Journal, Vol. 20, p.51 (2008).

〔6〕 Ter Kah Leng, *A Man's Home Is Not His Castle- En Bloc Collective Sale In Singapore*, Singapore Academy of Law Journal, Vol. 20, p.51 (2008).

〔7〕 LTSA, s84A (1).

〔8〕 [2009] 2 SLR 709.

新加坡最高法院认为，集合出售的目的是促进土地的利用，该立法目的并没有将公共房屋排除，故同样适用。

因集合销售的效力最终由分层所有权局或法院认定，Teo Keang Sood认为，集合销售的本质不是自由市场的合同交易，政府的利益及意志凌驾于业主的利益及意志之上。[1]

2005～2009年，集合出售的区分建筑物有462个，其中217个正在重建或已完成重建；原来217个建筑物中包含11,994个单位，重建后的单位为26,000个。[2]可见集合出售制度在新加坡具有较高的适用频率，对改善新加坡的住房条件和城市改造起到了积极的作用。业主因建筑物的整体销售所得的收益一般高于单个房屋的销售，且集合销售所得无须纳税，集合销售制度受到了多数业主的欢迎。[3]但该制度毕竟涉及业主私有房屋的强制处分，不关心经济利益而具有家园情怀、不愿背井离乡的业主对此也进行了强烈的批评。[4]

2.集合出售制度的基本流程

集合出售的适用范围为依据LSTA进行登记的区分建筑物，无论是住宅、商用或混合用途。[5]根据LTSA附表1至附表4，集合出售的基本流程为：拥有总份额20%以上的业主或总人数25%以上的业主要求投票决定是否集合出售区分建筑物时，理事会应尽快召开业主会议讨论集合出售事宜，最晚不迟于六个星期。[6]理事会召开业主会议选举出临时集合出售委

---

〔1〕 Teo Keang Sood, *Collective Sales in Singapore*, Singapore Academy of Law Journal, Vol. 22, p.67 (2010); Ng Swee Lang v. Sassoon Samuel Bernard案（[2008] 2 SLR 597）也表明了此观点。

〔2〕 See Singapore Parliamentary Debates (2010) Vol. 87 No. 3 at Col. 400, cited from Teo Keang Sood, *Strata Title in Singapore and Malaysia*, LexisNexis, 2015, p.700.

〔3〕 Ter Kah Leng, *A Man's Home Is Not His Castle- En Bloc Collective Sale In Singapore*, Singapore Academy of Law Journal, Vol. 20, Issue 1, p.49 (2008).

〔4〕 Sim Lian (Newton) Pte Ltd v. Gan Beng ChengRaynes, [2007] SGHC 84.

〔5〕 集合出售制度规定在LTSA之中，该法并未对集合出售的房屋类型予以限制。

〔6〕 LTSA附表2, s2 (1) (a) and (b)。

员会，[1]委员在参选前必须进行利益关系的披露，委员数量为3～14人，负责具体出售事项。出售一般采用公开拍卖或招标的方式，出售委员会将与买方达成的协议交业主会议讨论，交易协议经业主会议批准后报分层所有权局批准。持反对意见的业主应在收到分层所有权局通知的21日内陈述反对意见。业主如对分层所有权局的处理意见不服，可以向高等法院起诉。当分层所有权局（或法院）批准出售协议后，集合出售在法律上已经完成，业主应在六个月内搬离区分建筑物。

3.业主会议通过协议的条件

10年以上的区分建筑物，需要拥有80%以上份额和单位数量[2]业主的同意；[3]不到10年的区分建筑物，需要拥有90%以上份额和单位数量业主的同意。[4]之所以作此区分，是因为年限长的建筑物的维修费用更高，老旧建筑物的改造更符合公共利益，故申请的条件低于年限较短的建筑物。建筑物的年限确定在实践中常发生争议，根据LSTA的规定，建筑物年限从建筑完成（指取得建筑完工的证书）并取得临时占用许可（temporary occupation permit）时起算，如果区分建筑物包括多个建筑的，以最后完成的建筑物为准，该建筑物不包括单纯的共有部分。[5]部分建筑物如果没有取得临时占用许可，那么建筑物的年限以最晚发出的完工证明法律文书为准。[6]新加坡法院司法实践中一般都会作出有利于出售建筑物的解释。在Chang Mei Wah Selena and Others v. Wiener Robert Lorenz and Others and Other Matters案[7]中，主体建筑物已经完成了十多年，2002年对建筑物进行改造并修建了会所、游泳池等公共设施，公共设施取得临时占用许可至

---

〔1〕 集合出售委员会委员的资格、选举以及委员会的会议形式等与理事会基本一致。

〔2〕 不包括附属专有部分的数量，如车库等。

〔3〕 LSTA, s84A 1(b).

〔4〕 LSTA, s84A 1(a).

〔5〕 LSTA, s84A 1(a) and (b).

〔6〕 LSTA, s84A 1(a) and (b).

〔7〕 [2008] 4 SLR 385.

起诉时未超过10年。反对出售土地的业主认为本案应适用不超过10年的申请标准，即需要90%以上的份额和单位数量的业主同意才可出售。法庭认为，建筑物的年限应以登记在分层所有权计划的建筑物完成时限起算，而不是以共有部分改造完成之日起算，本案应适用超过10年建筑物的出售申请标准。在Tan Siew Tian and Others v. Lee khek Ern Ken案[1]中，有两个业主签了同意出售协议后，将单元进行转让，受让人受让时业主决议期限已过。该案争议的焦点为原先签名的两个业主是否应计入同意转让的业主范围。法庭认为，在集合出售中，业主的定义包括业主及其权利继受者，[2]在原业主已经签署的情况下，继受者是否签署不影响集合出售的决议。

4.集合出售获准同意的条件

一是集合出售交易行为须符合LSTA的规定。LSTA附表1、附表2、附表3对集合出售进行了详细的规定，集合出售应严格按照法律要求进行，如仅存在技术性的瑕疵，并未带来损害后果，应允许弥补。在Siow Doreen and Others v. Lo Pui Sang and Others案[3]中，申请人在向分层所有权局提交的申请资料中遗漏记载了三位同意出售的业主名字，分层所有权局因此否定了交易的申请。高等法院认为，如果一个错误或疏忽损害了少数业主的利益，当局可以拒绝该申请；但如果没有涉及利益损害，当局应允许申请人改正（后通过申请）。在Ng Swee Lang and Another v. Sassoon Samuel Bernard and Others案[4]中，高等法院再次重申了此观点。

二是集合出售委员会妥善履行职责，不含有恶意。[5]集合出售委员会在集合销售制度中承担重要作用，其有权与买家协商，确定交易价格，拟

---

〔1〕［2007］SGSTB 5,［2008］3SLR 64.

〔2〕LSTA, s84A(15).

〔3〕［2008］1SLR 213(P643).

〔4〕［2008］1 SLR 522.

〔5〕LTSA, s84A(9)(a).

定交易协议，再将交易协议交业主大会讨论决定。业主的权益能否受到保护，取决于集合出售委员会的履职行为。集合出售委员会有双重身份，其既是业主，也代表其他业主的利益，等同于其他业主的财产信托人，[1]负有与财产信托人类似的义务，包括忠诚、诚信、不存在利害关系、充分披露信息义务、行为谨慎、尽职等，其应尽其最大的努力去为业主争取最好的价格。[2]集合出售委员会及其所聘请的职业交易顾问如未妥善行使职责，存在疏忽、过错等具体行为，可能就业主的经济损失承担赔偿责任。[3]

一个交易是否含有恶意须考量出售的价格、交易方式和买家与业主之间的关系等因素。[4]在Ng Eng Ghee and Others v. Mamata Kapildev Dave and Others上诉案[5]中，高等法院上诉庭认为集合出售委员会相当于财产信托人，其应该为业主争取最好的出售价格，包括：(1)指定适格专业的顾问；(2)在合理的时间内争取更多的报价；(3)作细致的市场调查；(4)在购买者之间创造竞争；(5)在价格、市场波动等方面听取专业人士的意见；(6)等待合理的出售时机以谋取更好的价格；(7)披露委员个人存在的利害关系等。在本案中，首先，出售委员会急于指定服务中介，未尽到勤勉义务，过程也缺少透明度；其次，在有其他公司提出报价时，没有予以考虑；再次，没有充分利用买家的竞价关系；最后，没有听取独立的专家意见而急于出售区分建筑物。出售委员会出售的价格并不能令法庭信服，被法庭视为未尽到职责，含有恶意，未予批准该交易。在Tan Yew Lee Kevin and Others v. Wee Beng and Others案[6]中，出售委员会没有通过拍卖程序，而

---

〔1〕 Ter Kah Leng, *A Man's Home Is Not His Castle- En Bloc Collective Sale In Singapore*, Singapore Academy of Law Journal, Vol. 20, p.56 (2008).

〔2〕 Rachel Leow Pei, *Over the Horizon: Where Agency, Equity and Collective Sales Meet*, Singapore Law Review, Vol. 28, p.43 (2010).

〔3〕 Koh Glen, *The Duty of Care in Collective Sales of Strata Developments*, Singapore Academy of Law Journal, Vol. 20, p.244 (2008).

〔4〕 LTSA, s84A (9)(a)(i)(A) - (C).

〔5〕 [2009] SGCA 14.

〔6〕 [2007] SGSTB 1.

是以私下交易的方式将区分建筑物出售，反对出售区分建筑物的业主认为出售委员会的交易方式违法。分层所有权局认为，该案建筑物的总价格很高，很少有公司能够出价，而出售委员会最后所取得的价格比原来的保留价还要高出1500万新加坡元，没有任何证据说明出售委员会含有恶意，分层所有权局因此批准了转让交易。

三是集合出售不能给业主带来财务损失。为保护少数业主不因集合出售而导致利益损失，LTSA将业主财务损失作为否定集合出售申请的一个条件。[1]财务损失一般指集合出售的价格不低于业主购入单元时的价格。[2]除了购房款外，购房所支付的税费、购房时法律要求支付的其他费用、因集合出售所产生的需要业主承担的其他费用均可作为财务损失的范围。[3]财务损失的范围也常引起争议，在Gong Ing San & Others v. Questvest（S）Pte Ltd. & Another案[4]中，有业主主张其因支付购房贷款利息而存在财务损失，法庭认为贷款利息不属于财务损失的范围。在Mohamed Taib and Others v. Lim Choon Thye and Others案[5]中，有业主在集合出售中存在约10万新加坡元的财务损失。买方与业主达成协议，愿意支付其财务损失，该费用作为集合出售的额外费用，业主同意并在集合出售协议上签字。分层所有权局审查时认为，有关财务损失的规定是客观且强制的，不能通过额外费用方式消除，故不予批准该交易。该案起诉后，法庭认为，LTSA规定集合出售的立法目的是便利当事人达成交易，促进城市土地利用和社区改造。“财务损失”不能单纯从字面解释，各方可以通过其他方式消除财务损失，故批准了该交易。

---

〔1〕 LTSA，s84A（8）.

〔2〕 LTSA，s84A（8）（a）.

〔3〕 LTSA附表4。

〔4〕 ［2005］SGSTB 4.

〔5〕 ［2009］SGHC 48.

5.房屋租赁的处理

在业主集合出售建筑物后，与建筑物相关的租赁关系随之终止，但这不影响承租人向出租人主张因提前终止租赁合同所带来的损失。如果业主与承租人未能协商退出的日期，那么向买受人交付区分建筑物日应视为承租人退出租赁房屋日。[1]

三、对中国内地的启示

中国内地目前尚无有关建筑物区分所有权法律关系变更及终止的规定。上述规定的缺失，影响了中国内地建筑物区分所有权制度的完整性，在今后的立法中应予以补充和完善。本书认为，依各国立法体例，考虑到建筑物区分所有权的物理性因素和人合性因素，应将建筑物毁损、权利归属于一人和业主决议解散管理团体作为建筑物区分所有权终止的基本情形。建筑物区分所有权法律关系终止后，业主从区分所有权人转变为土地及建筑物的共同所有人，其可依据专有部分面积占比，参与对土地及建筑物的剩余价值的分配。如区分建筑物部分毁损（如小区内部分楼房坍塌等），而业主不能通过重建协议的，应允许继续使用区分建筑物的业主变更区分建筑物法律关系，对拟退出区分建筑物的业主财产进行清算，对剩余业主的份额重新分配等。

中国内地尚属城市发展的快速阶段，经过30余年的商品房改革，很多城市已经出现土地紧缺的现象。原有的建筑格局以及土地紧缺在一定程度上限制了城市的发展。同时，早期的建筑物的老化和失修问题也逐渐显现。因区分建筑物在城市的比重增大，建筑物区分所有权法律制度在城市发展中的作用越发重要。为解决城市老旧建筑物带来的问题，陈华彬从私

---

〔1〕 LSTA, s84B(2)and(4).

法角度提出应加强建筑物重建方面的立法，[1]政府则习惯于从公法角度采用行政征收重新开发的方式。

本书认为，建筑物的重建属于私法范畴，而土地的重新开发在一定程度上涉及公共利益，具有公法因素，单纯的公法或私法模式均不适合解决此问题。中国香港的土地强制出售以及新加坡的集合出售制度，体现了公法对私法领域的有限介入的理念，对中国内地具有良好的借鉴意见。

（一）建筑物的重建

《民法典》第278条规定改建、重建建筑物应当经专有部分面积占比三分之二以上的业主且人数占比三分之二以上的业主参与表决，且应当经参与表决专有部分面积四分之三以上的业主且参与表决人数四分之三以上的业主同意。该规定确立了建筑物改建、重建的基本原则，但其内容十分简略，无法满足现实中的重建需要。[2]完善建筑物重建的相关立法对完善中国内地建筑物区分所有权法律制度有着积极的意义，也可为业主在建筑物坍塌或损害之时提供法律解决路径。但建筑物（特别是高层建筑）的重建存在很多困难，其不仅需要业主达成重建的决议，而且还需要业主拿出充分的资金用于建设，客观上难以实施。[3]而且，业主的重建需求并不见得与政府的土地开发和利用规划相符，在建筑的审批上亦具有困难，其可适用的范围具有局限性。在中国内地城市，建筑物（特别是高层建筑）坍塌后，由业主自主集资完成重建的例子并不多见。2008年汶川发生大地震，大批量区分建筑物毁损，李连祺从完善建筑物重建规则角度提出解决思路，[4]也没有得到立法的回应，汶川的灾后重建以政府出资建房为

[1] 陈华彬：《日本区分所有建筑物修复制度的考察分析与启示》，载《环球法律评论》2013年第2期；辜江南：《区分所有建筑物重建法律问题研究》，中央财经大学2016年博士学位论文。

[2] 辜江南：《区分所有建筑物重建法律问题研究》，中央财经大学2016年博士学位论文，第1页。

[3] 陈华彬认为建筑物的重建是建筑物管理中最困难的问题。参见陈华彬：《区分所有建筑物的重建》，载《法学研究》2011年第3期。

[4] 李连祺：《汶川震灾后区分所有建筑物重建制度研究——以中国物权法的完善为中心》，载《法商研究》2008年第5期。

主导。

（二）政府征收

2011年1月19日国务院第141次常务会议审议通过了《国有土地上房屋征收与补偿条例》，该条例是在中国内地工业化和城市化不断升级，原有国有土地无法满足城市建设的需要，已有的国有土地上面临旧城改造、危房重建等巨大压力背景下出台的。[1]条例虽言明，政府征收须基于公共利益[2]之需求，但条例所列举的公共利益的范围非常广泛，包括科技、教育、文化、卫生、体育等公共事业的需要、保障性安居工程、旧城改造等。[3]陈磊提出了征收制度有被滥用可能的担忧。[4]吴光荣认为，原本用来满足公共利益需要而设计的征收制度，在中国被异化为解决城市发展所需用地的主要途径。[5]

政府基于公共利益需要进行征收，具有正当性，是公权力对私有财产权利的合理限制，[6]但其作为一个剥夺私有产权的特别制度，只能在为了实现公共利益而不可避免且没有其他较为温和的手段的情形下才能适用。[7]过度的征收行为将会产生如下后果：首先，损害业主利益，行政征收

〔1〕 吴光荣：《征收制度在中国的异化与回归》，载《法学研究》2011年第3期。

〔2〕 中国对“公共利益”一直没有明确的界定，参见石佑启：《私有财产权公法保护研究——宪法与行政法的视角》，北京大学出版社2007年版，第121–123页。

〔3〕《国有土地上房屋征收与补偿条例》第8条规定：“为了保障国家安全、促进国民经济和社会发展等公共利益的需要，有下列情形之一，确需征收房屋的，由市、县级人民政府作出房屋征收决定：（一）国防和外交的需要；（二）由政府组织实施的能源、交通、水利等基础设施建设的需要；（三）由政府组织实施的科技、教育、文化、卫生、体育、环境和资源保护、防灾减灾、文物保护、社会福利、市政公用等公共事业的需要；（四）由政府组织实施的保障性安居工程建设的需要；（五）由政府依照城乡规划法有关规定组织实施的对危房集中、基础设施落后等地段进行旧城区改建的需要；（六）法律、行政法规规定的其他公共利益的需要。”

〔4〕 Chen Lei, *Private Property with Chinese Characteristics*: *A Critical Analysis of the Chinese Law on Property of 2007*, European Review Of Private Law, Vol. 18, p.994 (2010).

〔5〕 吴光荣：《征收制度在中国的异化与回归》，载《法学研究》2011年第3期。

〔6〕 梁慧星：《谈宪法修正案对征收和征用的规定》，载《浙江学刊》2004年第4期；赵万一、叶艳：《从公权与私权关系的角度解读国家征收征用制度》，载《华东政法学院学报》2007年第2期。

〔7〕［德］M. 沃尔夫：《物权法》，吴越、李大雪译，法律出版社2004年版，第43页。

以公平补偿为原则，[1]市场交易则允许追求商业利润，如业主出售建筑物，一般能比政府征收取得更好的价格。其次，如业主不满意政府所提出的补偿条件，将加剧业主与政府之间的冲突和抵制，影响社会稳定。最后，不利于构建私有产权保护的整体法律制度，有损业主的安全感和社会归属感。

（三）以集合出售逐步替代土地重新开发及利用中的政府征收

在业主没有能力完成建筑物的重建以及政府征收会引起社会反弹的情况下，土地的重新开发利用可以考虑交给第三方即开发商完成。简言之，政府制定土地的用途和规划，鼓励开发商向业主购买陈旧建筑物及土地使用权并按照政府的规划进行开发及建设。在这过程中，有必要借鉴中国香港为土地重新开发强制出售制度以及新加坡的集合出售制度，完善中国内地的建筑物区分所有权法律制度。

政府征收或开发商购买土地均须与每一位业主达成补偿协议，最大的困难来自“钉子户”，即少数不同意出售物业的业主，如果政府采取强硬措施，易引发恶性事件及对政府不利的社会舆情。在强制出售和集合出售的制度中，少数业主的对立面是多数业主，而非政府部门，行政或司法机关的介入是为了维护多数业主的利益，而非自身的权益，因此，强制出售和集合出售制度均给政府或司法机关的介入提供了充分的正当性。依多数业主的申请，在开发商提供的价格公平合理的情况下，准许将建筑物整体出售，这既达到了政府重新开发土地的目的，也避免了政府与业主的正面冲突。如借鉴上述制度，构建依照多数业主意愿、排除少数业主干扰的整体建筑物（含土地）出售制度，可以存在以下几种形式：（1）一个物业管理区域内的建筑物。一个物业管理区域内的业主成立一个业主大会。[2]如土

---

〔1〕《国有土地上房屋征收与补偿条例》第2条规定：“为了公共利益的需要，征收国有土地上单位、个人的房屋，应当对被征收房屋所有权人（以下称被征收人）给予公平补偿。”

〔2〕《物业管理条例》第9条。

地重新开发包含整个物业区域，由业主会议对收购方案进行表决，如少数业主持反对意见，由业主委员会依多数业主[1]意见向有关部门申请出售建筑物及土地使用权。（2）同一片区域。如政府旧城改造范围超过一个物业管理区域，则由该区域的业主组成区域业主大会，推选出区域业主委员会召开业主会议，对收购方案进行表决，如少数业主执反对意见，由区域业主会议委员会依多数业主意见向有关部门申请出售建筑物及土地使用权。（3）集体性质的土地。2019年新修订的《土地管理法》中，对于土地利用总体规划、城乡规划确定为工业、商业等经营性用途，并经依法登记的集体经营性建设用地，可以经集体经济组织成员的村民会议2/3以上成员或者2/3以上村民代表的同意，予以出租或出让。[2]但对其他集体土地的出让并无规定。土地重新发展、利用涉及集体经营性建设用地以外的土地，开发商经政府允许与村集体直接洽谈土地以及建筑物的出售事宜，待双方达成协议后，再由政府部门将集体土地变更为国有建设用地。开发商的收购方案由村民大会表决，在存在少数反对意见村民的情况下，由村委会依多数村民意见向有关部门申请出售。

依照私权自治方式解决中国内地城市的土地重新开发及利用将具有非常明显的进步意义。一方面，政府从征收人退居为裁判者，避免公权力与私有产权的直面冲突，改变政府强势的姿态，突出政府协调及服务之职能；另一方面，奉行市场原则有利于业主私有产权的保护和利益的最大化。即便强制出售或集合出售制度不能完全取代土地征收政策，但其至少在解决城市土地重新开发及利用方面提供了一条有效之路径。

---

〔1〕 考虑到少数业主交易权利的剥夺，多数意见应至少确定为80%以上的业主人数且专有面积占总面积80%以上。

〔2〕《土地管理法》第63条。

第七章 结 论

相对于独立住宅，区分建筑物有其明显的优势和劣势。其优势在于：一是单位价格便宜，易为市民所接受；二是体现土地利用的集约性，利于解决城市发展所面临的人多地少的基本矛盾；三是能够集合业主力量，完善共有设施的建设，使业主能以较低的价格，享受良好的居住环境和公共设施服务；四是业主的集合，也便于政府部门实现城市管理及政策实施；五是业主自治有利于培养现代民主意识，加速社会的民主建设。其劣势也非常明显，一是业主之间的紧密结合极易滋生矛盾；二是建筑物及共有部分涉及法律关系众多且管理复杂；三是业主管理团体的发展可能带来的最大的社会危害就是扩大社会阶层的隔阂。〔1〕尽管如此，区分建筑物已经成为现代城市发展以及生活的首选建筑类型，〔2〕要求各国建立和完善相应的建筑物区分所有权法律制度，发挥制度的优越性，同时限制制度中的不利因素，使区分建筑物免成“纠纷之源”，成为“安居之地”。

在前文全面比较中国香港、新加坡和中国内地的建筑物区分所有权法律制度的基础上，本章总括归纳本书经比较研究形成的主要观点和相关

---

〔1〕 不同人群定位和价位的区分所有建筑物项目清晰地将人们按照收入、身份等标准分为三六九等，这种社会阶层的分化和隔阂又有可能导致社会矛盾的激化，对社会的稳定造成潜在的隐患，由此扩大的阶层隔阂还有可能导致人们对于作为公民和市民责任感的淡漠。See David J. Kennedy, *Residential Associations as State Actors*: *Regulating the Impact of Gated Communities on Nonmembers*, Yale L.J., Vol. 105, p.761 (1995); Stanley Scott, *The Homes Association*: *Will Private Government Serve the Public Interest in Common Interest Communities*, Stephen E. Barton & Carol J. Silverman, Eds.1994, p.23-25, p.32-33.

〔2〕 中国人口众多，城市化进程高速发展，为了解决居民的居住问题，开发建设高层的区分所有权不动产就成为一个必然选择。参见梁慧星：《中国物权法研究》，法律出版社2002年版，第415-418页。

建议。

一、比较研究形成的主要观点

一是建筑物区分所有权是个系统性的制度，各个子制度之间联系紧密，一个制度的不足或缺失均可能对其他制度造成严重影响，甚至损害整个法律的施行效果。中国内地建筑物区分所有权法律制度的完善，并非对某几项规定进行微调所能达成，而是需要进行系统性的重建。

二是成员权是业主权的核心和灵魂。中国内地学界一直强调专有权和共有权是建筑物区分所有权的两个灵魂，但中国香港和新加坡的立法经验表明，建筑物区分所有权法律制度并非围绕专有权和共有权所建立，其系开发商、业主、管理团体、委员会、管理人、政府主管部门等主体的权利和义务的交集。在实践中，业主的个人身份淡化，成员权汇集而产生的业主团体成了整个制度的主导。在一定意义上，成员权才是建筑物区分所有权的真正灵魂所在。围绕成员权制定建筑物区分所有权法律制度是立法的趋势所在。

三是建筑物区分所有权法律制度运转的关键在于明确各主体之间的法律地位，理顺各主体之间的关系。中国内地建筑物区分所有权法律制度运转不畅在很大程度上源于各主体的定位错误、相互之间关系混乱。

四是“业主自治”的实质是“业主依法自治”。针对区分建筑物涉及主体众多，法律关系复杂的特点，中国香港和新加坡的政府为区分建筑物制定单行法律，以详细的、具有可操作性的条款指引业主参与建筑物的自治和管理，并以行政权及司法权纠正建筑物管理中的偏差，平衡各主体之间的利益。中国香港和新加坡在区分建筑物上的治理成效主要是公民依法和守法的结果，而非业主对规则的自主创造而带来的改观。上述事实也可说明，中国内地区分建筑物管理和自治效果差强人意，其主要根源在于法律制度的不完善,而不能仅归咎于业主的素质和自治能力。可以说,区分建筑物的自治和管理,并不取决于业主的素质和自治能力,而是取决于法律的完善程度、法律的执行力度以及公民的守法意识。若无详细、合理的法律制度,区分建筑物很难处于良好管理及和谐有序之状态。

二、中国内地建筑物区分所有权法律制度的立法展望

中国内地建筑物区分所有权是个“熟悉而又陌生”的法律制度。其之所以陌生,是因为中国内地虽采用了“三元论”的立法体例,但并未完成整体制度的移植和培育,缺少必要的条款及规定,无法还原法律制度的原本风貌。中国内地的建筑物区分所有权不仅在整体制度构建上存在结构性的缺陷;而且在已有制度中以原则性的条款取代详细性和可指引性条款,大大降低了法律的可执行性,严重影响了法律的实施效果。中国内地房地产市场的快速发展和区分建筑物管理法律制度欠缺的矛盾已日益突出,法律制度的欠缺也成为制约市场和经济发展的重要因素。健全中国内地建筑物区分所有权法律制度,是市场经济发展的必经之路,是当今时代的迫切需求。

(一)明确立法目的

《民法典》“物权编”对建筑物区分所有权作了总括性的规定,《物业管理条例》聚焦于规范物业服务企业与业主之间的关系,最高人民法院的司法解释起到了一定查漏补缺的作用,但总体上并没有清晰体现出建筑物区分所有权的立法目的。本书认为,建筑物区分所有权是以业主为核心的一项法律制度,至少应体现出三方面的立法目的:第一,明晰业主的产权关系,即详细区分业主的专有部分和共有部分,并为业主产权的创设、交易及退出制定完善的规定;第二,加强建筑物的管理,实现业主财产的保值

增值，并使建筑物处于良好管理状态，使业主免除卫生、安全等方面的忧患；第三，实现业主自治，以此减轻政府的管理负担，并创建和谐有序的生活秩序。

在立法理论上，应坚持“三元论”的立法理念，以“成员权”取代“共同管理权”。业主以成员的身份参与区分建筑物的管理和进行自治，成员权是整体法律制度的核心，立法应为业主成员权的行使提供详尽的指引和设定便捷的制度。

（二）从结构上完善建筑物区分所有权法律制度

建筑物区分所有权法律制度包括设立及前期管理、日常建筑物管理和法律关系终止三个阶段，任何阶段的缺少都会构成法律制度结构性的损害。

1.完善区分建筑物的设立及前期管理制度

中国内地在区分建筑物的设立上未采用登记设立的方式，欠缺区分建筑物设立的文件登记程序。文件登记的意义在于以公示的形式明确区分建筑物的专有部分及共有部分状态，明确业主的份额，为业主今后的自治奠定坚实的基础。

在前期管理阶段，立法未明确开发商的义务，也未能对开发商的权利进行有效限制，为开发商在出售物业后继续控制区分建筑物，干预业主自治埋下了隐患。采用“三元论”的立法体例，须承认和支持业主成员权的行使。业主成员权的取得来自业主管理团体的成立，若无组织，自然无成员之说。而且，业主管理团体在“三元论”立法体例中起着至关重要的作用，许多制度都须以存在业主管理团体为前提。因此，解决业主大会成立难的问题是中国内地今后立法的首要任务。在前期管理阶段，应由开发商承担设立业主大会的义务，要求其在固定期限内召开首次业主会议，选举出业主委员会，并将区分建筑物的管理权移交给业主委员会，从而退出区分建筑物的管理。在首次业主大会的召开上，应降低会议所需之法定人数，减小业主会议召开的难度。在业主不能自主选举产生业主委员会之时，政府行政部门予以指导和协助。同时，在立法上承认开发商在前期管理阶段的管理权，由其代为行使管理委员会的职能，并对前期管理阶段中产生的问题承担法律责任，由此迫使开发商依法履职。

2.增加建筑物区分所有权法律关系的变更和终止制度

建筑物区分所有权法律关系亦面临变更和终止，业主的剩余财产分配及有序退出是现实的法律问题。依各国立法体例，考虑到建筑物区分所有权的物理性因素和人合性因素，应将建筑物毁损、权利归属于一人和业主决议解散管理团体作为建筑物区分所有权终止的基本情形。建筑物区分所有权法律关系终止后，业主从区分所有权人转变为土地及建筑物的共同所有人，其可依据专有部分面积占总建筑面积（或份额）的比例，参与对土地及建筑物的剩余价值的分配。如区分建筑物部分毁损（如小区内部分楼房坍塌等），业主不能通过重建协议的，应允许继续使用区分建筑物的业主变更区分建筑物法律关系，对拟退出区分建筑物的业主进行财产清算，重新分配剩余业主的份额等。

3.以集合出售区分建筑物的方式逐渐取代行政征收

中国内地城市面临土地短缺和城市重新规划等问题，在业主没有能力完成建筑物的重建以及政府征收会引起社会矛盾的情况下，可将土地的重新开发利用交由第三方即开发商完成。可以借鉴中国香港的土地强制出售制度或新加坡的土地集合出售制度，构建依照多数业主意愿、排除少数业主干扰的整体建筑物（含土地）集合出售制度。在集合出售制度中，土地及建筑物的整体出售依据多数业主的意愿进行，少数业主的对立面是多数业主，而非政府部门，行政或司法机关的介入是为了维护多数业主的利益，而非自身的利益，故集合出售制度给政府或司法机关的介入提供了充分的正当性。依多数业主的申请，在开发商提供的价格公平合理，且土地使用符合政府规划的情形下，准许将建筑物整体出售既达到了土地重新开发利用的目的，也避免了政府与业主的正面冲突。以私权（或准私权）制度取代公权征收制度是中国内地完善产权保护立法的重要方向。

（三）细化专有部分和共有部分的法律规定

专有部分和共有部分是建筑物区分所有权的客体，如不能进行清晰区分，则无法认定业主专有权、共有权及成员权的行使范围，故专有部分与共有部分是建筑物区分所有权整体法律制度的物理性基础。

中国内地以“结构独立性”、“使用独立性”和“可登记性”作为专有部分的区分标准，并不适应区分建筑物的现实需求，应以“使用独立性”和“界限明确性”作为认定标准。法律对法定共有部分的列举过于简单，今后立法应采取定义加强化列举的方式，应进一步明确法定共有部分，减少专有部分与共有部分的区分争议。此外，在混合建筑物（或社区）中，不同类型业主对共有部分使用状况存在很大的区别，不同类型业主的权利诉求差异甚大，有必要增加有限共有财产的规定，进一步增加区分建筑物管理的灵活性和公平性。

专有部分与共有部分的有效区别，有赖于立法的明确和登记制度的完善，不应被动等待司法权的介入。司法认定可以遵循两个标准：一是效用标准与空间标准相结合，效用标准为主，空间位置标准为辅；二是坚持共有部分推定的原则。

（四）完善业主的权利义务规定

1.明确立法重心

业主的权利义务是整个建筑物区分所有权法律制度的核心，专有权、共有权和成员权构成业主权利的具体内容。在“三元论”的立法框架下，三种权利应有所区分：首先，专有权本质上属于所有权，其不是建筑物区分所有权立法所强调的重点；其次，共有权与其他共有制度存在明显的区别，体现为使用权与管理权的分离；最后，成员权吸收了业主对共有部分的共同管理权，成为建筑物区分所有权的核心立法内容。在整体上，应放弃以专有权和共有权作为重点的立法思路，而是要紧紧围绕着成员权的产生和行使来设计整体法律制度。在立法方向上，专有权强调专有部分的权利制约，特别是来自团体法上的制约；共有权强调共有部分使用权与管理权的分离，阻止业主以个人名义对共有部分实施管理行为；成员权则强调业主管理团体及其委员会的职能、义务以及具体的运行规则。

2.完善业主份额制度

业主份额是业主享有专有部分的财产凭证，代表业主享有共有权的具体比例，决定业主在区分建筑物管理中的表决权。因此，份额是贯穿业主三项权利的一项重要制度。中国内地以专有面积占比确定业主份额的做法并非一个完善的份额制度，不利于明确业主的权利，且不适应建筑物的复杂性以及业主不同的利益诉求。本书在分析中国香港和新加坡份额制度利弊的基础上，结合中国内地的实际情况，提出了具体的份额制度建议：一是明确份额划分是开发商的法定义务；二是沿用以专有面积与总面积比例确定份额的传统做法；三是分开计算业主专有单位和其他单独出售的非单位专有部分份额，专有单位和非单位专有部分的每平方米面积所代表的份额可以相互换算，以确保份额的统一适用；四是建立份额登记制度，专有单位份额和单独出售的非单位专有部分份额单独登记，便于交易；五是为商住混用建筑物（或社区）的份额计算规定相应的制度。

（五）完善区分建筑物的管理制度

区分建筑物管理制度的完善，主要包括三个方面：一是合理分配法律强制性规定与业主自治权空间；二是明确业主、业主大会、委员会、管理人等各主体之间的关系及权利义务；三是建立便于业主达成决议的议事规则。

1.法律规定与业主自治之间的权限分配

业主自治是建筑物区分所有权法律制度的目标，赋予业主自治权及倡导业主自治的方向固然无错，但区分建筑物所涉法律关系复杂，业主并无能力单独处理建筑物管理所涉事项。因此，为保障区分建筑物得到良好管理和处于良好秩序，必须在立法上为业主提供帮助，在一定范围内限缩业主的自治范围，建立依法自治、守法自治的业主自治模式。一是为防止开发商在前期物业管理合同制定过程中侵害业主权益，应将该权利从开发商手中剥离，由立法规定前期物业管理合同的基本性内容，不宜规定过细之部分再授权开发商。二是为防止开发商在制定临时管理规约过程中侵害业主权益，同时防止未成立业主大会的区分建筑物因缺乏管理规约而处于无序状态，应由立法规定法定规约的内容，法定规约涵盖区分建筑物管理中业主应当遵守的基本事项，开发商及业主制定的临时管理规约（或管理规约）不得违反法定规约的内容。三是将业主大会议事规则、业主委员会的选任、议事规则等制定权从业主大会手中剥离，由立法直接规定，进一步增强业主大会及业主委员会运行的规范度和透明度，减少业主对相关决议的质疑度。四是立法直接规定物业服务企业的运行规则，确定物业服务企业的权利、职责、义务，增强其规范性和透明度。

2.明确各主体的职责，理顺各主体之间的法律关系

业主、业主大会、业主委员会和管理人四个主体职责不清、关系混乱是制约区分建筑物业主自治的重要因素。在今后立法中，需要进一步确定各主体的职责和法律关系：一是要理顺业主和业主大会之间的关系，业主将共有部分管理权让渡给业主大会，与建筑物公用部分有关的权利、权力、职权等须由业主大会而非业主以个人名义行使及执行。二是理顺业主大会与业主委员会之间的关系，业主大会是全体业主组成的管理团体，其具有民事行为能力和诉讼主体资格；业主委员会是其内设执行机构，负责执行业主大会的决议事项，业主委员会以业主大会的名义行事，其责任由业

主大会或有责任的委员承担。同时立法上应给予业主委员会概括性的授权，使其能在法定授权范围内高效履职，减轻其对业主会议决议授权的依赖。三是理顺业主大会与物业服务企业之间的关系，二者构成委托关系，物业服务企业根据业主大会的授权范围，代为行使业主委员会的全部或部分职责；物业服务企业的履职行为不影响业主大会和业主委员会在法定职权范围内实施具体管理行为。物业服务企业的报酬应采用薪酬制，其应制作详细的财务记录，并每年接受第三方的审计。四是理顺物业服务企业与业主之间的关系，二者不构成直接的合同关系，无对立的矛盾冲突，业主缴纳管理费用是其作为业主管理团体成员的义务，业主对物业服务企业享有监督权和建议权。立法还须规定各主体责任承担的条件以及免责之情形，以此规范各主体的民事活动。为应对业主人数增多而对传统会议制度带来的挑战，中国内地还须借助互联网的东风，加强建立网络会议制度的思考和探索。

3.建立便于业主决议的制度

业主会议及业主委员会会议是业主参与区分建筑物管理的最主要形式，管理行为的效果主要取决于会议制度。为鼓励业主参与管理，立法必须考虑会议制度的便捷性和会议决议达成的可行性。在业主会议上，首先，立法须减轻会议法定人数的要求，放弃原有的人数及份额的双重要求，以业主人数或业权份额作为法定人数的要件。其次，立法要强化会议规则，进一步加强业主会议的规范性和透明度。最后，立法应完善表决制度，会议表决应计算业主会议中的有效票，无效票、弃权票以及未参加会议的业主票数均不应计入总票数。

(六)政府职能部门的转变

区分建筑物法律关系复杂，业主在区分建筑物中的权利行使方式及义务承担等方面与在传统建筑物中截然不同，业主须经“培训”方能适应区分建筑物的生活环境。鉴于业主规模的庞大，政府部门不可能采取真正的培训措施。对业主的“培训”主要通过法律的制定和实施得以完成，因此，需要有专门的政府机构监督法律的实施和纠正法律实施过程中的偏差。中国内地的基层管理组织和业主大会及业主委员会的职责上存在交叉和冲突，立法上应进行协调。最理想的方式是，基层管理组织不参与业主自治管理的事项，其主要职责是引导业主实施法律，对法律的实施情况进行监督，对不当行为进行纠正，同时作为纠纷协调机构参与纠纷的化解工作。

三、制定单行法律是中国内地的选择

在建筑物区分所有权的立法上，存在两种立法体系，一是采用单行法体例，制定建筑物区分所有权的特别法，如日本、德国等；二是在民法典体例，即在民法典中规定建筑物区分所有权的内容，如瑞士、意大利等。单行法体例是现今的立法趋势。

中国内地在今后的立法上，也应采取特别法的立法体例，中国台湾地区立法时也进行过相关讨论，对采取特别法立法体例提出如下理由：采用特别法的立法体例可避免大幅度修改相关法律，不但可争取时效，还可以集中式的立法，有助于解决建筑物区分所有权中的突出问题，并使人易于了解、便于遵循，内容可兼顾实体法和程序法。此外，本书认为，制定单行法律还基于如下原因：一是制定单行法有利于体现建筑物区分所有权的法律性质和特征。建筑物区分所有权法律既包括财产法的内容，也包括团体法的内容，其与一般的财产性法律规定有所区别，为其制定单行法并无不可。二是民法典无法容纳细致的建筑物区分所有权法律规则。建筑物区分所有权法律是应用性的法律，其制度目的的实现有赖于业主主动地实施，立法应具体、明确、具有指引性和可操作性。建筑物区分所有权涉及内容众多，特别是共有财产、业主管理团体、委员会等规定过于细致，中国香港、新加坡单行法在规定基本条文的同时，还以附表的形式进行补充，这正说明了该项法律制度的繁杂。如果在民法典中容纳如此细致的内容，势必会造成法律体例上的失调。三是可以避免法律的大幅度调整和修订。建筑物区分所有权法律制度涉及实体和程序的相关规定，以单行法的形式既可制定完备的内容，也可避免相关法律的修订。

本书认为，在中国内地业主自治能力普遍不高的情形下，立法应承担更多的任务，即制定充分确保业主进行自治管理的法律条文，条文规定尽可能精细化和具有可操作性，可参照中国香港和新加坡采用基本条文加附表的立法形式。基本条文主要包括六个方面的内容：第一部分对法律适用范围作出说明，对核心定义作出界定；第二部分为区分建筑物的设立和前期管理阶段，主要规定区分建筑物的设立条件以及开发商的基本权利义务；第三部分为专有部分所有权和共有部分所有权的一般原则，包括有限共有部分以及对专有部分、共有部分用途的改变等；第四部分为业主的权利义务，包括专有权、共有权和成员权的基本规定以及份额制度；第五部分为区分建筑物的日常管理，包括业主大会、业主委员会、物业服务企业的法律地位、基本职责及权限、资金运用和财务管理等；第六部分为建筑物区分所有权法律关系的变更和终止，包括变更及终止的基本原因、法律后果以及土地及建筑物的集合出售制度。[1]附表主要包括以下内容：附表1为法定共有部分的列举；附表2为法定规约条款；附表3为业主大会运行规则；附表4为业主委员会的组织和工作程序；附表5为物业服务企业工作规程；附表6为前期物业管理合同；附表7为变更或终止建筑物区分所有权法

---

〔1〕《转型国家住宅类建筑物区分所有权指南》推荐了一般性的建筑物区分所有权制度的法律架构，分为三个部分：第一部分主要对规范的范围作出说明，对核心定义作出界定；第二部分规定专有部分所有权和共有部分所有权的一般原则，建筑物区分所有权的权利义务，以及对专有部分、共有部分用途的改变；第三部分规定建筑物区分所有权人组织地位、目的和权限、会议和决策程序、组织机构、资金运用和财务管理、共同支出的分担以及第三人对建筑物区分所有权人的义务。See Guidelines on condominium ownership of housing for countries in transition, at13. U.N. Doc. ECE/HBP/123(2003).

律关系的基本程序；附表8为集合出售制度的运行规则。

四、中国内地法律完善不应脱离本土化元素

美国学者弗里德曼曾将法律分为技术性和文化性两大部分：技术性的法律不因文化的不同而有差异，可以自由地引进和输出；文化性的法律则深深地植根于特定社会秩序中，是法文化的精髓，它不容易从一个社会向另一个社会移植。[1]建筑物区分所有权法律制度不仅包含技术性的法律，而且也包含文化性的法律，其法律移植是个复杂的问题。以会议制度为例，会议的召集、通知、表决程序等可以认为是技术性的规定；但会议召开所需的法定人数、有效表决所需的有效票数，则受一个物业区域的业主总体人数、业主参与建筑物管理的意愿、对公平、正义以及秩序价值的理解等因素的影响，这些因素与社会文化息息相关。因此，在制度的移植过程中，既要移植制度的基本价值、功能及框架，又要对其中的具体条款进行修订，使之符合中国内地居民的实际情况，取得技术上和文化上的双重认同。萨维尼亦曾言："法律随着民族的成长而成长，随着民族的壮大而壮大，最后，随着民族对于其民族性的丧失而消亡。"[2]因此，关注法律的民族性、内生性，制定出的法律才能更具有生命力。

法律制度的研究不能忽略国家的文化和历史背景。[3]在建筑物区分所有权法律制度的完善过程中，需要去寻找中国的文化及制度上的契合点，寻找本土法律资源，并与域外法律制度相结合和融合。建筑物区分所有权强调业主自治，中国内地并不缺乏此土壤。新中国成立后，农村集体经济组织实质上便具有自治性。在农村集体经济组织内，成员之间形成稳固的

〔1〕［美］弗里德曼：《法律制度》，李琼英、林欣译，中国政法大学出版社2004年版，第175页。

〔2〕［德］萨维尼：《论立法与法学的当代使命》，许章润译，中国法制出版社2001年版，第11页。

〔3〕 P. B. Potter, *Legal Reform in China: Institutions, Culture, and Selective Adaptation*, Law & Social Inquiry, 2004, p.465–495.

关系，其财产性质与建筑物区分所有权有一定的类似性：村民对于其宅基地和承包地具有独有使用权，对房屋具有所有权，此权利类似于建筑物区分所有权中的专有权；村民对除宅基地、承包地及私有房屋以外的集体土地、设施等共同所有，类似建筑物区分所有权中的共有权；村民以成员身份参与村集体共有事务的管理，选举村民委员会履行管理职责，就重大事项召开村民代表大会进行决策，其成员权的范围与建筑物区分所有权中的成员权并无根本区别。农村集体经济组织自治在中国内地已有很长的时间，其所形成的文化及传统亦被熟知和广为接受。因此，集体经济组织的管理模式未尝不能成为建筑物区分所有权法律制度完善过程中的本土营养。本书认为，对集体经济组织管理模式的借鉴及融合，是中国内地完善建筑物区分所有权法律制度的本土化路径之一。再者，建筑物区分所有权是人法与物法的结合，在法律制度的完善上一定要跳出物权法律本身的制度框架，在探索业主大会法人化的路径上应结合公司法等相关理论和制度予以完善。

建筑物区分所有权法律制度涉及居民生活的方方面面，根植于人的文化、价值认同，现实生活千变万化，无论法律如何完善，其均不可能做到面面俱到且毫无遗漏，说其是“活的法律”〔1〕毫不为过。埃利希认为，“活法”知识源于两个方面：一是现有法律文件；二是对生活、商业惯例、所有联合的直接观察，不仅是法律所承认的，而且还有法律条文所忽视和省略的东西，其实甚至还有法律条文所不赞成的东西。〔2〕因此，在法律不健全的情形下，裁判者亦应将裁判视角转向法律赖以存在的社会条件和社会环境，尊重民间自生秩序，去寻找和创设能够被接纳的裁判理由及裁判标准，为

〔1〕 奥地利法学家埃利希认为，所谓活的法律，就是指支配生活本身的法律，尽管这种法律并不曾被制定为法律条文，而活的法律的科学意义，不限于对法院所适用的供判决用的规范，或对成文法的内容有影响，活的法律知识还具有一种法律秩序的基础，尽管它不同于国家制定的法律。参见沈宗灵：《现代西方法理学》，北京大学出版社1992年版，第276页。

〔2〕 参见沈宗灵：《现代西方法理学》，北京大学出版社1992年版，第276页。

立法者提供有益的参考。

五、结语

本书通过比较研究，展示中国香港、新加坡建筑物区分所有权整体制度运行情况及立法经验，为中国内地今后立法完善提供一条可借鉴的路径，但本书绝非认为借鉴上述两地的立法经验是中国内地的立法完善的唯一路径。中国内地的立法同样可以从德国、美国等制度完善的国家吸收法律的合理内核。

王军曾云："中华民族有构建德国式的抽象法律模式的能力，也具备领会、消化和把握英美法的细腻的方法和那些极具可操作性的规则的能力，将法律的德国模式以及其他大陆模式与法律的英美模式以适当的方式相结合，在其他的民族看来也许是不可思议的，对中国而言却是完全可行的。"[1]中国内地在之后的立法中，可以在参考、借鉴域外的先进立法经验的同时，挖掘本土的法律、文化元素，制定出决议方式便利化、法律关系清晰化、意思自治实质化，且适合中国国情的建筑物区分所有权法律制度。对此，本书深信不疑。

---

〔1〕 王军：《略论大陆法和英美法的兼收并蓄》，载《法制日报》2003年2月27日，第9版。

参考文献

一、专著

1. 陈华彬:《现代建筑物区分所有权研究制度研究》,法律出版社1995年版。

2. 陈华彬:《物权法原理》,国家行政学院出版社1998年版。

3. 陈华彬:《建筑物区分所有权研究》,法律出版社2007年版。

4. 陈华彬:《建筑物区分所有权》,中国政法大学出版社2011年版。

5. 梁慧星、陈华彬:《物权法》,法律出版社2004年版。

6. 梁慧星:《中国物权法研究》,法律出版社1998年版。

7. 梁慧星编著:《中国物权法草案建议稿.条文、说明、理由与参考立法例》,社会科学文献出版社2001年版。

8. 梁慧星主编:《中国物权法研究》,法律出版社2002年版。

9. 梁慧星:《民法总论》,法律出版社2007年版。

10. 王利明:《物权法论》,法律出版社1997年版。

11. 王利明:《物权法论》,中国政法大学出版社2003年版。

12. 王利明等:《中国物权法教程》,人民法院出版社2007年版。

13. 王利明:《物权法研究》,中国人民大学出版社2007年版。

14. 王利明主编:《最高人民法院建筑物区分所有权、物业服务司法解释原理精解.案例与适用》,中国法制出版社2010年版。

15. 王利明:《民法总则》,中国人民大学出版社2017年版。

16. 江平主编:《中国土地立法研究》,中国政法大学出版社1999年版。

17. 江平:《中华人民共和国物权法精解》,中国政法大学出版社2007年版。

18. 崔建远:《物权:规范与学说》,清华大学出版社2011年版。

19. 崔建远:《物权法》,中国人民大学出版社2009年版。

20. 高富平:《物权法原论》(下),中国法制出版社2001年版。

21. 高富平:《物权法专论》,北京大学出版社2007年版。

22. 杨立新:《共有权理论与适用》,法律出版社2007版。

23. 杨立新主编:《最高人民法院审理建筑物区分所有权纠纷案件司法解释理解与运用》,法律出版社2009年版。

24. 尹田:《法国物权法》,法律出版社2009年版。

25. 龙卫球:《民法总论》,中国法制出版社2001年版。

26. 朱庆育:《民法总论》,北京大学出版社2013年版。

27. 王效贤、刘海亮:《物权法总则与所有权制度》,知识产权出版社2005年版。

28. 周枏:《罗马法原论》(上),商务印书馆1994年版。

29. 黄风:《罗马私法导论》,中国政法大学出版社2003年版。

30. 周树基:《美国物业产权制度与物业管理》,北京大学出版社2004年版。

31. 陈鑫:《业主自治:以建筑物区分所有权为基础》,北京大学出版社2007年版。

32. 朱岩、高圣平、陈鑫:《中国物权法评注》,北京大学出版社2007年版。

33. 徐海燕:《区分所有建筑物管理的法律问题研究》,法律出版社2009年版。

34. 齐恩平:《业主权的释义与构建》,法律出版社2012年版。

35. 谭峻:《建筑物区分所有权与不动产登记制度研究》,知识产权出版社2012年版。

36. 徐建明、王洪卫:《物业管理法学》,上海财经大学出版社2001年版。

37. 夏善胜:《物业管理法》,法律出版社2003年版。

38. 肖海军:《物业管理与业主权利》,中国民主法制出版社2006年版。

39. 陈枫、王克非:《物业管理》,北京大学出版社 2007 年版。

40. 全国人大常委会法制工作委员会民法室编:《〈中华人民共和国物权法〉条文说明、立法理由及相关规定》,北京大学出版社2007年版。

41. 全国人大常委会法制工作委员会编著:《物权法释义》,法律出版社2007年版。

42. 王胜明主编:《中华人民共和国物权法解读》,中国法制出版社2007年版。

43. 奚晓明主编:《最高人民法院建筑物区分所有权、物业服务司法解释理解与适用》,人民法院出版社2009年版。

44. 最高人民法院物权法研究小组编著:《〈中华人民共和国物权法〉条文理解与适用》,人民法院出版社2007年版。

45. 黄茂荣:《法学方法论与现代民法》,中国政法大学出版社2000年版。

46. 张双根等主编:《中德私发研究》(第5卷),北京大学出版社2009年版。

47. 何勤华、李秀清主编:《东南亚七国法律发达史》,法律出版社2002年版。

48. 米良编著:《东盟国家宪政制度研究》,云南大学出版社2006年版。

49. 刘长森编著:《物业管理纠纷典型案例评析》,中国建筑工业出版社2002年版。

50. 丁丁:《商业判断规则研究》,吉林人民出版社2005年版。

51. 马长山:《法治进程中的“民间治理”》,法律出版社2006年版。

52.《马克思恩格斯选集》第3卷,人民出版社1995年版。

53. 沈宗灵:《现代西方法理学》,北京大学出版社1992年版。

54. 温丰文:《建筑物区分所有权之研究》,台北,三民书局1992年版。

55. 王泽鉴:《民法概要》,北京大学出版社2009年版。

56. 王泽鉴:《民法总则》,北京大学出版社2009年版。

57. 王泽鉴:《民法物权(一)》,中国政法大学出版社2001年版。

58. 王泽鉴:《民法物权》,北京大学出版社2010年版。

59. 谢在全:《民法物权论》,中国政法大学出版社1999年版。

60. 郑玉波:《民法物权》,台北,三民书局1996年版。

61. 史尚宽:《物权法论》,史吴仲芳、史光华发行,1979年版。

62. 刘得宽:《民法总则》,中国政法大学出版社2006年版。

63. 刘得宽:《民法诸问题与新展望》,台北,三民书局1992年版。

64. 梅仲协:《民法要义》,中国政法大学出版社1999年版。

65. 郑玉波主编:《民法物权论文选辑》(上册),台北,五南图书出版公司1984年版。

66. 台湾地区行政院研究发展考核委员会编著:《公寓大厦管理权问题之研究》,台湾地区行政院研究发展考核委员会1995年版。

67. 尹章华等:《公寓大厦管理条例解读》,台北,月旦出版公司1995年版。

68. 陈忠五主编:《新学林分科六法·民法》,台北,新学林出版股份有限公司2008年版。

69. 林永汀:《区分所有权人会议》,台北,世潮出版社有限公司1999年版。

70. 陈弘毅等合编:《香港法概论》,三联书店(香港)有限公司1993

年版。

71. 李启欣主编:《香港法教程》,中山大学出版社1995年版。

72. 戴耀廷、罗敏威:《香港特区的法律制度》,中华书局(香港)有限公司2011年版。

73. 蔡育天等编著:《香港房地产管理实务》,上海人民出版社1992年版。

74. 李宗锷:《香港房地产法》,商务印刷局香港有限公司出版2001年版。

75. 卢王徐律师事务所主编:《业主权责与大厦管理》,利文出版社2003年版。

76. 方镇光:《建筑物管理法律精解》,香港大学出版社2007年版。

77. 孟祥沛:《房地产法律制度比较研究》,法律出版社2012年版。

78. [德]鲁道夫 · 冯 · 耶林:《罗马法的精神》第1卷,刘权译,法律出版社1995年版。

79. [德]拉德布鲁赫:《法学导论》,米健、朱林译,中国大百科全书出版社1997年版。

80. [德]迪特尔 · 梅迪库斯:《德国民法总论》,邵建东译,法律出版社2000年版。

81. [德]萨维尼:《论立法与法学的当代使命》,许章润译,中国法制出版社2001年版。

82. [德]K.茨威格特、H.克茨:《比较法总论》,潘汉典等译,法律出版社2003年版。

83. [德]卡尔 · 拉伦茨:《德国民法通论》(下册),王晓晔等译,法律出版社2003年版。

84. [德]M.沃尔夫:《物权法》,吴越、李大雪译,法律出版社2004年版。

85..德］鲍尔·施蒂尔纳:《德国物权法》(上)，张双根译，法律出版社2004版。

86.［日］我妻荣:《债权各论》(上卷)，徐慧译，岩波书店1973年版。

87.［日］我妻荣:《新订民法总则》，于敏译，中国法制出版社2008年版。

88.［日］田山明辉:《物权法(增订本)》，陆庆胜译，法律出版社2001年版。

89.［美］约翰·罗尔斯:《正义论》，何怀宏等译，中国社会科学出版社1988年版。

90.［美］罗伯特·诺齐克:《无政府、国家与乌托邦》，何怀宏等译，中国社会科学出版社1991年版。

91.［美］丹尼尔·贝尔:《资本主义文化矛盾》，赵一凡等译，生活·读书·新知三联书店1992年版。

92.［美］小R.霍夫亨兹、K.E.柯德尔:《东亚之锋》，黎鸣译，江苏人民出版社1995年版。

93.［美］丹尼尔·贝尔:《社群主义及其批评者》，李琨译，三联书店2002年版。

94.［美］理查德·H.霍尔:《组织：结构、过程及结果》，张友星等译，上海财经大学出版社2003年版。

95.［美］弗里德曼:《法律制度》，李琼瑛、林欣译，中国政法大学出版社2004年版。

96.［美］杰弗里·N.戈登、马克·J.罗编:《公司治理：趋同与存续》，赵玲、刘凯译，北京大学出版社2006年版。

97.［美］伯纳德·施瓦茨:《美国法律史》，王军等译，法律出版社2007年版。

98.［美］博登海默:《博登海默法理学》，潘汉典译，法律出版社2015

年版。

99.［法］孟德斯鸠:《论法的精神》(上册),张雁深译,商务印书馆1982年版。

100.［法］卢梭:《社会契约论》,何兆武译,商务印书馆2003年版。

101.［法］朗索瓦·泰雷等:《法国财产法》(上、下册),罗结珍译,中国法制出版社2008年版。

102.［英］鲍桑葵:《关于国家的哲学理论》,王淑钧译,商务印书馆1995年版。

103.［英］梅因:《古代法》,高敏、瞿慧虹译,九州出版社2007年版。

104.［意］彼德罗·彭梵得:《罗马法教科书》,黄风译,中国政法大学出版社1992年版。

105.［奥］埃利希:《法律社会学基本原理》,叶名怡等译,中国社会科学出版社2009年版。

106. C. G. Van Der Merwe, *International Encyclopedia of Comparative Law, Volume VI, Property and Trust, Chapter 5, Apartment Ownership*, 1994.

107. Chen lei, *The Making of Chinese Condominium Law: A Comparative Perspective with American and South African Condominium Laws*, Intersentia: Metro, 2010.

108. Chen Lei, Andrew Michalek and Jia Wang, *Léon Duguit and the Social Obligation Norm of Property*, Springer Nature Singapore Pte Ltd Ed, 2019.

109. D.C. North, *Institutions, Institutional Change and Economic Performance*, Cambridge University Press, 1990.

110. Guy Fetherstonhaugh, Mark Seflon, Edward Peters, *Commonhold*, Oxford University Press, 2004.

111. Malcolm Merry, *Building Management in Hong Kong*, LexisNexis, 1th Ed, 2002.

112. Malcolm Merry, *Building Management in Hong Kong*, LexisNexis, 3th Ed, 2016.

113. Peter M. Dunbar, *The Condominium Concept*, the 10th Edition, Pineapple Press, 2007.

114. Patrick Randolph and Jianbo Lou, *Chinese Real Estate Law*, Kluwer Law International, 2000.

115. Robinson, *Strata Title Units in New South Wales*, 1985.

116. Teo Keang Sood, *Strata Title In Singapore and Malaysia*, LexisNexis, 3th Ed, 2009.

117. Teo Keang Sood, *Strata Title In Singapore and Malaysia*, LexisNexis, 5th Ed, 2015.

118. Warren Freedman and Jonathan B. Alter, *The law of Condominium and Property Owners' Associations*, Quorum Books, 1992.

二、期刊论文

1. 陈华彬:《法国近邻妨害问题研究》,载《民商法论丛》(第5卷),法律出版社1996年版。

2. 陈华彬:《业主的建筑物区分所有权　评〈物权法草案〉第六章》,载《中外法学》2006年第1期。

3. 陈华彬:《业主的建筑物区分所有权》,载《中国不动产法研究》2006年第1期。

4. 陈华彬、杨文杰:《法国的建筑物区分所有权制度:历史与立法》,载《法治论丛》2007年第3期。

5.陈华彬:《论建筑物区分所有权的构成——兼议〈物权法〉第70条的规定》,载《清华法学》2008年第2期。

6.陈华彬:《区分所有建筑物的重建》,载《法学研究》2011年第3期。

7.陈华彬:《论区分所有建筑物的管理规约》,载《现代法学》2011年第4期。

8.陈华彬:《日本区分所有建筑物修复制度的考察分析与启示》,载《环球法律评论》2013年第2期。

9.陈磊:《超越边界:业主的权利限制之比较分析》,载《南京大学学报(哲学·人文·社会科学)》2017年第5期。

10.梁慧星:《谈宪法修正案对征收和征用的规定》,载《浙江学刊》2004年第4期。

11.陈甦:《论建筑物区分所有权》,载《法学研究》1990年第5期。

12.陈甦:《也谈"物业管理权"的性质》,载《民商法学》2002年第7期。

13.王利明:《论物权法中车库的归属及相关法律问题》,载《现代法学》2006年第5期。

14.王利明:《论业主的建筑物区分所有权的概念》,载《当代法学》2006 年第 5 期。

15.赵新华:《论日本民法上的区分所有权制度》,载《当代法学》1992年第1期。

16.房绍坤:《建筑物区分所有权的构造》,载《法学研究》1994年第2期。

17.崔建远:《对业主的建筑物区分所有权之共有部分的具体考察》,载《法律科学》2008年第3期。

18.杨立新:《论建筑物区分所有》,载《法学家》1995年第4期。

19.黄武双:《物业管理自治机构的完善》,载《法学》2002年第2期。

20.《德国住宅所有权法》，杜景林、卢谌译，载沈四宝、王军主编：《国际商法论丛》（第9卷），法律出版社2008年版。

21.《德国住宅所有权与长期居住权法（德国住宅所有权法）》，胡晓静译，载张双根等主编：《中德私法研究》（第5卷），北京大学出版社2009年版。

22.白江：《德国住宅楼管理制度之研究及启示》，载《中外法学》2008年第2期。

23.杜志文：《〈深圳经济特区住宅区物业管理条例〉诞生记》，载《中国物业管理》2011年第3期。

24.于飞：《〈物权法〉第六章"业主的建筑物区分所有权"中"业主"的界定》，载《华东政法大学学报》2011年第4期。

25.余能斌、王申义：《论物权法的现代化发展趋势》，载《中国法学》1998年第1期。

26.任超：《区分所有建筑物共有部分的界定——从实证规范和理论学说的角度展开论述》，载《河北法学》2016年第5期。

27.艾尔肯、方博：《论建筑物区分所有权之共有权——透过〈物权法〉相关规定分析》，载《湖北社会科学》2010年第1期。

28.高圣平：《土地与建筑物之间的物权利用关系辨析》，载《法学》2012年第9期。

29.高圣平：《论业主自治的边界》，载《法学论坛》2009年第6期。

30.李明发、朱庆：《建筑物区分所有人之成员权性质探究——兼论〈民法典〉中之相关制度安排》，载《安徽农业大学学报（社会科学版）》2004年第1期。

31.吴兴国：《集体组织成员资格及成员权研究》，载《法学杂志》2006年第2期。

32.吴国平：《论业主团体法律地位的确立》，载《北方法学》2008年第

5期。

33. 梅夏英:《民法上“所有权”概念的两个隐喻及其解读——兼论当代财产权法律关系的构建》,载《中国人民大学学报》2002年第1期。

34. 梅夏英:《民法典编纂中所有权规则的立法发展与完善》,载《清华法学》2018年第2期。

35. 唐晓晴:《澳门分层所有权制度论略》,载蔡耀忠主编:《物权法报告》,中信出版社2005年版。

36. 薛源:《论建筑物区分所有权人组织的法律性质》,载《河北法学》2007年第3期。

37. 张巍:《略论集群住宅业主团体之自治规范的有效标准——以美国法与日本法之比较研究为中心》,载梁慧星主编:《民商法论丛》(第2卷),法律出版社2005年版。

38. 陈枫:《试论建筑物区分所有权的立法不足及司法对策》,载杨立新、刘德权主编:《物权法实施疑难问题司法对策》,人民法院出版社2008年版。

39. 陈枫:《在现实与文本之间的谨慎选择 从实务角度看建筑物区分所有权司法解释》,载《法律适用》2009年第7期。

40. 孟强:《论业主大会的诉讼主体资格》,载《政治与法律》2009年第8期。

41. 刘宇:《业主委员会法律地位之思考》,载《法学杂志》2009年第9期。

42. 刘保玉、孙超:《论业主委员会的法律地位——从实体法与程序法的双重视角》,载《政治与法律》2009年第2期。

43. 夏永全:《〈物权法〉视角下的业主大会与业主委员会——以法的可诉性为中心》,载《北方法学》2007年第5期。

44. 余方:《业主及其自治团体的法律地位确立问题探讨》,载《行政与法》2011年第10期。

45. 徐银波:《决议行为效力规则之构造》,载《法学研究》2015年第4期。

46. 丁绍宽:《股东会瑕疵决议的效力研究》,载《法学》2009年第6期。

47. 黄学武、葛文:《股东会召集程序瑕疵与撤销——一则申请撤销股东会决议纠纷案评析》,载《法学》2007年第9期。

48. 陈醇:《意思形成与意思表示的区别:决议的独立性初探》,载《比较法研究》2008年第6期。

49. 刘璐、缪宇:《试论业主表决权的确定——兼评〈建筑物区分所有权司法解释(征求意见稿)〉第7条》,载《政治与法律》2009年第2期。

50. 孙丽、吕云凤:《〈物权法〉中值得商榷的问题——以有关业主共同意思表示的规定为视角》,载《北京政法职业学院学报》2007年第2期。

51. 戴建庭、白明刚:《单方法律行为、合同、决议的瑕疵分析和责任比较》,载《东方法学》2012年第4期。

52. 金锦萍:《专项维修资金监管问题研究——兼评〈建筑物区分所有权司法解释(征求意见稿)〉第12条》,载《政治与法律》2009年第2期。

53. 钮丽娜:《物业管理合同的法律特征及相关案件的审理》,载《人民司法》2002年第8期。

54. 马志:《物业管理合同基本问题探析》,载《法制与社会》2008年第31期。

55. 刘兴桂、刘文清:《物业服务合同主体研究》,载《法商研究》2004年第3期。

56. 陈广华:《小区车位权属和车库权属研究》,载《河海大学学报(哲学社会科学)》2007年第4期。

57. 沈晔:《公寓大厦之停车场车位问题》,载《浙江大学学报(人文社会科学版)》2004年第6期。

58. 金凤:《略论住宅小区车库的权属》,载《贵州师范大学学报(社会科学版)》2004年第4期。

59. 李连祺:《汶川震灾后区分所有建筑物重建制度研究——以我国物权法的完善为中心》,载《法商研究》2008年第5期。

60. 吴光荣:《征收制度在我国的异化与回归》,载《法学研究》2011年第3期。

61. 赵万一、叶艳:《从公权与私权关系的角度解读国家征收征用制度》,载《华东政法学院学报》2007年第2期。

62. 段则美、孙毅:《论土地与地上物关系中的一体主义和分离主义》,载《苏州大学学报(哲学社会科学版)》2007年第6期。

63. 曾大鹏:《论民法上土地与建筑物的关系——以一元推定主义为中心的理论探索》,载《南京大学法律评论》2008年第1期。

64. 马骏驹、江海波:《论私人所有权自由与所有权社会化》,载《法学》2004年第5期。

65. 秦瑞亭:《论新加坡法对英国法的继受》,载《外国法院研究》1995年第1期。

66. 李祖军:《简论诉讼权利平等原则》,载《西南政法大学学报》2002年第2期。

67. 王军:《略论大陆法和英美法的兼收并蓄》,载《法制日报》2003年2月27日,第9版(理论专版)。

68. 陈幽泓、曹古丁、孙紫岚:《北京物业小区调查报告(二)》,载《现代物业(新业主)》2009年第2期。

69. 李永然:《物业管理法律问题研究》,中国政法大学2005年博士学位论文。

70. 薛源:《区分所有建筑物自治管理组织制度研究》,对外经济贸易大学2005年博士学位论文。

71. 戴萍:《不动产区分所有权法律制度比较研究》,对外经济贸易大学2010年博士学位论文。

72. 齐恩平:《业主权的释义与建构》,黑龙江大学2011年博士学位论文。

73. 卓洁辉:《区分所有建筑物专有与共有部分的区分标准问题研究》,西南政法大学2011年博士学位论文。

74. 王伟:《住宅小区业主区分所有权问题研究——以物业管理服务纠纷解决为视角》,吉林大学2012年博士学位论文。

75. 陈丹:《城市住宅区业主自治运行实效研究——基于集体行动理论的视角》,西南财经大学2013年博士学位论文。

76. 王珉:《建筑物区分所有权中的成员权行使研究》,复旦大学2014年博士学位论文。

77. 辜江南:《区分所有建筑物重建法律制度研究》,中央财经大学2016年博士学位论文。

78. 温丰文:《区分建筑物法律关系之构造》,载《法令月刊》1992年第9期。

79. 温丰文:《论区分所有建筑物共有部分之法律性质》,载《法学丛刊》第42期。

80. 温丰文:《论区分所有建筑物的专有部分》,载《法令月刊》第42卷。

81. 温丰文:《论公寓大厦规约》,载《法令月刊》第47卷。

82. 温丰文:《论公寓大厦管理委员会——兼论管理负责人》,载《法令月刊》第48卷。

83. 温丰文:《论区分所有建筑物之管理》,载《法学丛刊》第147期。

84. 温丰文:《区分所有建筑物物权构造之解析》,载《月旦法学》第168期。

85.温丰文:《论公寓大厦住户生活秩序之维护》,载《东海大学法学研究》第23期。

86.温丰文:《论区分所有权人会议》,载《法令月刊》1999年第11期。

87.戴东雄:《论建筑物区分所有权之理论基础》,载《法学丛刊》第114期。

88.戴东雄:《论建筑物区分所有权之理论基础Ⅱ》,载《法学丛刊》第115期。

89.[德]贝尔曼:《德国住宅所有权法》,戴东雄译,载《法学论丛》第13卷第1期。

90.谢在全:《建筑物区分所有权要论(上)》,载《法令月刊》第53卷第4期。

91.陈俊樵:《论区分建筑物的管理组织》,载《中兴法学》1987年第24期。

92.陈俊樵:《区分所有建筑物管理问题之研究》,台湾中兴大学法律学研究所1998年博士学位论文。

93.吴晓林、徐圳、乔琳琳:《空间、制度与治理:两岸三地城市商品房社区治理的比较》,载《甘肃行政学院学报》2019年第2期。

94.[美]詹姆斯·高德利:《法国民法典的奥秘》,张晓军译,载梁慧星主编:《民商法论丛》(第5卷),法律出版社1996年版。

95.[日]新田敏:《关于区分所有权客体的独立性》,载《法学研究》2024年第4期。

96.[日]稻本洋之助:《建筑物的所有关系》,载[日]玉田弘毅、森全章等编:《建筑物区分所有权》(资料),一粒社1998年版。

97.[日]山田幸二:《专有部分的一部分:共用部分墙壁的疑义》,载[日]玉田弘毅、森全章等编:《建筑物区分所有权》(资料),一粒社1998年版。

98. C. G. Van De Merwe, *The General Meeting of the Sectional Titles Act Compared to the Wohnungseigentumerversammlung of the German Wohnungseigentumsgesetz*, Stellenbosch Law Review, Vol. 7, Issue 3 (1996).

99. C. G. Van Der Merwe, *A Comparative Study of The Distribution of Ownership Rights in an Apartment or Condominium Scheme in Common Law, Civil Law and Mixed Law*, Georgia Journal of International and Comparative Law, Fall, 2002.

100. C. G. Van De Merwe, *Two-Tier Governance for Mixed-Use and Large-Scale Sectional Title Schemes*, South African Law Journal, Vol. 125, Issue 3 (2008).

101. C G Van De Merwe, *The Democratization of Proceedings at General Meetings in Strata Title or Condominium Schemes*, US−China Law Review, Vol. 9, Issue 3 (June 2012).

102. C G Van De Merwe, *The Adaptation of Institution of Apartment Ownership to Civilian Property Law Structures*, 19 Stellenbosch L. Rev. 298, 2008.

103. C G Van De Merwe, *Many Faces of Sectional Title*: *A Comparative Survey of the Inadequate Legal Treatment of Non-Residential Sectional Title Schemes*, Journal of South African Law, Vol. 2016, Issue 3 (2016).

104. Chen Lei, C G Van De Merwe, *Reflections on the Role of the Managing Agent in South African and Chinese Sectional Title (Condominium) Legislation*, Journal of South African Law, Vol. 2009, Issue 1 (2009).

105. Chen lei, *The Developer's Role in the Surging Chinese Condominium Housing*: *Through the Comparative Lens of the US System*, Asia Pacific Law Review, Vol. 18 No. 2.

106. Chen Lei, *Private Property with Chinese Characteristics: A Critical Analysis of the Chinese Law on Property of 2007*, European Review of Private Law, (2010) 18 ERPL 5.

107. Chen Lei, *Land Registration, Property Rights and Institutional Performance in China: Progress Achieved and Challenges Ahead*, Hong Kong Law Journal, Vol. 44, Issue 3 (2014).

108. Chen lei, *The Changing Landscape of Condominium Laws and Urban Government In China*, *Private Communities and Urban Governance*, Springer International Publishing, Switzerland, 2016.

109. Crown, Barry C., En Bloc Sales and Joint Tenancy, *Goh Teh Lee v. Lim Li Pheng Maria*, Singapore Journal of Legal Studies, Vol. 2011, Issue 2.

110. Carl B. Kress, *Beyond Nahrsted, Reviewing Restrictions Governing Life In a Property owner Association*, 42 UCLA Law Review, 1995.

111. C. Wolf, *Institutions and Economic Development*, American Economic Review 45 (1955).

112. David J. Kennedy, *Residential Associations as State Actors: Regulating the Impact of Gated Communities on Nonmembers*, 105 Yale L.J. 761, 777, December, 1995.

113. Demsetz, *Toward a Theory of Property Rights*, American Economic Review 57 (1967).

114. D.M. Trubek, *Toward a Social Theory of Law: An Essay on the Study of Law and Development*, Yale Law Journal 82 (1972).

115. Dahlan, Nuarrual Hilal M., *Rehabilitation of Abandoned Housing Projects: A Comparative Analysis between the Law and Practice in Peninsular Malaysia and the Republic of Singapore*, Commonwealth Law Bulletin, Vol. 37, Issue 1 (March 2011).

116. Ellman, Howard N., *Fundamentals of Condominium and Some Insurance Problems*, Insurance Law Journal, Vol. 1963, Issue 12 (December 1963).

117. Geis, Norman, *Representing the Condominium Developer: Tending the Paper Jungle*, *Real Property*, Probate and Trust Journal, Vol. 10, Issue 3 (Fall 1975).

118. Lundquist, John B., *Mixed Use Condominiums under the Minnesota Uniform Condominium Act*, William Michell Law Review, Vol. 10, Issue 1 (1984).

119. Helmet Lusser, *Building the Function—Housing's Role*, Town & Country planning, 2000 (5).

120. Harris, Douglas C., *Owning and Dissolving Strata Property*, *Property in the City*, Special Edition U.B.C. Law Review, Vol. 50, Issue 4 (November 2017).

121. Handschuh, G. Gregory, *Tenant Protection in Condominium Conversions: The New York Experience*, Condominium Workshop St. John's Law Review, Vol. 48, Issue 4 (May 1974).

122. John Mixon, *Apartment Ownership in Texas*, *Cooperative and Condominium*, 1 House. L. Rev. 226, 1963-1964.

123. Koh, Glen, *The Duty of Care in Collective Sales of Strata Developments*, Singapore Academy of Law Journal , Vol. 20, Issue 1 (2008).

124. Katharine Rosenberry, *The Application of the Federal and State Constitution to Condominiums*, *Cooperatives and Planned Developments*, Real Property, Probate and Trust Journal, Spring, 22 (1984).

125. Leng, Ter Kah, *A Man's Home Is Not His Castle- En Bloc Collective*

Sale In Singapore, Singapore Academy of Law Journal , Vol. 20, Issue 1 (2008).

126. Leng, Ter Kah, *En Bloc Sales in Singapore*, Singapore Academy of Law Journal , Vol. 21, Issue 2(2009).

127. P.B. Potter, *Legal Reform in China: Institutions, Culture, and Selective Adaptation*, Law & Social Inquiry, 29(2004).

128. P. Murrell, *Can Neoclassical Economics Underpin the Reform of Centrally Planned Economies?*, Journal of Economic Perspectives 5(1991).

129. Rachel Leow Pei, *Over the Horizon: Where Agency, Equity and Collective Sales Meet*, Singapore Law Review, Vol. 28.

130. Stanley Scott, *The Homes Association: Will Private Government Serve the Public Interest in Common Interest Communities*, Stephen E. Barton & Carol J. Silverman, Eds.1994.

131. Teo, Keang Sood, *Collective Sales in Singapore*, Singapore Academy of Law Journal , Vol. 22, Special Issue(2010).

132. Teo, Keang Sood, *By-Laws in Strata Scheme*, Singapore Journal of Legal Studies, Vol. 2015, Issue 1(2015).

133. Teo, Keang Sood, *Strata Title and Commonhold - A Look at Selected Aspects of the Singapore and English Legislation*, Singapore Journal of Legal Studies, Vol. 2008, Issue 2.

134. Wayne S. Hyatt & Susan F. French, *Community Association Law: Cases and Materials On Common Interest Community*, Carolina Academic Press, 1998.

135. *Wilson, Ronald*, *Sale of Strata Land*, Advocate (Vancouver Bar Association), Vol. 74, Issue 5(September 2016).

三、法律及司法性文件

中国内地

1.《宪法》

2.《民法典》

3.《物权法》

4.《合同法》

5.《民事诉讼法》

6.《土地管理法》

7.《城市房地产管理法》

8.《建筑法》

9.《婚姻法》

10.《物权法》草案三审稿

11.中国人民大学《物权法草案建议稿》

12.《最高人民法院关于审理建筑物区分所有权纠纷案件具体应用法律若干问题的解释》

13.《最高人民法院关于审理物业服务纠纷案件具体应用法律若干问题的解释》

14.《关于金湖新村业主委员会是否具备民事诉讼主体资格请示一案的复函》

15.《关于春雨花园业主委员会是否具有民事诉讼主体资格的复函》

16.《建筑物区分所有权法律应用问题解释(征求意见稿)》

17.《最高人民法院民一庭负责人就〈关于审理建筑物区分所有权纠纷案件具体应用法律若干问题的解释〉、〈关于审理物业服务纠纷案件具体应用法律若干问题的解释〉答记者问》

18.《上海市高级人民法院关于业主委员会行政诉讼主体资格问题的解答》

19.《城市商品房预售管理办法》

20.《物业管理条例》

21.《城市异产毗邻管理规定》

22.《国有土地上房屋征收与补偿条例》

23.《物业服务收费管理办法》

24.1994年《国务院关于深化城镇住房制度改革的决定》

25.《业主大会和业主委员会指导规则》

26.《业主大会规程》

27.2009年《首次业主大会会议召开工作方案》(示范文本)

地方性法规

28.1994年《深圳经济特区住宅区物业管理条例》

29.1995年上海市房屋土地管理局《贯彻实施〈上海市公有住宅售后管理暂行办法〉的若干规定及说明》

30.2002年《海南省房屋国有土地使用权分割登记暂行办法》

31.2007年《上海市关于贯彻实施〈中华人民物权法〉作好本市物业管理有关工作若干意见的通知》

32.2008年《郑州市物业管理条例》

33.2017年《西安市物业管理条例》

34.2018年《上海市住宅物业管理规定》

35.2009年《广东省物业管理条例》

36.2009年广东省建筑厅对《广东省物业管理条例》的补充说明

香港

37.《香港特别行政区基本法》

38.《建筑物管理条例》(Building Management Ordinance)

39.《分划条例》(Partition Ordinance.)

40.《公司(清盘和杂项条文)条例》[Companies (Winding Up and Miscellaneous Provisions) Ordinance]

41.《土地(为重新发展而强制售卖)条例》[Land (Compulsory Sale for Redevelopment) Ordinance]

42.《财产转易条例》(Conveyancing and Property Ordinance)

43.《新界(政府续租)条例》[The New Territories (Renewable Government Lease) Ordinance]

44.《管制免责条款条例》(Control of Exemption Clauses Ordinance)

45.《建筑物管理(第三者风险保险)规例》。[Building Management (THIRD Party Risks) Ordinance]

46.《草拟公契的准则》

47.《建筑物管理和维修操作守则》(Code of Practice on Building Management and Maintenance)。

48.《供应品、货物及服务采购操作守则》(Code of Practice on Procurement of Supplies, Goods and Services)

49. 2014年香港民政事务总署《〈建筑物管理条例〉第344章检讨咨询文件》

50. 土地登记局1960-1961年度报告(Registrar-General in the Annual Report)

51. 香港地政总署在2011年7月6日立法会中回答李慧议员的提问。

52. 义律上尉代表英女皇在1841年2月2日宣布的公告。

新加坡

53.《建筑物及共有财产维修管理法》[Buildings and Common

Property (Maintenance and Management) Act 1973]

54. 2004年《建筑物维护和分层管理条例》(Building Maintenance and Strata Management Act)

55.《土地分层所有权法》[The Land Title (Strata) Act]

56.《规划法》(The Planning Law)

57.《共有房屋产权法》(The HUDC Housing Estates Act, 1985 Rev Ed)

58.《边界和规划图法》(The Boundaries and Survey Maps Act)

59.《边界及规划图法实施条例》[Boundaries and Survey Maps (Conduct of Cadastral Surveys) Rules (2007 Rev Ed)]

60. 2005年《建筑物维护及分层管理条例》[Building Maintenance (Strata Management) Regulations]

61. Singapore Parliamentary Debates (1997) Vol. 67 No. 18 at Col 1830.

62. Singapore Parliamentary Debates (1966) Vol. 25 No. 14 at Col 1114.

63. Singapore Parliamentary Debates (1966) Vol. 25 No. 14 at Col 1115.

64. Singapore Parliamentary Debates (1973) Vol. 32 at Col 1095.

65. Singapore Parliamentary Debates (2004) Vol. 78 No. 6 at Col 928.

66. Building and Construction Authority, "Guideline for filling Schedule of Share Values Under the Building Maintenance and Strata Management Act" (May 2008).

67. 新加坡国家发展部部长(Minister of National Development)在2008年BMASMA修订二读时的发言。

马来西亚

68. 1985年《马来西亚分层所有权法》(The Malaysian Strata Titles Act

of 1985）

美国

69.《统一共同利益所有权法》(Uniform Common Interest Ownership Act)

70.《统一区分所有权物业产权法》(Uniform Condominium Act)

加拿大

71. 1980年《安大略省区分所有权法》(The Ontario Condominium Act of 1980)

南非

72.《1986年分层所有权法》(The Sectional Titles Act of 1986)

古巴

73. The Ley de la Propiedad Horizontal Act（1952）

以色列

74. 1969年《土地法》(The Land Law 1969)

英国

75.《共同持有和租赁持有改革法案》(Commonhold and Leasehold Reform Act 2002)

法国

76. 1804年的《法国民法典》

77. 1965年《住宅分层所有权法》

德国

78. 1990年《德国民法典》

79.《〈德国民法典〉施行法》

80. 1951年、1973年《住宅所有权与长期居住权法》

81.《魏玛宪法》

82. 1949年《基本法》

日本

83.《有关建筑物区分所有等之法律》

葡萄牙

84.《葡萄牙民法典》

澳大利亚

85. 2001年《单元住宅所有权条例》(The Unit Title Act 2001)

86. 1961年《新南威尔士分层所有权转易法》[New South Wales Conveyancing (Strata Title) Act 1961]

87. 1996年《新南威尔士分层所有权法》[New South Wales Strata Schemes Management Act (1996)]

瑞士

88. 1907年《瑞士民法典》

欧盟

89. 联合国欧洲经济委员会《转型国家住宅类建筑物区分所有权制度指南》

四、案例

中国内地

1. 秦某林等诉葛某清房屋买卖合同纠纷案，上海市第一中级人民法院民事判决书，(2010)沪一中民二(民)终字第1956号。

2. 邓某贵诉杨某芳业主共有权纠纷案，新疆维吾尔自治区乌鲁木齐市中级人民法院民事判决书，(2009)乌中民四终字第69号。

3. 李某民、盛某诉吴江市恒某公司纠纷案，载杨立新主编:《最高人民法院审理建筑物区分所有权纠纷案件司法解释理解与运用》，法律出版社2009年版。

4. 深圳市海某业主委员会诉深圳市盐田区某食品有限公司、侯某旋及第三人深圳市某投资有限公司车库纠纷案，深圳市盐田区人民法院民事判决书，(2013)深盐法房初字第109号。

5. 最高人民法院关于金某新村业主委员会是否具备民事诉讼主体资格请示一案的复函，[2002]民立他字第46号。

6. 最高人民法院关于春某花园业主委员会是否具有民事诉讼主体资格的复函，[2005]民立他字第8号。

7. 海淀区希某小区物业管理委员会诉北京希某物业管理有限公司物业纠纷案，北京市海淀区人民法院民事判决书，(2003)海民初字第19246号。

8. 于某以业主大会选举成立业主委员会程序违法为由行使业主撤销权纠纷案，江苏省扬州市中级人民法院民事判决书，(2014)扬州民初字第0929号。

9. 南通新某通物业管理有限责任公司诉裴某物业管理合同纠纷案，江苏省南通市崇川区人民法院民事判决书，(2006)崇民二初字第118号。

10. 金某园社区业主委员会不服北京市昌平区某地区办事处撤销决定一案，北京市昌平区人民法院行政判决书，(2011)昌行初字第90号。

11. 柏某海、汪某玲与盐城市力某房地产开发有限公司车位纠纷案，江苏省盐城市中级人民法院民事判决书，(2014)盐民终字第01318号。

12. 钦州某房地产开发有限公司与南宁某物业服务有限公司、南宁某物业服务有限公司钦州分公司返还原物纠纷案，广西壮族自治区钦州市中级人民法院民事判决书，(2015)钦民一终字第306号。

13. 大连宝某集团有限公司、大连隆某房地产开发有限公司与大连金某房屋开发有限公司合资、合作开发房地产案，最高人民法院民事裁定书，(2013)民申字第1997号。

香港

14. So John v Lau Hon-man, [1993] 2 HKC 356.

15. Simmons v Midford, [1969] 2 Ch 415.

16. Hassan Sadee Lai Hop Siu v Chung Lai-cheung & Ors, [1981] HKDCLR 13.

17. Tse Soon Cheung & Cheung Chi Shuen v Tsang Fat Hung, [1965] HKLR 258.

18. Street v Mountfold, [1985] AC 809.

19. Incorporated Owners of Westlands Garden v Oey Chiou Ling & Anor, [2011] 2 HKLRD 421.

20. The Incorporated Owners of Goa Building v Wui Tat Company Limited, [2002] CACV 349.

21. Kau Chun Wing v Main Shine Development Ltd, [2011] 2 HKC 1 (CA).

22. Lung Po Kwan & Anor v Tang Kam Sheung & Anor, [2011] 3 HKC

84.

23. Lee Tak-chun v East Weal International Ltd and Global Luck Property Ltd.

24. Grace International Ltd v Incorporated Owners of Fontana Gardens & Ors, [1996] 4 HKC 635.

25. The Incorporated Owners of Hang Tsui Court, [2011] 5 HKLRD 364.

26. Chau Mei Lee, Fragrance & Anor v Ng Yee Tim, [1996] 4 HKC 46.

27. Wah Fan v Tam Kam Yuk, [2000] 3 HKLRD 406.

28. Wah Fan v Incorporated Owner of Kai Tak Garden, [2003] 3 HKLRD 1 (CA).

29. Speedy Gainer Limited v The Incorporated Owners of Malahon Apartments & Ano, CACV 336/2004.

30. Grenville House Ltd v Incorporated Owners of Grenville House, [1978] HKLR 235.

31. Incorporated Owners of Kingsford Industrial Centre v Austria Property Management, [1997] 3 HKC 735.

32. Yu Chau Yeung v The Incorporation Owners of Yee Hong Building, LDBM 76/1995.

33. Jikan Development Ltd v Incorporation Owners of Million Fortune Industrial Centre, [2004] 1HKLRD 181 (CFA).

34. Hang Yick Properties Management Ltd v Incorporated Owners of Winner Building, [1999] 3 HKC 574.

35. Koo Sun Yiu v Victorison Delivery Ltd & Ors, [1996] 4 HKC 152.

36. McDonalds Restaurants (Hong Kong) Limited v The Incorporated Owners of Sing Shing Building.

37. Incorporated Owners of Finance Building v Bright Hill Management Consultants Co Ltd, [2002] 4 HKC 33.

38. Incorporated Owners of Alliance Building v Elegant Fund Investment Ltd, [2005] HKCU 146 (unreported, LDBM 191/2004, 31 January 2005).

39. Fourth Management Committee of the Incorporated Owners of Hanley Villas v Second Management Committee of the Incorporated Owners of Hanley Villas & anor, LDBM 73/2004.

40. Fidelity Realty Ltd v Management Committee of the Incorporated Owners of Hang Chiang Building, [2005] 1 HKLRD 309.

41. Incorporation Owners of Kwai Wan Industrial Building v Kwai Fung Industrial Ltd, LDBM 208/2002.

42. Incorporation Owners of Golden Crown Court v Chow Shun-Yung, HCA 4322/1986.

43. U Wai Investment Co Ltd & Anor v Au Kok Tai & Ors, [1997] 4 HKC 200.

44. The Incorporated Owners of Blocks F1 to F7 of Pearl Island Holiday Flats v Wong Chun Yee, [2001] HKCU 1424.

45. Incorporated Owners of Chungking Mansions v Shamdasani Murli Pessuma, CACV 416/2002.

46. Rich Fortress Limited and Others v The Incorporated Owners of Beverly Garden and Others, CACV 3104/2001.

47. Severn Villa Ltd & Ors, LDBM 223/2008.

48. Lo Yuk Chu v Hang Yick Property Management, CACV 169/1996.

49. Gallium Development Limited & Others v Winning Properties Management Limited & Others, CACV 186/2003.

50. Wong Tak Man Stephen v Chang Ching Wai & Anor, [2017] 6 HKC

226.

51. Re The Incorporated Owners of Foremost Building, [2005] 4 HKC 67.

52. Director of Lands v Yin Shuen Enterprises Ltd, [2003] 6 HKCFAR 1.

53. Oriental Generation Ltd & Ors v Ngo Luk Yung and Ng Sau Chun & Ors, [2016] HKCU 458.

54. Capital Well Limited v Bond Star Development Limited, [2005] 4 HKLRD 363.

55. Oriental Generation Ltd & Ors v Ngo Luk Yung and Ng Sau Chun & Ors, [2016] HKCU 458.

56. The Incorporated Owners of Goa Building v Wui Tat Company Limited, [1994] 1 HKC 722.

57. Chao King-lin v Diamond-Harbour Holdings Corp, [1994] 4 HKC 643.

58. Wah Fan v Tam Kam Yuk, [2000] 3 HKLRD 406.

59. Southern Ever Trading v Incorporated Owners of Joy Garden, [2004] 4 HKC 134 (CA).

60. Smart Wealth Asia Pacific Ltd v The Incorporated Owners of Kelly Court (unreported, LDBM 251/2013, 31 December 2013).

新加坡

61. Regenthill Properties Pte Ltd v Management Corporation Strata Title Plan 2192, [2007] 3 SLR 445.

62. Doreen Tan Ying Ying v Chong Tet On, [1986] 1 MLJ 504.

63. Abraham Aaron Issac v MCST Plan No. 664, [1999] 2SLR (R) 287.

64. MCST No. 958 v Tay Soo Seng, [1993] 1 SLR 870.

65. Lee Wah Bank Ltd v Chi Liung Holding Sdn Bhd,[1984]2 MLJ 262.

66. Poh Kiong Kok v MCST Plan No. 581,[1990]3 MLJ206.

67. Leong Seow Sum v Management Corporation Strata Title Plan No 1047, STB No 26 of 1992, reported in Strata Title Boards Decision Singapore, FT Law& Tax 385.

68. Management Corporation Strata Title Plan No 2504 v Hyundai Engineering & Construction Co Led,[2007]3 SLR 174.

69. Singapore Development (Pte) Ltd v MCST No 446,[1992]1 SLR 525.

70. Si-Hee Kok Chun & Anor v Ramesh Ramchandami,[2006]2 SLR 59.

71. Tsui Sai Cheong & Anor v MCST No 1186 (Loyang Valley) & Ors,[1996]1 SLR 603.

72. John Denis De Silva v Crescent Court Management Corp,[2006] 3MLJ 631.

73. Joe J. Benjamin v Lee Ah Cheek, STB No 12 of 1989, reported in Strata Titles Board Decisions Singapore: FT Law & Tax 263.

74. Lau Sin Sun & Bay Puay Hong v Chng Peng Ser, STB No 19 of 1995, reported in Strata Titles Board Decisions Singapore: FT Law & Tax 263.

75. Chong Kam Len & Ors v DFS Singapore Pte Ltd, unreported (OS No 231 of 1991).

76. Sum Lye Heng v MCSTP No2285,[2003]4 SLR 553.

77. Jacklin & Ors v Proprietors of Strata Plan No 2795,[1975]1 NSWLR 15.

78. Burns v National Goal Board, 1957 SC 239 at 246.

79. Proprietors of Strata Plan No 30324 v Margiz Pty Ltd, [1993] 32 NSWLR 294–297.

80. MCST Plan No 1938 v Goodview Properties Pte Ltd, [2000] 4 SLR 576.

81. MCST Plan No 460 v Goldhill Properties (Pte) Ltd & Ors, [1991] 3 MLJ 247.

82. Jayasoorich v MCST Plan No 983.

83. Sum Lye Heng v MCSTP No 2285 & Ors, [2003] 4 SLR (R) 553.

84. Seng Really and Development Pte Ltd v MCST Plan No 2344, [2002] SGSTB 1.

85. KLH Enterprises Pte Ltd & Chemech Industries Pte Ltd v MCSTP No1601, [1994] STB No 31.

86. KLH Enterprises Pte Ltd & Chemech Industries Pte Ltd v MCST Plan No 1601, STB No 31 of 1994, reported in Strata Titles Boards Decisions Singapore: FT Law & Tax 449.

87. Kok Chong Weng v Wiener Robert Lorenz, [2009] 2 SLR 709.

88. Ng Swee Lang and Another v Sassoon Samuel Bernard and Others, [2008] 1 SLR 522.

89. Chang Mei Wah Selena and Others v Wiener Robert Lorenz and Others and Other Matters, [2008] 4 SLR 385.

90. Tan Siew Tian and Others v Lee khek Ern Ken, [2008] 3 SLR 64.

91. Siow Doreen and Others v Lo Pui Sang and Others, [2008] 1 SLR 213.

92. Ng Eng Ghee and Others v Mamata Kapildev Dave and Others, [2009] SGCA 14.

93. Tan Yew Lee Kevin and Others v Wee Beng and Others, [2007] SGSTB 1.

94. Gong Ing San & Others v Questvest (S) Pte Ltd & Another, [2005] SGSTB 4.

95. Mohamed Taib and Others v Lim Choon Thye and Others, [2009] SGHC 48.

澳大利亚

96. Re Steel & Ors and the Conveyancing (strata Titles) Act 1961, [1968] 88 WN (Pt 1) (NSW) 467.

97. Travis v Proprietors of Strata Plan No 3740, [1969] 90 WN (Pt1) (NSW) 711.

马来西亚

98. Sansin Investment Pte Ltd v MCST No1917, [1998] 3 SLR 391.

美国

99. Hidden Harbour Estates Inc v Norman.

100. Percy v Millaudon.

101. Phipps v Pears, [1965] 1 QB 76.

102. Sim Lian (Newton) Pte Ltd v Gan Beng Cheng Raynes, [2007] SGHC 84.

103. Marsh v Alabama, 326 U.S.501 (1946).

104. Sauder v Harbour Club Condominium No Three, Inc, [1997] Fla 2d DCA.

105. Condominium Ass'n v Makhluf, [1994] WL 675253 .

106. Aronson v Lewis, 473 A. 2d 805, 812 (Del. 1984).

107. King v State Farm Ins, [2009] WL 324 1602.

108. Bruncrona v Finland, No 41673/98.

109. Residential Bd Of Managers of Zeckendorf Towers v Union Square−14th Street Associates, 190 A.D. 2d 636.

110. Sterling Village Condominium lnc V Breitenbach, 251 So. 2d 685.

英国

111. Austerberry V Oldham Corporation, [1885] 29 Ch D 750.

112. Rhonc V Stephens, [1994] 2 AC 310.

113. Grigsby v Melville, [1994] 1 WLR 80.

114. Rylands v Fletcher, [1868] LR 3 HL 330.

后　记

在多年的法官生涯中，我被一个问题所困扰：我审理的案件，都是正确的吗？虽然，在每一个案件中都不厌其烦地一遍遍听取意见、核对事实、查阅法律、对比类案，我还是不敢确定，我作出的所有判决都是绝对无误的。随着时间的推移，困扰变成了焦虑，让我坐立不安。我不得不一次次思考，如何才能确保裁判正确，或是如何才能减少裁判的错误率？

某一天，心底有个声音告诉我，去读书吧，也许书读多了，理论层面能够提升，思维层面会更加缜密，更不容易出错。这个声音出现后挥之不去。遵从内心，我参与了国家法官学院与香港城市大学合作的高级法官法学博士项目，有幸投入陈磊老师门下，打开了学术研究的殿堂大门。

入学时已年近不惑，也曾为错过学术年华而懊恼，但陈磊老师一句“四十正当年，学艺有余力”，一扫我思想阴霾，让我重获信心和勇气。在求学期间，陈磊老师不余遗力教导，帮我塑思维、正学风，涨知识。为做好学术研究，在陈磊老师指导下，我遍览书籍，搜寻各法域的学术资料，四处委托国外朋友购买书籍，先后积累了上百万字的读书笔记。在脱产读书期间，我基本保持一天14-16个小时的阅读和写作；在工作期间，几乎所有的业余时间均投入了学术研究，近乎痴迷，点点滴滴，最终完成毕业论文。

学术之路艰辛，但不悔。三年求学，让我收获知识的同时，也收获了自信，从曾经迷茫到豁然开朗，从困扰到不惑。在学术撰稿中，我遇见最多的问题是不同学术观点的争议和选择。而学术进步恰恰源自学术争议，对学术争议现象普遍是支持和认可的。慢慢地，我心中有些明悟，或许审判也一样，裁判者无法确保绝对无误，毫无争议，但裁判者应尽其所能，问心无愧。求学路上，困扰多年的心结逐步解开，人也变得从容自信。

后来，我参与审理海航集团破产重整系列案，参与起草《海南自由贸易港企业破产程序条例》等重大事项，工作能力得到认可。这一切，我想主要归结于求学之路的积累和收获。

这本书源自2020年年底提交的毕业论文，后根据新法新规作了修正。它既是法律制度的研究，也记载了一段求学的时光，一个法官成长的心路历程。